Quinta edición revisada y actualizada

¡82 TEMAS CUBIERTOS!

DRA. TEMPLE GRANDIN

LA MANERA EN QUE YO LO VEO

Una mirada personal al autismo

Prefacio de Tony Attwood, PhD

La manera en que yo lo veo
Una mirada personal al autismo

Cualquier derecho de comercialización y publicación está garantizado y reservado por:

FUTURE HORIZONS INC.

721 W Abram St, Arlington, TX 76013 800-489-0727 (llamada gratuita)
817-277-0727 (local)
817-277-2270 (fax)
E-mail: info@fhautism.com www.fhautism.com
© 2020 Temple Grandin
Portada y diseño interior, John Yacio III Todos los derechos reservados.
Imprimido en Canadá.
Traducido por Isabel Sanllehi Palet.

Fotos de portada e interiores © Rosalie Winard: Foto de vaca collage en el título del capítulo, biografía del autor y fotos centrales en los títulos de los capítulos 2, 3, 8 y 9.

Título de imagen del Capítulo 4 © Angus Bremner.

ISBN: 9781949177329

Contenido

Prefacio

Conozco a Temple desde hace más de veinticinco años y siempre he admirado su comprensión del autismo, que se basa no solo en sus experiencias personales sino también en su amplio conocimiento de la literatura de investigación. Temple tiene una capacidad asombrosa para atraer al público y a los lectores con sus ideas y explicaciones. Ella es una persona muy directa, y puedo "escuchar" su voz en cada página.

La versión revisada de *La manera en que yo lo veo* de Temple es una compilación de artículos durante veinte años de la revista norteamericana *Autism Asperger's Digest*. Es interesante que su conceptualización perspicaz del autismo durante dos décadas haya sido confirmada por investigaciones independientes y experiencia clínica.

Esta revisión cubre una amplia gama de temas en todo el espectro del autismo, desde conductas autolesivas y dificultades de comunicación en autismo severo hasta problemas relacionados con la universidad y el empleo para aquellos que pueden ser autosuficientes y lograr una carrera exitosa. Temple proporciona consejos sabios sobre cuestiones contemporáneas, como los criterios de diagnóstico cambiantes, la cantidad recomendada de tiempo diario frente a la pantalla y las ventajas de la terapia con animales. Temple también proporciona referencias académicas relevantes y sus recursos recomendados personalmente para cada artículo y capítulo. Al leer este libro, los padres, los que tienen autismo, los profesionales y especialmente los maestros lograrán una mayor apreciación de las cualidades y desafíos asociados con el autismo.

Sé que tomaré citas y metáforas de *La manera en que yo lo veo* para ilustrar puntos específicos en mi trabajo clínico y presentaciones, y aconsejaré a mis colegas que su experiencia mejorará enormemente al leer las explicaciones y recomendaciones de Temple. También aconsejaré a los clientes que lean su nuevo libro para lograr un mayor grado de autocomprensión al absorber su sabiduría y enfoque positivo para el autismo. Al leer *La manera en que yo lo veo*, usted también verá el autismo tal como es.

PROFESOR TONY ATTWOOD

Prefacio a la Segunda Edición

por Emily Gerson Saines Productora de la película de
HBO *Temple Grandin* y madre de un niño con autismo

El autismo entró en mi vida antes del segundo cumpleaños de mi hijo Dashiell. Nosotros, como muchos padres, les dijimos a nuestros pediatras lo que ahora sabemos que son los signos clásicos del autismo. Nuestro hijo perdió la capacidad de hablar, empezó a dar vueltas sobre sí mismo, a mover los brazos, a tener rabietas y se metió en su propio mundo, al que no estábamos invitados. Durante casi un año, fuimos al pediatra a discutir esos comportamientos, solo para que nos dijera que no teníamos que preocuparnos; simplemente estaba experimentando su terrible duplicidad. No obstante, sus comportamientos fueron a más y fuimos testigos de cómo se convertía en un peligro para sí mismo y para otros. Llamamos al pediatra y le dijimos, "Esto no es sólo una terrible duplicidad. Algo va mal, algo va horriblemente mal". Insistimos en que nuestro hijo fuera sometido a pruebas, y en unas pocas horas de llegar al hospital, nos dijeron que nuestro hijo estaba diagnosticado de Trastorno Generalizado del Desarrollo (PDD, por sus siglas en inglés). Para muchos de nosotros, darles un diagnóstico de PDD es una forma suave de decir, "Tu hijo, tu hermoso bebé con diez dedos en la mano y en los pies, tiene autismo. Nunca será capaz de leer, hablar o tener un trabajo. Quizá nunca pueda vivir solo, tener amigos, ser bienvenido en una comunidad, casarse o formar su propia familia."

Los meses siguientes fueron igual de brutales. Una escuela del distrito tenía un programa pre-guardería de intervención temprana. Nos aseguraron que la profesora estaba bien entrenada y que la escuela estaba bien equipada para acogerle. Lo inscribimos, y durante el primer día de escuela, lo perdieron. Físicamente lo perdieron. Durante un examen más detallado, resultó que la profesora "tan bien entrenada", nunca había enseñado a un niño con autismo. Como padres bien educados, estábamos seguros de que podíamos hacer un trabajo mejor por nosotros mismos. Establecimos un programa basado en el hogar, de uno de los terapeutas del comportamiento más prestigiosos del momento. Desgraciadamente nuestro tiempo se había acabado, ya que el terapeuta estaba en medio de una crisis nerviosa y, como resultado, sus métodos "terapéuticos" se parecían más a un abuso infantil que a una enseñanza. No podíamos sentirnos más perdidos, más solos y más inútiles cuando un día, llego un paquete de mi madre por correo. Se trataba de un libro titulado *Thinking in Pictures* de Temple Grandin. Al día siguiente llegó un sobre de mi abuela y en él había un artículo del *New Yorker* escrito por Oliver Sacks acerca de Temple Grandin.

La historia de Temple es fantástica. Es una científica de animales muy dotada, la que tuvo más éxito en los Estados Unidos diseñando unas instalaciones para cuidar el ganado, y era autista. Empezó su vida sin hablar y con una variedad de comportamientos inadecuados. A pesar de su autismo, hoy en día podía leer, escribir, hablar, vive independientemente y puede tener un trabajo (de hecho, tiene muchos), es consultora para un número de 500 empresas Fortune, es la autora más publicada, es una conferenciante (sobre ganado y autismo), es profesora universitaria de Ciencia Animal en la Colorado State University, y quizá lo que es más importante, es una amiga, una buena amiga. Es totalmente leal, siempre disponible y deseando actuar. Hubo un tiempo en que todo esto parecía un sueño, incluso para Temple, pero con el soporte y el aliento de su madre, Eustacia Cutler, y otros mentores en su vida, Temple pasó de ser una persona que no hablaba a los cuatro años, a ser lo que es hoy. Para padres de niños con autismo, *Temple Grandin* es nuestra heroína. Ha abierto una Ventana hacia la mente de nuestros hijos y un sueño recuperado para un futuro lleno de posibilidades.

Hace trece años, me di cuenta de que la historia de Temple necesitaba ser compartida con una audiencia mayor. Al pasar de ser una agente de la Agencia William Morris a tener mi propia empresa, me di cuenta de que era posible para mi dirigir ese cargo y producir una película sobre su extraordinaria vida. Llamé a Temple, me fui a HBO, y estábamos en camino. Nos llevó diez años tenerla bien, pero yo no podía estar más orgullosa de nuestra película, *Temple Grandin*, que celebra la vida de alguien a quien respeto y admiro tanto. Sea compartiendo una comida con ella en Nueva York, revisando las tareas diarias con ella la mi habitación del hotel en Austin, sentada a su lado en el Golden Globes, siendo abrazado por ella en el anfiteatro de los Emmy, o escuchándola darle ánimos al presidente de Time Warner para que examinara un sistema de distribución de McDonald's, mis días con Temple han estado entre los mejores y más interesantes de mi vida.

Después de Volver a mi vida normal, compré una copia del libro de Temple *The Way I See It*. Justo cuando pensaba que había aprendido todo lo que Temple podía enseñarme, me quedé atónita de saber que había más, mucho más. A menudo los padres de niños con autismo son alentados a adherirse a una rutina con su hijo. Temple dedica un capítulo entero a alentar la flexibilidad en la rutina y proporciona ejemplos de cómo llevarlo a cabo. Ella identifica Estrategias para animar sobre intereses que posteriormente pueden identificar pueden convertirse en vocaciones, ya que los niños con autismo se convierten en adultos con autismo. Además, Temple nos recuerda que el aprendizaje es continuo. Los seres humanos tienen la capacidad de aprender bien durante los años de madurez, y la exposición a cosas nuevas es esencial para expandir la mente de una persona, incluso, y quizá en especial, si tienen autismo. Este libro es perspicaz, útil y optimista, justo como la mujer que lo ha escrito. Es una guía, que estoy segura que dejará a cualquier lector sintiéndose a la vez informado e inspirado.

EMILY GERSON SAINES
Febrero de 2011

Prefacio a la Primera Edición

Por la Dra. Ruth Sullivan

Directora de la Primera Sociedad Nacional del Autismo

¿Quién mejor que Temple Grandin para darnos una visión personal del autismo y del Asperger?

Durante más de treinta años de sus casi sesenta años de experiencia en el espectro autista, Temple ha dedicado gran parte de su tiempo, energía, su considerable intelecto y talentos a aprender acerca de su trastorno y traducirlo al resto de nosotros. Este libro junta bajo su cubierta su enfoque altamente perspicaz, informado, articulado y, lo que es más importante, práctico sobre ideas e instrucciones para tratar la amplia variedad de comportamientos, estilos de aprendizaje y problemas de salud físicos, encontrados en el autismo y en el Síndrome de Asperger.

En la época en que Temple entró en escena, poca gente había oído acerca del autismo, y aún menos había oído nunca de alguien con autismo que pudiera comunicarse lo suficientemente bien como para contarnos cómo se siente desde el interior. Yo era miembro de un reducido grupo de padres de niños con autismo, en todo el país, que, en noviembre de 1965, gracias a una invitación del Dr. Bernard Rimland, me uní para formar una organización nacional, la Sociedad Nacional para Niños Autistas (NSAC, por sus siglas en inglés), actualmente conocida como Sociedad del Autismo de América (ASA, por sus siglas en inglés). Nuestro objetivo era buscar un mejor entendimiento de esta misteriosa condición que afectaba tan gravemente a nuestros niños, y para buscar tratamiento, así como causa y curación. No existía casi nada en las revistas. El libro del Dr. Rimland, *Infantile Autism: The Syndrome and Its Implications for a Neural Theory of Behavior* (publicada en 1964) estaba entre uno de los primeros sobre el tema. Ninguno de nosotros conocía a un adulto con autismo.

La primera vez que conocí a Temple fue a mitades de los 80, en el St. Louis Airport, mientras estaba haciendo la conexión a Chicago para la conferencia anual del NSAC. En la pequeña área había otras 25 personas de todo el país que iban a la conferencia, también esperando para aquel vuelo. La mayoría de nosotros se conocía, y la charla fue en su mayoría sobre el autismo.

De pie alejada del grupo había una mujer alta y joven que obviamente estaba interesada en las discusiones. Parecía tímida y amable, pero en general solo escuchaba. Una vez en Chicago, tanto ella como yo cogimos el autobús de la conferencia y nos sentamos juntas mientras viajábamos a nuestro hotel. Supe que su nombre era Temple Grandin, y esa era su primera conferencia sobre el autismo. Estaba impresionado por lo mucho que sabía sobre el trastorno. No fue hasta más tarde durante esa semana que me di cuenta que era una persona con autismo. Había oído hablar de una mujer que tenía ese diagnóstico, que era altamente funcional, pero no había conectado las dos. Me acerqué a ella y le pedí si desearía hablar en el programa de la conferencia de la NSAC del año siguiente. Ella estuvo de acuerdo.

En aquel momento, las conferencias del NSAC eran las únicas reuniones nacionales enfocadas solamente en el autismo. Cada año se celebraba una sesión entera justo para intercambiar información. Esta tenía lugar en una amplia sala de mesas redondas para diez personas, cada una designada para un tema especial, con un líder de la discusión. El año siguiente, yo iba a ser la líder de la discusión de una mesa etiquetada "adultos con autismo", y Allí es donde Temple se dirigió a una audiencia de NSAC. Las diez sillas se llenaron inmediatamente, y la gente se quedaba de pie al menos en fila de tres. La habitación se volvió ruidos, y con tanta gente que quería escuchar cada palabra que decía Temple, pedí una sala solo para nosotros. Más gente nos siguió y fuimos conducidos a un pequeño auditorio.

Temple y yo nos quedamos de pie en un anfiteatro ligeramente elevado. La audiencia no podía escucharla lo suficientemente bien. Aquí, por primera vez, estaba alguien que podía decirnos por propia experiencia cómo era ser extremadamente sensible al sonido ("como estar atado a la vía y se acerca el tren"). Sobre el tópico de llevar cierta clase de ropa interior, ella describió su profunda sensibilidad en la piel, y como no podía describir verbalmente lo dolorosa que era. Sobre las relaciones, habló de lo duro que era comunicar lo que sentía y acerca de su dificultad por entender a los demás. Le hicieron muchas preguntas: "¿Porque mi hijo da tantas vueltas?", "¿Qué puedo hacer para enseñarle a usar el inodoro?", "¿Por qué se lleva las manos a las orejas?", "¿Por qué no me mira?". Ella habló desde su propia experiencia, y su enfoque era impresionante. Más de una persona lloraba ese día.

Después de una sesión de una hora, muchos se quedaron alrededor para hablar con Temple. Ella parecía sorprendida pero contenta con la atención, incluso con la adulación. Más tarde, cuando le pregunté, me dijo que había estado un poco nerviosa. Con los años, he pensado a menudo en la escena, y me he maravillado de cómo de importante fue ese acontecimiento para ella y para todos nosotros.

No mucho más tarde, en 1986, se publicó su primer libro, *Emergente: Labeled Autistic*. El resto es historia, como dicen. Diez años más tarde vino su trabajo tan aclamado, *Thinking in Pictures*, y le siguieron otros libros sobre el autismo. Simultáneamente Temple se hizo famosa por su trabajo y por los escritos sobre su tema elegido en el campo profesional del comportamiento animal. Ganó un doctorado en esa disciplina de la Universidad de Colorado. Su lanzamiento en 2006, *Animals in Translation*, se convirtió en un Bestseller del *New York Times*.

Temple rápidamente se convirtió en una conferenciante muy buscada en la comunidad autista. Escribió artículos para la prensa popular, así como para los compañeros de revistas profesionales. Siempre generosa con los proyectos relacionados con los padres y sus hijos, escribió para una organización de boletines informativos de padres y viajó por toda América y el mundo para dar conferencias sobre el autismo. Probablemente nadie con autismo había aparecido en los medios de comunicación tanto como Temple, ni habían tenido un impacto mayor en nuestra comprensión global del autismo y del Síndrome de Asperger y de las personas diagnosticadas en el espectro.

Aun así, la Temple Grandin de hoy no es la misma mujer que conocí hace casi veinticinco años. Ha sido un gran privilegio ser testigo del crecimiento de Temple en habilidades sociales y atención durante el tiempo que la he conocido. En mi opinión, este es principalmente el rasgo que la ha ayudado a tener éxito, a ser la adulta que es ahora, a pesar de graves dificultades durante el camino. Es experta. Desea ayudar a padres y a otra gente con autismo. Es perspicaz. Y tiene valor, una palabra para explicar su consejo fuerte y cordial (y a veces no deseado) a sus compañeros adultos con autismo o Asperger sobre la importancia de ser educados, vestir apropiadamente, aceptar responsabilidad por sus acciones y seguir las normas de civismo si desean tener y mantener un trabajo o tener amigos.

Y lo que no es menos importante, es divertida. Aunque generalmente sus presentaciones son sencillas, en los últimos años ha tenido muy buen humor. Su audiencia la adora.

Además, y para su crédito, ha aprendido a ser generosa reconociendo a todos aquellos que la han ayudado durante el camino, principalmente a su madre, Eustacia Cutler, cuyo libro, *A Thorn in My Pocket*, describe la historia familiar. Otros son los profesores y colegas que vieron su potencial y de forma valiente fueron más allá de la práctica corriente para ayudarla a desarrollar algunas de sus fortalezas. Para muchas personas con autismo, es difícil o imposible entender y desarrollar la "teoría de la mente", este proceso mental intangible por el cual la mayoría de nosotros notamos y "leemos" de forma intuitiva los matices de las situaciones sociales: como se sienten los demás, qué pueden estar pensando, y el significado más allá de sus acciones no verbales. La persistencia de Temple para aprender esto, y sus ponderosas habilidades analíticas al hacerlo, la han ayudado significativamente a mejorar su pensamiento social y su sentido social.

Temple continúa envolviendo su energía alrededor del autismo y de las personas que toca. Su talento es un regalo para todos nosotros, so sólo para aquellos de nosotros en la comunidad del autismo, sino para todo el mundo. El libro que sostienes en tus manos es el resultado de su fino análisis detectivesco de los seres humanos, su extenso pensamiento personal y la sabiduría ganada sólo a través de las experiencias personales que han formado a Temple Grandin. Es un excelente resumen de lo que un ser humano ha contribuido a uno de los trastornos más incapacitantes y misteriosos conocidos por la humanidad. Temple ha sacado tiempo de escuchar, sin ideas preconcebidas o juicios, a padres y profesores que trabajan con personas con autismo o en la totalidad del espectro, desde autismo grave a alto nivel de Asperger. Ella busca soluciones, desde estrategias de enseñanza a grandes problemas de la vida útil que pueden presentar desafíos de proporciones inmensas, incluso para las personas normales. Las sugerencias que ofrece en este libro son imaginativas, bien pensadas, prácticas y útiles.

Habla directamente al lector con honestidad y entendimiento. Sabe cómo es el autismo y sus recomendaciones tienen sentido.

Cada biblioteca, grande o pequeña, con la responsabilidad de educar a niños con autismo o Asperger, necesita este libro en sus estanterías, necesita la guía que ofrece este libro. Cada profesor de estas escuelas se beneficiará de su lectura y aplicará las estrategias que Temple tan claramente ofrece. Por último, y no menos importante, todos los padres encontrarán en estas páginas consejos que son pepitas de oro, coraje y esperanza para darles aliento en su viaje diario con el autismo de su hijo.

Tal como he oído decir a Temple durante los veinte y algo años que la he conocido, acerca de la forma en que ve el autismo y su vida: "No me convertí en una persona social de la noche a la mañana. No había un punto en el que se hiciera la magia en mi cerebro y todo lo social tuviera sentido tras aquello. Soy la persona que soy hoy porque todas las experiencias que he tenido, y las oportunidades que me ofrecieron para aprender poco a poco. No fue fácil; a veces era realmente difícil. Y, aún hoy sigo aprendiendo. Es por ello que quiero que otras personas en el espectro aprendan: No puedes rendirte. Debes seguir intentándolo." La sabiduría que ofrece en todo el libro y sus reflexiones personales sobre el autismo, estoy segura, serán verdaderas para muchos durante muchas décadas".

RUTH CHRIST SULLIVAN, PH.D.
Mayo de 2008

Ruth Christ Sullivan, Ph.D. fue la primera presidenta electa de la Sociedad Americana del Autismo (anteriormente NSAC), fundada en 1965 por el Dr. Bernard Rimland. En 1979 fundó y fue Directora Ejecutiva del Centro de Servicios del Autismo (ASC), en Huntington, WV hasta que se retiró en 2007, a la edad de 83 años. La ASC es una agencia de cuidado de salud del comportamiento, sin ánimo de lucro, que sirve a todas las discapacidades del desarrollo, pero se especializa en servicios específicos y amplios del autismo, en unos esquemas basados en la comunidad, incluidos los domicilios de los clientes. ASC sirve a aproximadamente 270 clientes, con un personal de 350 miembros. La Dra. Sullivan fue una de las jefes del lobby del autismo para la Ley Pública 94-142 (ahora conocida como Ley de Educación de Personas con Discapacidades, IDEA), así como de la Ley del Desarrollo de Discapacidades. Fue la fuerza motriz de la Fundación del Centro de Entrenamiento del Autismo de Virginia Oeste, en Marshall University de Huntington, WV, e 1983.

La Dra. Sullivan ayudó en la realización de la película de 1988, *Rain Man*, sirviendo como consultora del comportamiento autista. Dustin Hoffman, que ganó un Oscar por su papel estelar como Raymond Babbett, trabajó directamente con la Dra. Sullivan y su hijo, Joseph (nacido en 1960), que tiene autismo, para practicar el papel. El estreno de *Rain Man* tuvo lugar en Huntington con Dustin Hoffman y Barry Levinson, el productor, presentes. Fue un acto benéfico para el Centro de Servicios del Autismo.

Aunque la Dra. Sullivan ha vivido en Huntington, WV, durante cuarenta años, aún está cerca de su familia Cajun en el sur de Louisiana, en Lake Charles.

Para Lectores Nuevos en Autismo

El autismo es un trastorno del desarrollo, que se diagnostica normalmente durante la primera infancia. Es de naturaleza neurológica, afecta al cerebro en cuatro áreas principales de funcionamiento: lenguaje/comunicación, habilidades sociales, sistemas sensoriales y comportamiento. La investigación actual sugiere que puede haber diferentes subgrupos del trastorno que parte de la genética, amenazas del medio ambiente o una combinación de ambos. No entres en pánico si a tu hijo le diagnostican autismo. Cuando yo tenía dos años y medio no hablaba, tenía rabietas constantes y un comportamiento repetitivo. Una temprana e intensiva terapia del habla y juegos de alternar turnos fueron eficaces. Actualmente soy una profesora universitaria de ciencia del reino animal en la Universidad del Estado de Colorado. Cuando los niños tienen menos de cinco años es difícil predecir cómo van a desarrollarse. Algunos niños socialmente raros reciben un diagnóstico de autismo en la escuela elemental o en la secundaria, porque no tienen amigos. Estos niños pueden beneficiarse mucho de programas que enseñan habilidades sociales. Algunos de estos niños son brillantes y pueden tener una buena carrera en ciencias informáticas, arte, ingeniería o ser unos comerciantes con grandes habilidades. Durante mi Carrera diseñando equipo de ganadería para muchas grandes empresas, trabajé con mucha gente habilidosa que probablemente no habían sido diagnosticados de autismo, ADHD o dislexia.

Cada persona con autismo es única, con un perfil de fortalezas y desafíos distintos. No existen dos personas que manifiesten las mismas características con el mismo grado de gravedad. Se trata de un trastorno de "espectro", y las distintas personas diagnosticadas, se engloban colectivamente en lo que se refiere a un trastorno del espectro autista (ASD). Las personas del rango del espectro van desde aquellas que no hablan, con desafíos graves que pueden incluir comportamiento de autolesión y discapacidad intelectual hasta personas en el extremo final del espectro que hablan completamente (conocido como Síndrome de Asperger – según las viejas directrices), que son extremadamente inteligentes, con un lenguaje verbal bien expresivo, aunque con habilidades sociales marcadamente dañadas y unas débiles capacidades de toma de perspectivas. El espectro autista es muy amplio, variando desde trabajadores brillantes socialmente incómodos en Silicon Valley a personas que siempre tienen que vivir en una situación de supervisión. Algunos niños en el extremo final del espectro están dotados en arte, música o matemáticas. En 2013 se hicieron cambios en los criterios de diagnóstico en el DSM (Manual de Diagnóstico y Estadística de Trastornos Mentales), el diagnóstico "biblia" de los Estados Unidos de la comunidad médica, que eliminó el Síndrome de Asperger. Actualmente los distintos niveles de autismo están Unidos en una sola designación, "Trastornos del Espectro Autista". Un diagnóstico de autismo no es precisamente como un diagnóstico para una enfermedad como la tuberculosis. Con los años, comités de médicos han seguido cambiando los criterios diagnósticos. Se ha publicado un borrador del nuevo ICD-11 sobre las directrices internacionales para diagnosticar el autismo. Quizá proporcione una guía más clara tanto para padres como para profesionales.

Ahora el índice de autismo es de 1 por cada 59 nacimientos (Centros para el Control de la Enfermedad, 2019), y continúa creciendo a un índice alarmante. Cada 21 minutos se diagnostica un niño en el espectro. Es cuatro veces más común en niños que en niñas, y se mantiene de forma constante en todo el mundo, y dentro de las diferencias comunitarias raciales, sociales y étnicas. Según la Sociedad del Autismo en América, el coste durante toda la vida por cuidar a un solo niño con grados de autismo graves varía entre los 3,5 y 5 millones de dólares.

El autismo es una forma distinta de pensar y aprender.
Las personas con autismo primero son personas. El autismo es solo una parte de lo que son. El ASD ya no se ve solo como un trastorno del comportamiento estrictamente, sino un trastorno que afecta a la persona en su totalidad desde varios frentes: biomédico, cognitivo, social y sensorial. Con la intervención individualizada y apropiada, los niños con ASD puede llegar a manejarse mejor y aprender a adaptarse al mundo que les rodea.

Ha habido grandes avances sobre nuestra comprensión de los trastornos autistas y la mejor manera de ayudar a estas personas. Actualmente, se están diagnosticando niños de edades tan tempranas como 12 a 15 meses y muchos de los que reciben una intervención intensiva temprana pueden ir a la escuela elementar, en clase con los típicos compañeros, necesitando el mínimo soporte y servicio. No importa a que edad se haya diagnosticado, los niños y adultos con ASD son aprendices constantes y hacen mejoras significativas en su comportamiento a cualquier edad con los tipos e intensidad adecuados de servicios.

Demasiados padres miman y sobreprotegen a sus hijos.
Veo adolescentes que son completamente verbales y que están bien académicamente. Ellos no aprenden habilidades para la vida, como ir de

compras, realizar cuentas bancarias o conservar y mantener un trabajo. Mi madre se aseguró de que aprendiera todas estas cosas cuando era yo adolescente y adulto joven. Ella siempre me daba opciones para probar cosas nuevas, pero no se me permitía ser una reclusa en mi habitación todo el día. Sin embargo, tenía un tiempo programado para estar sola para calmarme. Hoy hablo con muchos abuelos que descubren que están en el espectro del autismo cuando se diagnostica a sus nietos. Estos abuelos aprendieron habilidades para la vida cuando eran jóvenes y muchos de ellos tuvieron excelentes carreras.

Introducción

La quinta edición de este libro es una recopilación de artículos que he escrito para la revista *Autism Asperger's Digest* desde el año 2000 hasta la actualidad. Estos artículos están agrupados en distintas categorías, observando personas desde intervenciones educativas tempranas, hasta problemas de sensibilidad sensorial, investigaciones del cerebro y carreras. Al empezar cada sección he añadido una introducción nueva, actualizada, que incluye pensamientos adicionales sobre la materia objeto de estudio. Los artículos que han necesitado una actualización la han tenido.

Los artículos combinan tanto mis experiencias personales con el autismo como la información práctica que padres, profesores y personas en el espectro autista pueden usar inmediatamente. El espectro autista es muy amplio y va desde personas que no hablan hasta una persona con un Asperger ligero que es un científico brillante o un ingeniero informático. Este libro contiene información que puede aplicarse en todo el espectro autista.

CAPÍTULO 1

La Importancia de Una Intervención Educativa Temprana

Lo mejor que puede hacer un padre

o madre de un niño que ha sido

diagnosticado recientemente, es

observar a su hijo, sin pensamientos ni

juicios preconcebidos, y aprender cómo

se comporta, actúa y reacciona el niño

frente a su propio mundo.

La Importancia de una Intervención Educativa Temprana

T anto la experiencia de investigación como la práctica demuestran que un programa educativo intensivo temprano, en el que un niño reciba un mínimo de veinte a veinticuatro horas a la semana de educación por parte de un profesor bien preparado, mejora considerablemente la prognosis. El cerebro de un niño todavía crece y evoluciona. A esta edad, las vías neuronales son altamente maleables, y la educación intensiva puede reprogramar una "conexión defectuosa", que este impidiendo que el niño aprenda. Además, los comportamientos en el niño todavía no se han arraigado. Costará menos práctica cambiar un comportamiento inapropiado a la edad de dos o tres años que cambiar el mismo comportamiento a la edad de seis o siete años. Por entonces, el niño ha estado haciendo las cosas de esa manera durante años y los cambios son más lentos.

Para programas a edades tempranas, los programas ABA (análisis aplicado al comportamiento) que usan aprendizajes de prueba discretos tienen la mayor documentación científica para hacer copias de seguridad de su uso. Pero otros programas, como el programa Denver que empieza a una edad temprana, se ha validado en un ensayo aleatorio. Otros programas basados en evidencias son la respuesta fundamental, terapia del lenguaje y terapia ocupacional. El espectro autista es amplio y diverso. Los niños pueden tener distintas formas de pensar y procesar la información, y es importante sintonizar un método de intervención de aprendizaje con el perfil y personalidad del niño. En internet se pueden encontrar descripciones detalladas de distintos tipos de programas de intervención temprana.

Un libro que yo recomiendo es *Early intervention and Autism: Questions for real life, Answers for real life* del Dr. James Ball (2012) en Future Horizons, Inc. Mientras que este libro está escrito para padres de niños que han sido diagnosticados recientemente, más de tres cuartas partes de la información sobre las intervenciones, estrategias de enseñanza eficaces, planificación de programas, y gestión del comportamiento son valiosas para padres de niños de todas las edades.

Mi programa de intervención temprana

Tuve un fantástico programa de educación temprana eficaz que empezó a la edad de dos años y medio. Por aquel entonces, yo presentaba todos los síntomas clásicos del autismo, incluido el no hablar, no tener contacto visual, berrinches y un comportamiento repetitivo constante. En 1949 cuando tenía dos años y medio, los médicos no sabían nada acerca del autismo, pero mi madre no aceptó que no se pudiera hacer nada para ayudarme. Tenía determinación, y sabía que dejarme continuar sin tratamiento sería lo peor que podía hacer. Obtuvo consejo de un sabio neurólogo que la hizo ir a un terapeuta del habla para que trabajase conmigo. Era tan Buena como los especialistas del autismo de hoy en día.

La terapeuta del habla de gran talento trabajó conmigo durante tres horas a la semana haciendo una enseñanza del tipo ABA (descomponiendo habilidades en componentes pequeños, enseñándome cada componente por separado mediante ejercicios repetitivos que me dieron mucha práctica) y pronunciaba cuidadosamente sonidos de consonantes fuertes de forma que pudiera oírlos. En la escuela de terapia del habla, también asistí a una guardería altamente estructurada con cinco o seis otros niños que no eran autistas. Algunos de los niños tenían Síndrome de Down. Esas clases duraban ocho horas a la semana.

Mi niñera fue otra parte crítica de mi terapia temprana. Pasaba 20 horas a la semana manteniéndome ocupada. Por ejemplo, jugar de forma repetitiva al juego de turnarse entre mi hermana y yo. Era instrumental al introducir lecciones tempranas de habilidades sociales, aunque en aquella época, no se les llamaba así de una manera formal. En el reino del juego, me mantenía ocupada y fijaba actividades para que la mayoría implicaran lecciones de turnarse y de socializar. En invierno, salíamos fuera a jugar con la nieve. Traía un trineo y mi hermana y yo debíamos turnarnos para deslizarnos por colina abajo. En verano, nos turnábamos en el columpio. También nos enseñaron a sentarnos a la mesa y a tener buenas maneras en ella. Se tejían oportunidades de enseñar y aprender en la vida diaria.

A los cinco años, jugábamos a muchos juegos de mesa, como el Parchís y las Damas Chinas. Mi interés por el arte y hacer cosas se veía alentado activamente e hice muchos proyectos de arte. Durante la mayor parte del día, estaba obligada a mantener mi cerebro sintonizado con el mundo. No obstante, mi madre se dio cuenta de que mi comportamiento servía a un propósito y que, cambiando esos comportamientos, no sucederían de un día para otro. Tenía una hora después de comer en la que podía Volver a mi comportamiento autístico repetitivo sin consecuencias. Durante esa hora, tenía que quedarme en mi habitación, a veces pasaba todo el rato dándole vueltas a una arandela de cobre decorado que cubría un tornillo que sujetaba el marco de mi cama. La hacía girar a diferentes velocidades y estaba fascinada por cómo las diferentes velocidades afectaban al número de veces que giraba la arandela de cobre.

Lo mejor que puede hacer un padre o madre de un niño que ha sido diagnosticado recientemente, es observar a su hijo, sin pensamientos ni juicios preconcebidos, y aprender cómo se comporta, actúa y reacciona el niño frente a su propio mundo. Esa información será de un valor incalculable para encontrar un método de información que concuerde bien con el estilo de aprendizaje del niño y sus necesidades. Lo peor que un padre o madre puede hacer con un niño de dos a cinco años es no hacer nada. No importa si el niño ha sido diagnosticado formalmente del trastorno del espectro autista (ASD) y si ha sido etiquetado de algo menos definido, como un retraso global del desarrollo. No importa si el niño todavía no ha sido diagnosticado si existen signos de que el niño pueda estar en el espectro: hay un grave retraso en el habla, el comportamiento del niño es extraño y repetitivo, no se mezcla con gente de su entorno, etc. No debe permitirse que el niño se quede sentado haciendo movimientos repetitivos todo el día o, por el contrario, haciendo bailar a todo el mundo alrededor suyo. Padres, oíd esto: **no hacer nada es lo peor que podéis hacer**. Si tenéis un niño de tres años que no habla, que muestra signos de comportamiento autista, necesitáis empezar a trabajar con el niño **ahora mismo**. Si los signos aparecen antes de los tres años, aún mejor. No esperéis seis meses más o incluso un año si vuestro pediatra os sugiere la propuesta de que "esperéis a ver" o juega con vosotros con consejos tales como "los niños se desarrollan más tarde que las niñas" o "no todos los niños empiezan a hablar a la misma edad". Mi consejo de actuar ahora se ve doblemente enfatizado si el lenguaje de vuestro hijo empezó a desarrollarse más tarde o si su lenguaje y/o comportamiento está haciendo una regresión.

*ASD por sus siglas en inglés para TEA son usadas al largo de este libro.

Los padres pueden verse en largas listas de espera tanto para un diagnóstico como para los servicios de intervención temprana. En algunos casos, el niño ya tendrá una edad que estará fuera del sistema de intervención estatal temprana (desde el nacimiento hasta los tres años) antes de que su nombre aparezca en lo alto de la lista. Hay muchas cosas que los padres pueden hacer para empezar a trabajar con el niño antes de que empiece una intervención profesional formal. Jugad a turnaros y fomentad el contacto visual. Las abuelas que tienen mucha experiencia con niños pueden ser muy eficaces. Si no podéis obtener los servicios profesionales para vuestro hijo, necesitáis empezar a trabajar con vuestro hijo inmediatamente.

Este libro y el de Raun Kaufman, *El avance del autismo*, servirán de guía útiles sobre cómo trabajar con vuestros hijos. La mejor parte del libro de Kaufman son las directrices de enseñanza que las abuelas y otras personas no entrenadas pueden utilizar fácilmente. Ignora sus opiniones acerca de otros tratamientos. No permitas que los niños de menos de cinco años utilicen tabletas, teléfonos u otros dispositivos electrónicos. Con niños, el rato que pueden pasar en solitario delante de una pantalla debe limitarse a una hora al día. Los niños de menos de cinco años, cualquier otra actividad con dispositivos electrónicos deberían ser actividades interactivas con uno de los padres o un profesor. El interés intense por el dispositivo electrónico puede utilizarse para motivar un interés hacia juegos de turnarse con otra persona. Durante este juego, debería pasarse el teléfono uno a otro por turnos. Demasiados niños están desconectados del mundo circundante por los aparatos electrónicos. En niños más mayores, jugar a videojuegos debería limitarse a una hora al día. El uso excesivo de videojuegos y pantallas es un problema grave en individuos con autismo.

Unirse al niño en este momento es tan eficaz como el aprendizaje. Aunque no tengas un gran conocimiento acerca de diversos modelos de intervención con el autismo, eres lo suficientemente inteligente y estás lo suficientemente motivado para hacer que tu hijo se una durante unas 20 horas más a la semana. ¡No esperes! ¡Actúa ahora!

Referencias y lecturas complementarias

Adele, D. (2017) The impact of delay of early intensive behavioral intervention on educational outcomes for a cohort of medicaid-enrolled children with autism, *Dissertation*, University of Minnesota.

Ball, J. (2012) *Early Intervention and Autism: Real Life Questions, Real Life Answers*, Future Horizons, Inc., Arlington, TX.

Children's Hospital of Philadelphia (2017) Evidence-based treatment options for Autism, www.chop.edu/news/evidence-based-treatment-options-autism (Accessed June 22, 2019).

Dawson, G. et al. (2010) Randomized controlled trial of an intervention for toddlers with autism: The Early Start Mode, *Pediatrics* 125:e17-e23.

Gengoux, G.W. et al. (2019) A pivotal response treatment package for children with autism spectrum disorder, *Pediatrics*, Sept:144(3) doi:10.1542/peds.2019-0178

Grandin, T. (1996) *Emergence: Labeled Autistic*, Warner, Books, New York NY.

Kaufman, R.K. (2015) *Autism Breakthrough*, St. Martin's Griffin.

Koegel, L. and Lazebnik, C. (2014) *Overcoming Autism: Finding Strategies and Hope That Can Transport a Child's Life*, Penguin Group, New York, NY.

Le, J. and Ventola, P. (2017) Pivotal response treatment for autism spectrum disorder: *Current Perspectives in Neuropsychiatric Disorders Treatment*, 13:1613-1626.

No te Sientas Atrapado por Etiquetas

Un diagnóstico de autismo no es preciso, como el diagnóstico de una tuberculosis. Puede obtener una prueba de laboratorio para enfermedades como el cáncer o la tuberculosis, que es definitiva; esto no es así con el autismo. En los Estados Unidos, para tener un diagnóstico de autismo, existe un perfil de comportamiento basado en un manual publicado por la Asociación de Psiquiatría Americana, llamado DSM (Manual Estadístico y Diagnóstico de Trastornos Mentales, DSM por sus siglas en inglés). Los perfiles de comportamiento en este manual se basan en una combinación de estudios científicos y la opinión de un grupo de médicos expertos que debaten en una sala de conferencias. En 2019 se publicó un borrador de la guía del nuevo ICD-11 Internacional (Clasificación Internacional de Enfermedades). Se perfilará en este capítulo. Puesto que el ICD (Clasificación Internacional de Enfermedades, por sus siglas en inglés) se utiliza en muchos países del mundo para toda clase de enfermedades, ha sido diseñado para que sea fácil de utilizar por los médicos de atención primaria.

Cuando Richard Panek y yo trabajamos en nuestro libro titulado El Cerebro Autista (2013), revisamos el historial completo del DSM. Desde los años 50 y 60 los criterios de diagnóstico para el autismo han cambiado drásticamente. Cuando se comparan todos los cambios efectuados durante los últimos 60 años, es bastante asombroso.

En 1980, un niño debía tener tanto un retraso en el habla como un comportamiento autista para que se le diagnosticara de autismo. En

1994 se añadió el Síndrome de Asperger, en el que el niño es socialmente raro sin ningún retraso en el habla. En 2013, se eliminaron el DSM-5 (Asociación Americana de Psiquiatría), el AS (Síndrome de Asperger) y el PDD-NOS (Trastornos Prevalentes del Desarrollo – no identificado de otro modo). Actualmente estas etiquetas convergen en un trastorno amplio del espectro autista (ASD). Ya no hay ningún requisito para el retraso en el habla. Excluir el retraso en el habla hace todavía más vago el DSM-5 que el antiguo DSM-IV. Algunos científicos no consideran el retraso en el habla como un síntoma esencial de autismo, puesto que los retrasos de lenguaje y anormalidades en el habla son muy variables.

Para que una persona pueda ser etiquetada de ASD, el DSM-5 requiere que los síntomas se presenten en la más tierna infancia, pero la edad de aparición ya no se define. El DSM-5 elimina síntomas hasta dejar sólo lo social y de comportamiento. El énfasis principal está en las anormalidades sociales inherentes al trastorno: como los déficits de interacción social, comunicación recíproca y desarrollar y mantener relaciones con amigos. Además, el niño debe tener dos de cuatro de los siguientes síntomas: comportamiento repetitivo, adherencia a rutinas, fijación por ciertos intereses o problemas sensoriales. Los estudios han demostrado que el 91 por ciento de las personas con un diagnóstico de Asperger o PDD-NOS todavía pueden calificarse dentro del diagnóstico de ASD en el diagnóstico del DSM-5. El DSM-5 también creó un nuevo diagnóstico de comunicación social, que consiste básicamente en los problemas sociales del ASD sin el comportamiento repetitivo, fijación en ciertos intereses o problemas sensoriales. Para afirmar que no esto no es autismo, no tiene sentido, ya que los déficits sociales son uno de los síntomas principales del autismo. Puesto que no hay fundamento para trastornos de comunicación social, muy pocos niños han recibido este diagnóstico.

El autismo es un espectro enorme

Uno de los grandes problemas del diagnóstico del autismo (ASD) es que ha cambiado un amplio espectro con un amplio rango de capacidades. Cuando los niños son realmente pequeños (de edades comprendidas entre los dos y los cinco años), la mayoría de expertos concuerdan en que muchos tratamientos educativos tempranos mejoran significativamente la prognosis. Cuando yo tenía tres años, no hablaba y no tenía todos los síntomas típicos del autismo. La terapia del habla de tipo ABA (Análisis Aplicado al Comportamiento, por sus siglas en inglés) y los juegos de turnarse hicieron posible que pudiera ir a una guardería normal a la edad de cinco años. Rebecca Grzadzinski, Marisela Huerta y Catherine Lord (2013) afirmaron: "En términos de funcionamiento cognitivo, las personas con ASD muestran un amplio rango de capacidades, desde discapacidad intelectual grave (ID) a inteligencia superior."

Las personas con ASD varían desde científicos informáticos en Silicon Valley a personas que nunca podrán vivir de forma independiente. Puede que no sean capaces de participar en actividades tales como viajes de compras o acontecimientos deportivos. Cuando se junta un rango tan amplio de capacidades, es difícil para los profesores de educación especial cambiar de marcha entre los distintos niveles de capacidades. Demasiado a menudo se coloca a un niño con capacidades superiores en una clase con estudiantes con deficiencias más graves. Esto hará que este niño se estanque y no pueda alcanzar su nivel.

Algunas personas han cambiado y usan el sistema de diagnóstico internacional ICD.11, que todavía incluye la etiqueta de Asperger. Una definición abreviada de autismo en el nuevo ICD-11 es:

• Déficit persistente para iniciar y mantener interacciones sociales.

- Patrones de comportamiento e intereses restrictivos, repetitivos e inflexibles.

Cuando se llevó este libro a imprenta, se había publicado un borrador final del ICD-11. La etiqueta de Asperger se había retirado y el autismo estaba descrito con seis niveles de gravedad. Me gusta el nuevo borrador de ICD-11 porque proporcionaba una guía más clara. Pone mucho énfasis en si el niño o adulto tiene un trastorno del desarrollo intelectual. Cuando las terapias son efectivas, tanto un niño como un adulto pueden progresar hasta un nivel superior. A continuación hay un resumen muy simplificado. Puedes acceder al ICD-11 completo en internet.

- Autismo – Tanto sin discapacidad intelectual como con un lenguaje normal (antes Antiguo Diagnóstico de Asperger)
- Autismo – Discapacidad intelectual con un lenguaje normal o casi normal.
- Autismo – Sin discapacidad intelectual y con un lenguaje funcional dañado.
- Autismo – Con un desarrollo intelectual y un lenguaje dañados.
- Autismo – Sin discapacidad intelectual y sin lenguaje.
- Autismo – Discapacidad intelectual y del lenguaje.

Deberías sacar las etiquetas de nicho; ADHD y Autismo coinciden en parte.

Cada etiqueta de diagnóstico tiene sus propios libros y reuniones de grupo de soporte. Desgraciadamente, cada grupo puede permanecer en su propio nicho y hay poca comunicación entre ellos. He observado que los libros para cada diagnóstico son casi todos especiales para ese diagnóstico. En muchos casos, hay niños que se incluyen en más de un tipo de diagnóstico. Existen cuatro etiquetas de diagnóstico que se mezclan siempre. Son ASD, trastorno de procesamiento sensorial (SPD), ADHD (trastorno de déficit de atención/hiperactividad) y los dotados. Tanto el DSM-5 y el ICD-11 permiten un diagnóstico dual de ASD y ADHD.

De hecho, tres estudios demuestran que hay una coincidencia genética del autismo con el ADHD. El mayor cruce en los factores genéticos está entre el autismo con un lenguaje completo (Asperger) y el ADHD. Este es el motivo por el cual a menudo se mezcla el autismo con el ADHD. Un médico puede diagnosticar a un niño de autismo y otro diagnosticar al mismo niño de ADHD. Un nuevo estudio a base de imágenes neurológicas muestra que tanto el autismo como el ADHD tienen anormalidades estructurales similares en la parte social del cerebro. Algunos de estos niños pueden tener talento en una disciplina académica y tener una discapacidad grave en otra. A veces un niño es etiquetado como dos veces excepcional (o 2E) y puede tener talento y estar diagnosticado de ASD, ADHD o SPD. Cuando se ponen al mismo tipo de estudiantes en nichos distintos, a menudo siguen caminos distintos. Mis observaciones en conferencias indican que cerca de la mitad de los niños que se traen a conferencias sobre autismo están dotados en al menos un área, como puede ser matemáticas, música, lectura o arte En otros capítulos, discutiré la necesidad de desarrollar sus fortalezas. Cuando asisto a una conferencia de educación sobre personas dotadas, veo los mismos niños geeks de la tecnología siguiendo un camino distinto, muy positivo hacia una carrera de ciencias o de arte. Quiero dejarlo muy claro: el ASD geek, y ligero son lo mismo. Hay un punto en el que ser socialmente raro es sólo una parte de las variantes normales de los humanos. Existen una nueva y fascinante investigación que muestra que el autismo puede ser el precio para un cerebro humano. Los mismos genes que hacen que el cerebro humano sea más grande, también causan el autismo. Otros estudios han demostrado que los rasgos autistas están presentes en la población en general.

También he dado charlas a muchas empresas de alta tecnología, y parece probable que casi la mitad de las personas que trabajan en ellas tengan una ASD ligera. Un ejecutivo de una empresa de tecnología me dijo que sabe que tienen muchos empleados con AS o ASD ligera, pero no hablan de ello. Mucha gente que han estudiado carreras técnicas con éxito odian la etiqueta porque sienten que eso implica que no funcionan bien. Ellos evitan las etiquetas. Recientemente leí sobre un joven que sufría un retraso grave del habla, y era un aprendiz en el laboratorio de física de su padre. Había publicado varios estudios científicos antes de cumplir los 20 años. Si hubiera nacido en una situación distinta, quizá hubiera seguido un camino distinto y le habrían etiquetado con ASD.

Etiquetas necesarias para los Servicios Médicos o Escuelas

Las escuelas y las compañías de seguros necesitan etiquetas diagnósticas para obtener servicios. Por desgracia, estoy viendo demasiados niños inteligentes etiquetados con ASD y que les han dejado en su autismo. Creo que sería más sano para el niño que les pusieran en arte, escritura, ciencia u otro interés especial. Demasiados niños se están convirtiendo en lo que los etiquetan. Cuando yo era estudiante, iba a la escuela con montones de personas socialmente raras, personas geeks. Si se hubiesen utilizado las directrices del DSM-5, se habrían etiquetado como personas con trastorno del espectro autista. Si se hubiese utilizado el nuevo ICD-11, se les habría puesto en la categoría del autismo más ligero, similar al diagnóstico del antiguo Asperger.

Tanto el autismo verbal total como el grado más grave de ASD a menudo parecen lo mismo en que los niños de menos de cinco años tienen un retraso en el habla o no hablan en absoluto. Cuando los niños etiquetados con ASD crecen, pueden ir hacia dos grupos básicos que necesitan de servicios bien distintos. Este grupo altamente divergente está todo asignado a la misma etiqueta DSM-5 ASD, y en programas mal gestionados, a todos se les presta el mismo servicio. Un grupo continuará teniendo una discapacidad grave y no hablará o hablará parcialmente, y el otro grupo llegará a hablar perfectamente y podrá llevar una vida independiente y hacer una carrera con éxito si recibe la intervención adecuada. Generalmente pueden ir a un colegio de secundaria o de un nivel más alto en al menos una asignatura, como lectura o matemáticas.

Existe un tercer subgrupo dentro del grupo que no habla, que parece tener una discapacidad intelectual grave. Ejemplos de este tipo son Tito Mukhopadhyay y Naoki Higashida. Ambos pueden escribir de forma independiente, y tienen buenos cerebros que están "atrapados." Tanto desde un punto de vista funcional como educativo, el ASD se convierte en muchas cosas distintas en niños mayores y adultos. Pueden explicar el motivo de que haya tanta controversia y diferencia de opiniones en la comunidad del autismo.

También estoy preocupada por niños que deberían ser etiquetados de ASD pero a quienes se les puso una etiqueta de trastorno de oposición desafiante (ODD por sus siglas en inglés) o trastorno disruptivo de desregulación del estado de ánimo (DMDD, por sus siglas en inglés). En el DMDD, los síntomas son berrinches frecuentes en niños mayores de seis años. La etiqueta ODD puede utilizarse para niños de todas las edades. Los síntomas principales son desafío activo, espíritu de venganza e ira sostenida. Los niños con estas etiquetas necesitan tener unos límites firmes sobre el comportamiento y que les den opciones. Por ejemplo, podría ser hacer los deberes justo antes de cenar o después. Las opciones previenen el que el niño se oponga diciendo "no".

Para concluir, los padres y profesores deben sacarlos del nicho del ASD. Las etiquetas DSM no son precisas. Son perfiles de comportamiento. Por desgracia, nuestro sistema necesita etiquetas para obtener servicios. Recuerda pensar en servicios específicos que un niño pueda necesitar, como tutorías para leeer, impedir el bullying, o enseñar habilidades sociales para niños algo mayores o un programa de educación intensiva temprana para los niños de tres años que no hablan.

Referencias y lecturas complementarias

American Psychiatric Association (2013) *Diagnostic and Statistical Manual of Mental Disorders* (*DSM-5*) Washington, D.C.: American Psychiatric Association.

Autism Europe (2018) World Health Organization updates classification of autism in the ICD-11 www.autism.europe.org (accessed June 21, 2019).

Baribeau, D.A. et al. (2019) Structural neuroimaging correlates of social deficits are similar in autism and attention-deficit/hyperactivity disorder: Analysis from the POND Network, *Translational Psychiatry*, 4(9):72doi:10.1038/s41398-019-0392-0.

Barnett, K. (2013) *The Spark: A Mother's Story of Nurturing, Genius and Autism*, Random House, New York NY.

Constantino, J.N. et al. (2003) Autistic traits in the general population: A twin study, *Archives of General Psychology*, 60:530-534.

Grandin, T., and Panek, R. (2013) *The Autistic Brain: Thinking Across the Spectrum*, Houghton Mifflin Harcourt, New York, NY.

Grzadzinski, R., Huerta, M. and Lord, C. (2013) DSM-5 and Autism Spectrum Disorders (ASDs): An Opportunity for Identifying Subgroups, *Molecular Autism*, 4:12-13. Doi:10.1186/2040-2392-4-12.

Hazen, E., McDougle, C., and Volkmar, F. (2013) Changes in the diagnostic criteria for autism in DSM-5 controversies and concerns, *The Journal of Clinical Psychiatry*, 74:739 doi:10.4088/JCP.13ac08550.

Higashida, N. and Mitchell, D. (2017) *Fall Down Seven Times and Get Up Eight: A Young Man's Voice from the Silence of Autism*, Random House, New York NY.

May, T. et al. (2018) Trends in the overlap of autism spectrum disorders and attention deficit hyperactivity disorder, prevalence, clinical management, language and genetics, *Current Disorder Reports*, 5:49-57.

Mukhopadhyay, T. (2008) *How Can I Talk if My Lips Don't Move: Inside My Autistic Mind*, Arcade Publishing, New York NY. Amazon Kindle and Barnes & Noble Nook available. Also available as audiobook from Amazon.

Pinto, R. (2015) The genetic overlap of attention-deficit/hyperactivity disorder and autistic-like traits: An investigation of individual symptom scales and cognitive markers, *Journal of Abnormal Child Psychology* doi:10.1007/s10802-015-0037-4.

Reed, G. M. et al. (2019) Innovations and changes in the ICD-11 classification of mental behavioral and neurodevelopmental disorder, *World Psychiatry*, 18 doi:10.1002/wps.20611.

Research in Autism (2019) Autism Spectrum Disorder, Diagnostic Criteria ICD-11, www.researchautism.net (Accessed January 25, 2019).

Sikela, J.M. and Sarles-Quick, V.B. (2018) Genomic tradeoffs: Are autism and schizophrenia the steep price for a human brain? Human Genetics, 137:1-13.

Traper, A. (2018) Discoveries in the genetics of ADHD in the 21st century: New findings and implications, *American Journal of Psychiatry*, 175:943-950.

World Health Organization (2019) ICD-11, Draft, Autism Spectrum Disorder, International Classifications of Diseases, World Health Organization, Geneva, Switzerland.

Programas de Calidad Económicos para Niños con ASD

T uve suerte de conseguir una intervención temprana (EI) y una educación de vanguardia durante mi crecimiento a principios de los años 50. A pesar de la falta de conocimiento acerca del autismo y de cómo tratarlo (aparte de hospitalización en centros mentales, que era la norma en aquel tiempo), mi madre me apuntó a una excelente guardería de terapia del habla a la edad de tres años y tuve una niñera que se pasaba horas y horas a la semana jugando a juegos de turnarse y haciendo actividades divertidas y estructuradas conmigo. Además, las normas de comportamiento en casa estaban bien definidas y las formas y expectativas sociales se aplicaban de forma estricta. Por suerte, mis padres tenían dinero suficiente para pagar los programas que contribuyeron a mi Desarrollo y sentaron la base para un funcionamiento de éxito a medida que crecía y me aventuraba por mí misma. Ajustando el precio a la inflación, el coste de mi programa probablemente se encuentra en el rango medio, comparado con los programas de intervención que se usan actualmente. Muchos de los programas que están disponibles actualmente son mucho más caros.

¿Los padres con un presupuesto limitado pueden poner a punto un buen programa para su niño autista? La respuesta es sí, con un poco de pensamiento y planificación. He hablado con padres que pusieron en práctica su propio programa EI después de leer unos cuantos libros y consiguieron la ayuda de voluntarios. Se necesita automotivación y un deseo constante para ayudar a su hijo, así como conocimiento sobre el autismo. La peor cosa que los padres pueden hacer es dejar a su hijo sentado viendo la televisión todo el día o solo sin prestarle atención a todo lo que está a su alrededor. Es un tiempo precioso perdido que nunca se va a recuperar.

Tanto la investigación como la experiencia práctica han indicado que veinte horas o más de interacción intensa entre uno y otro con un profesor eficaz y/o adulto, puede poner en marcha la comunicación hablada y mejorar el lenguaje y otros comportamientos en niños con ASD. En muchas partes del país, la escuela pública proporcionará solamente uno o dos horas a la semana de terapia con un terapeuta del habla, un terapeuta ocupacional (OT) o un especialista en comportamiento. Esto no es suficiente para que sea realmente eficaz, pero ofrece una oportunidad para enseñar a las personas que trabajan con el niño fuera de los días escolares. Esto es especialmente cierto para padres, que necesitan tomar la iniciativa y proporcionar ellos mismos enseñanza suplementaria.

Recomiendo que los padres en esta situación acudan a los terapeutas escolares como "entrenadores" que puedan educarles sobre el autismo de su hijo y enseñarles cómo hacer una mejor terapia intensiva en casa. También ayuda si los miembros de la familia o los voluntarios que trabajan con el niño (por ejemplo, una abuela que se ha ofrecido voluntaria para trabajar con un niño de cuatro años) visita la escuela cada semana y observa al terapeuta profesional como trabaja con el niño. Los profesionales pueden ofrecer tareas de terapia a los voluntarios para trabajar con el niño durante la semana. Puede recogerse una información incalculable observando las sesiones "en acción", que ninguna cantidad de lectura puede transmitir. A la inversa, también puede servir de ayuda de vez en cuando pagar al terapeuta para que pase una hora o dos observando cómo se va desarrollando el programa en casa. A veces un pequeño cambio en un programa puede significar todo un mundo de diferencia y a menudo necesita de un ojo entrenado para detectar situaciones como esta. Las reuniones semanales también son un momento perfecto para discutir el progreso del niño y revisar las metas y objetivos de la semana siguiente de forma que todos puedan llevar un registro del progreso y los cambios en el programa.

La iglesia y los grupos cívicos son un buen lugar para encontrar gente dispuesta a trabajar con un niño. Otras fuentes de ayuda incluyen estudiantes de escuelas superiores o universidades. Cuando buscas voluntarios para ayudar a enseñar a un niño, trata de ser específico acerca de los tipos de cosas que harán. Por ejemplo, las abuelas pueden sentirse cómodas ofreciéndose voluntarias para "jugar" con un niño, o ayudar a proporcionar ejercicios repetitivos, estructurados de forma simple", son habilidades familiares que la mayoría de gente posee. Sin embargo, la misma abuela puede sentirse mal equipada si le pides "ayuda con el programa de terapia del comportamiento diseñado para un niño con autismo". La mayoría de la gente no sabe qué tipo de programa implica, y puede pensar que solo alguien con un título universitario poseerá las habilidades exigidas. Asegúrate de mencionar que tu (u otra persona) les darás la enseñanza y la educación básica sobre el autismo para que luego puedan reforzar su capacidad de manejar lo que venga. Mucha gente está realmente interesada en ayudar a los demás, siempre que tengan algo de instrucción sobre cómo hacerlo.

He observado que algunos profesores y terapeutas tienen un don para trabajar con niños con ASD y otros no. Los planteamientos pasivos no funcionan. Los padres necesitan encontrar personas, tanto profesionales como no, que sepan ser insistentes de forma suave, que mantengan al niño motivado por aprender, que su planteamiento se centre en el niño, y que estén dedicados a enseñar al niño con autismo de una forma que puedan aprender, en vez de insistir en que el niño aprenda de la forma que ellos enseñan. Haciéndolo de forma natural, hacen que el niño se interese, lo que es la base de cualquier programa eficaz para niños con autismo, sin importar el coste. Un libro práctico útil para aprender métodos de enseñanza es *Autism Breakthrough* de Raun K. Kaufman.

Las estrategias que se basan en el área de la fortaleza del niño y que atraen a sus patrones de pensamiento serán más efectivas.

Distintos Tipos de Pensamiento en El Autismo

Estudios recientes del cerebro, y en especial del cerebro de personas diagnosticadas de trastornos del espectro autista, están aportando luz sobre los pilares psicológicos de nuestros pensamientos y emociones. Estamos consiguiendo una mejor comprensión de cómo se forman las vías neuronales y hasta qué punto la biología influye sobre el comportamiento.

Cuando yo era más joven, creía que todos percibían el mundo igual que yo. Es decir, que todos pensaban en imágenes. Al principio de mi carrera profesional, me enfrenté a una discusión verbal con un ingeniero en una planta de envasado de carne cuando le dije que era un estúpido. Había diseñado una pieza de un equipo que tenía defectos que para mí eran obvios. Mi pensamiento visual me da la capacidad de hacer que mi mente haga una prueba sobre una pieza del equipo que yo he diseñado, como lo haría un sistema de realidad virtual por ordenador. Cuando hago esto, puedo encontrar los fallos antes de construirlo. Ahora me doy cuenta de que su problema no era la estupidez, era una falta de pensamiento visual. Me costó años aprender que la mayoría de la gente no puede hacerlo y que las habilidades de visualización en algunas personas son casi inexistentes.

Todas las mentes con Asperger o en el espectro autista están
orientadas al detalle, pero la forma en que se especializan varía. A base
de preguntar a mucha gente, tanto con cómo sin el espectro, he aprendido
que existen tres tipos distintos de patrones de pensamiento especializado
con cruces entre estos patrones de pensamiento especializado.
Determinar tipos de pensamiento en niños de tres años a menudo no
es posible. Los tipos de pensamiento dominante normalmente son más
obvios cuando el niño tiene entre siete y nueve años.

- Los pensadores visuales (que visualizan objetos) piensan en
  imágenes fotorrealistas, como yo.
- Hay pensadores con patrones musicales y matemáticos (visual-
  espacial).
- Hay pensadores verbales (no pensadores visuales).

Como el autismo es tan variable, pueden existir mezclas de
los distintos tipos. Por ejemplo, un niño puede tener un patrón de
pensamiento fuertemente musical/matemático, pero también tener
unas buenas habilidades de pensamiento visual. O un pensador verbal
también puede tener unas buenas habilidades matemáticas o de
idiomas extranjeros. La importancia de entender estas tres formas
de pensamiento entra en juego cuando se intenta enseñar a niños con
ASD. Las estrategias que se construyen en el área de fortaleza del niño
y atraigan a sus patrones de pensamiento serán de la mayor eficacia.
Esto es más probable que resulte evidente entre la edad de cinco a ocho
años. A menudo es difícil identificar las fortalezas de niños menores
de cinco años, a menos que se desplieguen habilidades de genio. En
estudiantes universitarios, el principal que eligieron estuvo determinado
parcialmente por su estilo cognitivo. Se evaluaron estudiantes de los

tres tipos principales. Los estudiantes de ingeniería preferían patrones de pensamiento visual-espacial. Los estudiantes de artes plásticas y psicología preferían pensamiento visual (visualizador de objetos) y el pensamiento verbal sólo era predominante en estudiantes de psicología.

Pensadores visuales (visualizadores de objetos)

Estos niños a menudo adoran el arte y construir bloques, como los Legos, y con frecuencia hacen dibujos muy bonitos. Se sumergen fácilmente en proyectos en los que tengan una oportunidad tangible y manual para aprender. Los conceptos matemáticos, como sumar o restar, necesitan que se les enseñe con objetos concretos que el niño pueda tocar. Debe animárseles hacia el dibujo y otras habilidades artísticas. Estos niños pueden pasarlo mal con el álgebra. Deberían pásalos inmediatamente a la geometría, porque es más visual. Si un niño sólo dibuja una cosa, como aviones, hay que animarlos a dibujar otros objetos relacionados, como las pistas del aeropuerto, los hangares, o los coches que van al aeropuerto. Ampliar las habilidades emergentes de un niño le hacen más flexible en sus patrones de pensamiento. Ten en cuenta que como el "lenguaje nativo" del niño son las imágenes, las respuestas verbales pueden tardar más a formarse. Cada solicitud tiene que traducirse desde las palabras a las imágenes antes de que pueda procesarlas, y luego la respuesta necesita traducirse desde las imágenes a las palabras antes de pronunciarlas. A menudo, los pensadores visuales tienen dificultad haciendo álgebra por su naturaleza abstracta, pero algunos hacen geometría y trigonometría muy fácilmente. A menudo los pensadores visuales tienen éxito en profesiones tales como artistas, diseñadores gráficos, fotógrafos o ingenieros industriales. Otro campo en el que pensadores visuales como yo pueden sobresalir es en comerciantes cualificados. Hay una gran escasez de lampistas, electricistas, mecánicos y soldadores que pueden leer planos. Una de las peores cosas que algunas escuelas han hecho ha sido quitar las clases vocacionales. Hay buenas profesiones que nunca serán sustituidas por la inteligencia artificial o los ordenadores.

Pensadores musicales y matemáticos (Visual-Espacial)

Son los patrones y no las imágenes los que dominan los procesos de pensamiento de estos niños. Tanto la música como las matemáticas son un mundo de patrones, y los niños que piensan de esa forma tienen fuertes capacidades de asociación. La investigación demuestra que tienen capacidades superiores para efectuar tareas mentales de rotación. Les gusta encontrar relación entre números o notas musicales. Algunos niños pueden tener habilidades de cálculo de tipo genio o son capaces de tocar una pieza de música después de haberla escuchado una sola vez. A menudo el talento musical surge sin enseñanzas normales. Muchos de estos niños pueden aprender por ellos mismos si tienen a su disposición un instrumento. Cuando crecen, los pensadores de patrones a menudo son buenos en programación informática, ingeniería o música. Algunos de estos niños deberían avanzar varios grados en matemáticas, dependiendo de sus capacidades, pero pueden necesitar educación especial para leer, puesto que pueden quedar atrás. Muchos de estos niños pueden hacer operaciones matemáticas mentalmente. Debería dejárseles hacerlo. Es probable que se aburran en una clase de matemáticas que es demasiado fácil. También necesitan estar en contacto con programación informática y codificación. Una manera de determinar cómo piensa un niño es ofreciéndole libros de álgebra y geometría.

Pensadores verbales

A estos niños les gustan las listas y los números. A menudo, memorizarán los horarios de los autobuses y acontecimientos de la historia. Las áreas de interés a menudo incluyen historia, geografía, meteorología, y estadísticas deportivas. No son pensadores visuales. Los padres y profesores pueden utilizar esos intereses y talentos como motivos para aprender las partes menos interesantes de las asignaturas. Algunos pensadores verbales tienen facilidad para aprender muchos idiomas extranjeros. Conozco personas con habilidades de pensamiento verbal que han sido empleados de éxito en ventas de productos especializados como coches, actuación en escena, contabilidad, escritura técnica/de objetivos y farmacología. Esas son todas áreas donde la memorización de muchos datos es un talento que otras personas apreciarán.

Los patrones de pensamiento de personas con ASD son marcadamente distintos de la manera de pensar de la gente "normal". Por eso, se da demasiado énfasis a lo que "no pueden hacer", y las oportunidades de capitalizar sus distintas, pero a menudo creativas, maneras de pensar se quedan en el camino. Un nuevo e interesante estudio demostraba que muchos estudiantes con autismo que van a la universidad se matriculan en campos troncales como ciencias informáticas o ingeniería. Aunque existen discapacidades y desafíos, puede hacerse grandes progresos enseñando a esas personas cuando los padres o los profesores trabajan para construir las fortalezas del niño y enseñar en una forma que concuerde con su patrón básico de pensamiento.

Referencias y lecturas complementarias

Blazhenkova, O. et al. (2011) Object-spatial imagery and verbal cognitive styles in children and adolescents: Developmental trajectories in relation to ability, *Learning and Individual Differences.*

Chiang, H.M. and Lin, Y.H. (2007) Mathematical ability of students with Asperger syndrome and high-functioning autism, *Autism* 11:547-556.

Grandin, T. (2009) How does visual thinking work in the mind of a person with autism" A personal account. *Physiological Transactions of the Royal Society*, London, UYK, 364:1437-1442.

Grandin, T. and Panek, R. (2013) *The Autistic Brain*, Houghton Mifflin Harcourt, New York, NY.

Hegarty, M., and Kozhevnikov, M. (1999) Types of visual-spatial representations and mathematical problem solving, *Journal of Educational Psychology*, 91:684-689.

Hoffner, T.N. (2016) More evidence for three kinds of cognitive styles: Validating the object-spatial imagery and verbal questionnaire using eye tracking when learning with texts and pictures, *Applied Cognitive Psychology* 31(1) doi.org/10.1002/acp.3300.

Jones, C.R.G. et al. (2009) Reading and arithmetic in adolescents with autism spectrum disorders: Peaks and dips in attainment, Neuropsychology, 23:718-728.

Kozhevnikov, M. and Blazenkova, O. (2013) Individual differences in object versus spatial imagery: From neural correlates to real world applications, In: S. Lacey and R. Lawson (Editors), Multisensory Imagery, 229-308.

Mazard, A. et al (2004) A PET meta-analysis of object and spatial mental imagery, European Journal of Cognitive Psychology 16:673-695.

Perez-Fabello, M.J. et al. (2018) Object spatial imagery in fine arts, psychology and engineering, Thinking Skills and Creativity 27:131-138.

Shonulsky, S.et al. (2019) STEM faculty experiences teaching students with autism, Journal of STEM Teacher Education 53(2) Article 4.

Recursos para codificación informática para niños

www.scratch.mit.edu

Sphero Robots, Boulder, Colorado

www.code.org

www.codakid

www.khanacademy.org

Appled Swift Coding

Stevenson, J.L. and Gernsbacher, M.A. (2013) Abstract spatial reasoning as an autistic strength. PLOS ONE doi:10.1371/journal.pone.0059329.

McGrath, J. et al. (2012) Atypical visual spatial processing in autism: Insight from functional connectivity analysis, Autism Research, 5:314-330.

Soulieres, I. et al., (2011) The level and nature of autistic intelligence II: What about Asperger syndrome? PLOS One. Doi:10.1371/journal.pone.0025372.

Mayores Expectativas Producen Resultados

L os niños con trastorno del espectro autista no aprenden escuchando y viendo a los demás, como los niños normales. Necesitan que se les enseñe de forma específica cosas que otros parecen aprender por osmosis. Un buen profesor es insistente de forma suave cuando enseña a un niño autista para obtener algún progreso. El profesor debe tener cuidado de no causar una sobrecarga sensorial, pero al mismo tiempo debe entrar de alguna manera en el mundo de agitación del niño o retiro silencioso para que el niño se anime a aprender.

Cuando los niños se hacen un poco mayores, necesitan estar expuestos a muchas cosas distintas que estimulen su aprendizaje continuo en áreas distintas de la vida. También debe haber expectativas para un comportamiento social adecuado. Cuando recuerdo mi vida, mi madre me hizo una gran cantidad de cosas que no me gustaban, pero estas actividades eran realmente beneficiosas. Me dieron oportunidades para practicar habilidades sociales, conversar con gente que no era tan familiar, desarrollar la autoestima y aprender a negociar cambios no anticipados. Ninguna de estas actividades causaba problemas importantes en mi sensibilidad sensorial. Mientras mi madre me instaba a hacer cosas, entendía bien que un niño nunca debería forzarse a estar en una situación que incluyera una estimulación sensorial dolorosa.

Para cuando cumplí cinco años, se me pedía que me vistiera y me comportara en la iglesia y me sentara en cenas formales tanto en casa como en casa de mi abuela. Cuando no lo hacía, tenía consecuencias, y perdía un privilegio que era importante para mí. Por suerte, nuestra iglesia tenía un bonito órgano anticuado que me gustaba. La mayor parte del servicio religioso era aburrido para mí, pero ese órgano lo hacía tolerable de algún modo para permanecer sentada. Una iglesia moderna con música alta y amplificada probablemente habría sido una sobrecarga sensorial para alguien como yo.

Durante mis años en la escuela elemental, mi madre me hizo ser azafata de fiestas. Tenía que saludar a cada invitado y servirles snacks. Eso me enseñó habilidades sociales importantes, y me hizo sentir orgullosa de participar en su celebración de "adultos". También me proporcionaba la oportunidad de aprender a hablar con personas distintas.

Cuando no quería aprender a montar en bicicleta, se me pedía que lo hiciera. Mi madre siempre estaba probando los límites de hasta dónde podía empujarme. Me motive a aprender después de perderme un viaje en bicicleta a la planta de Coca-Cola.

Cuando era una adolescente, se me presentó la oportunidad de visitar el rancho de mi tía en Arizona. En esa época, tenía ataques de pánico constantes y tenía miedo de ir. Mi madre me dio a escoger entre ir dos semanas o todo el verano. Cuando llegué allí, me encantó y me quedé todo el verano. Mi tía Ann se convirtió en una de mis mentoras más importantes. Mi carrera sobre diseño de equipamiento agrícola nunca hubiera empezado si se me hubiera dejado quedarme en casa.

A menudo necesitaba una cierta dosis de empuje para hacer cosas nuevas por mí misma. Era buena en construir cosas, pero tenía miedo ir al almacén de madera y comprar la madera por mí misma. Mi madre me hacía ir. Nunca dejó que mi autismo fuera una excusa para no intentar probar algo que sabía que sería beneficioso para mi aprendizaje. Salí llorando del lugar, pero tenía la madera. Los siguientes viajes al almacén de madera fueron fáciles. En uno de mis primeros trabajos mi jefe me hizo hacer llamadas "a puerta fría" a revistas de ganado para publicar artículos. Después de superar el miedo inicial, vi que era buena en poner artículos en publicaciones nacionales de ganado. En todos los casos anteriores, tanto mi madre como mi jefe tenían que empujarme a hacer cosas, aunque tuviera miedo. Aun así, las cosas que aprendí, en especial por mí misma, no tenían precio.

Después de empezar mi negocio como diseñadora por mi cuenta, casi lo dejé porque uno de mis primeros clientes no estaba satisfecho al 100%. Mi pensamiento en blanco y negro me condujo a pensar que los clientes siempre estarían satisfechos al 100%. Afortunadamente, mi buen amigo Jim Uhl, el contratista que construyó mis sistemas, no me dejó renunciar. Continuó empujándome activamente y hablando conmigo y pidiéndome el siguiente dibujo. Cuando tenía un dibujo nuevo, lo alababa. Ahora sé que la satisfacción de los clientes al 100% es imposible. Mi vida y mi carrera se hubieran podido malograr si mi madre y mis asociados en el negocio no me hubiesen empujado a hacer cosas. Mi madre no me dejaba vagar por casa y nunca consideró el autismo como algo que me incapacitase. Esos mentores adultos son una versión adulta de un buen profesor de educación especial que insiste de forma suave con un niño de tres años con autismo. Lo que demuestra por encima de todo es que las personas con ASD pueden aprender y tener éxito cuando los que están a su alrededor creen en sus capacidades y tienen altas expectativas para ellos.

Para resumir este capítulo, los padres y profesores necesitan "tirar" de estas personas en el espectro autista. Necesitan sacarles de su zona de confort para que se desarrollen. No obstante, no puede haber sorpresas de golpe, porque las sorpresas asustan. Veo demasiadas personas con ASD que no han aprendido las habilidades básicas, como comprar y saludar. En las conferencias veo padres hablando por sus hijos cuando son los hijos los que deberían hablar por sí mismos. Están siendo sobreprotegidos y demasiado arropados. Me alegré mucho cuando animé a un niño con ASD a que hiciera su propia pregunta frente una gran cantidad de personas en la conferencia. Cuando el niño logró hablar frente al público, la audiencia le aplaudió

Enseñar a turnarse y la capacidad de esperar

Visité una escuela en Australia que usaba unos métodos innovadores simples para enseñar a turnarse y la capacidad para esperar. Diane Heaney, la directora de educación para la Fundación AEIOU, explicó el concepto de este programa educativo temprano. Cuando diseñó este programa, peguntó los siguiente: "¿Cuáles son las cosas más importantes que hay que enseñar a los niños para que estén preparados para incorporarse a una clase de primer grado?" Son la capacidad de hablar, turnarse, sentarse derecho, tener buenas maneras en la mesa, usar el baño por sí mismos y tener contactos sociales.

Los niños de su programa empiezan a la edad de tres años y no hablan o tienen habilidades verbales retrasadas que son obvias. Al final del programa de tres años, aproximadamente un 75 por ciento de los niños han ganado las habilidades suficientes para incorporarse a una escuela de primer grado. Algunos puede que necesiten ayuda u otro tipo de soporte. La escuela es un programa de todo el día y los niños van a casa por la tarde. El índice entre personal y estudiantes es de dos a dos.

Cuando los niños llegan al programa por primera vez, les someten a un análisis de comportamiento aplicado estándar (ABA, por sus siglas en inglés) para empezar con el lenguaje. Después de desarrollar las habilidades verbales, continúan desde las actividades uno a uno de ABA a actividades que enseñan a turnarse y la capacidad de esperar.

Enseñar a Turnarse

U tilizan tres métodos distintos para enseñar a turnarse: jugar a juegos de mesa tradicionales, videojuegos educativos y de proyección en un Smartboard y compartir una Tableta (iPad). Me gustaba el video juego proyectado. Utilizaban un juego de contar llamado Curious George, que tiene actividades bien diferenciadas, donde cada turno es independiente (es decir, no depende de la respuesta del niño anterior). Puesto que el juego se proyecta en un Smartboard, cuando cada niño coge su turno, los demás niños tienen que sentarse y observar. El Smartboard responde como una pantalla de iPad gigante. La clave es tener a los niños que esperan viendo al niño que está jugando. Esta actividad enseña tanto a turnarse como a sentarse quieto en una silla. La imagen proyectada del Smartboard impide luchar con una tableta física.

El profesor utiliza el procedimiento siguiente.

Paso 1: Un solo niño aprende a jugar al juego por sí mismo durante unos minutos y eso le recompensa.

Paso 2: Dos niños se turnan, uno cada vez, caminando hacia el Smartboard y tocando la pantalla para jugar un solo turno del juego. El niño que espera su turno, debe permanecer sentado.

Paso 3: Cuando dos niños pueden esperar y turnarse, se añade un niño en una tercera silla.

Paso 4: Cuando tres niños pueden esperar y turnarse, se añade un niño en una cuarta silla.

Si no está disponible un Smartboard, debería colocarse una tableta frente a los niños y cada uno tendría que caminar y coger su turno y luego volver a su silla. La tableta debería ponerse de forma que los niños que están esperando puedan ver la pantalla. Quizá sea necesario fijar la tableta a un soporte robusto para que ningún niño pueda cogerla y probar de llevársela a su silla. El principio es enseñar a los niños a inhibir una respuesta para obtener una recompense. Para hacérselo más fácil a los demás niños que están esperando a ver lo que sucede en la pantalla de la table, la imagen de la pantalla puede proyectarse fácilmente en la pared con un proyecto LCD estándar.

Los niños también tienen que aprender cómo turnarse mientras juegan a juegos de mesa tradicionales y se pasan el smartphone o la tableta de uno a otro. Enseñar a los niños a compartir un teléfono o una tableta que pueden guardar puede ser más difícil. La actividad descrita anteriormente debería ser lo primero que dominaran.

Recuerda, todas las actividades escolares que relacionen la electrónica con niños de menos de cinco años, deberan hacerse siempre como una actividad interactiva bajo la supervisión de un profesor. Debe evitarse el juego solitario con aparatos electrónicos. Cuando se utilizan aparatos electrónicos, los niños deben interactuar bien con otro niño o con un adulto.

¿Qué Escuela es la Mejor para Mi Hijo con ASD?

Los padres siempre me preguntan qué escuela es la mejor para sus hijos con trastorno del espectro autista (ASD). He observado que el éxito de la escuela depende tanto de la escuela en particular como de la forma. Que sea pública o privada no es el tema. Depende del personal en particular que trabaje con tu hijo. Es realmente importante para los niños de PreK y del grado elemental que tengan mucho contacto con niños neurotípicos para aprender comportamientos sociales adecuados.

Hay muchos niños con autismo u otras etiquetas a quienes les va muy bien en su sistema escolar público local y se transmiten en un aula regular. Los niños que han sido incorporados exitosamente van desde estudiantes de colocación avanzada (Advanced Placement, AP, en inglés) totalmente verbales hasta estudiantes que no son verbales y / o están más involucrados. Desafortunadamente, hay otras escuelas que tienen un mal desempeño debido a una variedad de factores.

Hay muchos materiales excelentes para la educación en el hogar en el Internet, como Khan Academy (www.khanacademy.org), que ofrece una multitud de materiales de clase libres de pago para matemáticas y ciencias. Otros buscan una escuela especial para su hijo en el espectro.

Escuelas especiales para ASD

Recientemente, visité escuelas especializadas tanto para estudiantes de escuela elemental como de secundaria, que están en el espectro.

Durante los últimos años, se han abierto muchas escuelas especializadas. Tienden a categorizarse en dos tipos. Uno está diseñado para niños que hablan normalmente y que son autistas, tienen trastornos de Déficit de Atención e Hiperactividad (TDAH) (ADHD siglas en inglés), Asperger's, dislexia u otro tipo de problema de aprendizaje. Estos niños entran en su nueva escuela para escapar del bullying o para evitar perderse en la muchedumbre de una escuela grande. El otro tipo de escuela especial está diseñado para encajar en las necesidades de los estudiantes que no hablan y/o tienen comportamientos desafiantes

He visitado cuatro escuelas de día que admiten niños con autismo u otras etiquetas, que no encajan en una escuela normal. Las burlas y el bullying con frecuencia fueron una de las razones principales para dejar la escuela anterior. Muchos problemas de agresión en estudiantes en el espectro desaparecían cuando se eliminaban las burlas. Ninguna de estas escuelas aceptaba niños que hubieran tenido problemas serios con la ley. La mayoría de los estudiantes que conocí en esas escuelas hablaban con normalidad y no tenían problemas serios, como comportamientos de autolesionarse. Eran niños que se parecían mucho a mi cuando tenía su edad. El rango de estudiantes era de 30 a 150.

Mantener las escuelas pequeñas es una de las claves de éxito de estas escuelas especiales para ASD.

Clases eficaces para ASD

Observé dos tipos de clases en esas escuelas especializadas. El primer tipo era como mi vieja escuela elemental de los años 50. Había unos 12 niños en cada clase, y todos se sentaban en pupitres mientras el profesor enseñaba frente a la clase.

Mantener las clases pequeñas era esencial. Las escuelas admitían alrededor de 100 alumnos, que iban desde la guardería hasta la secundaria. Estos estudiantes eran en su mayoría los niños geek socialmente raros que eran molestados y recibían burlas. Hablé con ellos en una asamblea donde todos los estudiantes se sentaban en el suelo del gimnasio, y su comportamiento era fantástico.

El otro tipo de clase que observé tenía un índice de estudiantes por profesor de 1:3 o 1:4. Había estudiantes de diferentes grados en una misma clase, y a los estudiantes se les enseñaba asignaturas troncales como matemáticas, ciencias o inglés. Cada estudiante trabajaba a su propio ritmo y el profesor iban pasando entre los estudiantes. En todas las clases se mantenía un entorno tranquilo porque muchos estudiantes tenían problemas de dificultades sensoriales. Estaba contenta de ver que en la mayoría de las clases se hacían actividades manuales.

Cada niño es distinto. Lo que funciona con uno puede que no funcione con otro. También hay muchas variedades de escuelas de una ciudad a otra y de una región a otra. Hay que tener en cuenta que las fortalezas y desafíos de tu hijo al decidir la escuela adecuada para él para que encajen lo mejor posible. Lo que es más importante, hay que asegurarse de que el personal de la escuela tenga la preparación y el contexto adecuado y utilice los métodos de enseñanza que mejor encajen con las necesidades de tu hijo.

CAPÍTULO 2

Enseñanza y Educación

Los buenos profesores entienden que para que un niño aprenda, el estilo de enseñanza debe concordar con el estilo de aprendizaje del niño.

Todo niño con ASD tiene su propia personalidad y perfil de fortalezas y debilidades. Esto no se diferencia de los niños sin el trastorno. Pueden ser introvertidos o extrovertidos, tener un carácter alegre o ser irritable, gustarles la música o las matemáticas. Los padres y educadores pueden olvidarse de eso con facilidad, y atribuir cada acción o reacción del niño al autismo o al Asperger, y por ello, necesitar diseccionarlo y "fijarlo". El objetivo de enseñar a los niños con autismo no es transformarlos en clones de sus compañeros típicos (es decir, "normales"). Cuando piensas en ello, no todas las características que exhiben las personas normales valen la pena de ser tomadas como modelo. Una perspectiva con mucho más sentido es enseñar a esa población las habilidades académicas e interpersonales que necesitan para ser *funcionales* en el mundo y utilizar sus talentos en la medida de sus capacidades.

El autismo no es una sentencia de muerte para un niño o para su familia. Comporta grandes desafíos, pero también le da al niño las semillas de grandes talentos y capacidades únicas. Es responsabilidad de los padres y educadores encontrar esas semillas, cuidarlas y asegurarse de que crecen. Ese debería ser el objetivo de enseñar y educar a niños con ASD también, no sólo a los niños normales.

Los distintos patrones de pensamiento de personas con ASD necesitan que los padres y educadores les enseñen desde un nuevo marco de referencia, uno que concuerde con su manera de pensar autista. Esperar que los niños con ASD aprendan por la vía de currículo y métodos de enseñanza convencionales que "siempre han funcionado" para los niños normales, es preparar a todo el mundo para un fallo desde el principio. Sería como colocar a un niño en la silla de un adulto y esperar que sus pies le llegaran al suelo. ¿Es absurdo, ¿no? Sin embargo, y con estupor, esta es la forma en que muchas escuelas y educadores se dirigen a los estudiantes con ASD. Los Buenos profesores entienden que para que un niño aprenda, el estilo de enseñanza debe concordar con el estilo de aprendizaje del estudiante. Con los estudiantes autistas, y en especial con los Asperger, no es suficiente que el estilo de enseñanza y el estilo de aprendizaje del niño concuerden.

Los educadores deben llevar esa idea un paso por delante, y ser continuamente conscientes de que los estudiantes con ASD llegan a la escuela sin un marco de pensamiento social desarrollado. Este es el aspecto del ASD que puede ser difícil para los adultos, de entender, prever y trabajar. Nuestro Sistema público de educación está basado en la premisa de que los niños llegan a la escuela con un funcionamiento social básico establecido. Los niños con autismo, con sus desafíos de pensamiento social característicos, llegan a la escuela estando muy rezagados de sus compañeros. Los profesores que no reconocen este hecho y no hacen ajustes para enseñar habilidades sociales y de pensamiento social junto a las asignaturas tradicionales, sólo limitan aún más las oportunidades de que los niños con ASD aprendan y crezcan.

¿Incorporar o no incorporar?

Cuando tenía cinco años empecé a ir a una pequeña escuela de niños normales. En el lenguaje actual a eso se le llamaría incorporar. Es importante resaltar que eso funcionó para mí porque la estructura y la composición de la clase se ajustaba bien a mis necesidades. La escuela estaba mi estructurada en clases anticuadas con tan sólo doce estudiantes. Se esperaba que los niños se comportasen y había unas normas estrictas, reforzadas constantemente, y se aplicaban las consecuencias cuando se cometían infracciones. El entorno era relativamente tranquilo y controlado, sin un alto grado de estímulos sensoriales. En ese entorno, no necesité de ayuda alguna. Compara esa clase con el entorno de aprendizaje de hoy en diría. En una clase de treinta estudiantes, con un único profesor, en una clase menos estructurada y en una escuela más grande, nunca hubiera sobrevivido sin la ayuda directa cara a cara con un adulto.

Tanto si incorporamos o no a un niño en el espectro autista en una escuela elemental, es una decisión que debería tener en cuenta muchos factores. Después de innumerables discusiones con padres y profesores, he llegado a la conclusión de que depende mucho de la escuela en particular y de los profesores que haya en esa escuela. La idea de incorporarles es un objetivo que vale la pena, y en una situación ideal donde todas las variables estén trabajando a favor del niño con ASS, puede ser una experiencia altamente positiva. Pero la realidad de la situación a menudo es la opuesta: falta de entrenamiento de profesores, clases numerosas, oportunidades limitadas para modificaciones personales, y falta de fondos para ayudas cara a cara entre alumno y para profesionales, pueden hacer este entorno desastroso para un niño en el espectro.

Para niños en escuelas elementales que estén en el último grado de alto funcionamiento en el espectro autista, normalmente estoy a favor, porque es esencial para ellos que aprendan habilidades sociales de los niños con desarrollo normal. Si un niño está escolarizado en casa o va a una escuela especial, es imprescindible que tenga contacto regular con compañeros normales. Para niños que no hablan, la incorporación funciona bien en algunas situaciones. De nuevo, depende mucho de la escuela, su experiencia en autismo, y su programa. Una escuela especial

puede ser una alternativa mejor para niños con autismo que no hablan
o que tienen una deficiencia cognitiva, en especial en casos donde se
presenten problemas de comportamiento disruptivos y graves que
necesiten ser tratados.

Con frecuencia los padres me preguntan si deberían cambiar o no de
escuela o de programa en el que están sus hijos. Mi respuesta es hacer
la siguiente pregunta: "Tu hijo está haciendo progresos y mejorando
donde está ahora?" Si me contestan que sí, generalmente les recomiendo
que lo dejen permanecer en la escuela o en el programa y luego discuto
si pueden ser necesarios algunos servicios adicionales o modificar
programas. Por ejemplo, el niño puede hacerlo todavía mejor con más
atención al ejercicio físico, o solucionar sus problemas sensoriales,
o añadir algunas horas más de terapia ABA (análisis aplicado del
comportamiento) o enseñarle habilidades sociales.

No obstante, si el niño progresa poco o nada, y la actitud de la
escuela no ayuda o da cabida a niños con ASD con diferentes necesidades
y estilos de aprendizaje, y los padres están todo el día luchando por
los servicios más básicos, será mejor buscar una escuela o programa
distintos. Desde luego, esto requiere tiempo y esfuerzo por parte de los
padres, pero es importante para ellos que tengan siempre en mente el
objetivo final, darles a sus hijos una mejor oportunidad de aprender y
adquirir las habilidades necesarias de tanta ayuda en el entorno como sea
posible.

No hace ningún bien a nadie, y menos al niño, que los padres tengan
que estar luchando repetidamente con un Sistema escolar, Programa
Educativo Individualizado (IEP), o en los debidos procesos, para ganar
su caso dentro de un entorno de personas que no están verdaderamente
interesadas en ayudar al niño.

Desgraciadamente, este escenario es el que hay en escuelas y distritos de todo el país. El tiempo valioso que se podría pasar en una enseñanza significativa que ayude al niño, se pierde mientras la escuela y los padres topan durante no solo meses, sino en muchos casos, *años*. El niño, y sus necesidades, siempre deberían ser el foco. Si la escuela no está enfocada al niño, los padres deberían buscar una que lo estuviera.

Reitero un punto que dije anteriormente: depende mucho de las *personas sin instrucción* que trabajan con el niño. En un caso, un niño de tercer grado en una Buena escuela con una excelente reputación, tenía varios profesores a quienes no les gustaba el niño, ni hacían ningún intento por comprender su estilo de aprendizaje ni para modificar la enseñanza de forma que concordara con ese estilo. El niño odiaba ir a la escuela. Les sugerí a los padres que intentaran encontrar una escuela distinta. Lo hicieron, y ahora el niño está haciéndolo muy bien en su nueva escuela. En mis conversaciones con padres y profesores también he observado que no importa si la escuela elemental es pública o privada. Este casi nunca importa. Depende en su mayor parte de las condiciones locales: la percepción que tiene la escuela acerca de los niños con discapacidades y la filosofía sobre su educación, hasta donde ha sido entrenada/recibe entreno el personal sobre los trastornos del espectro autista y lo mejor que van a trabajar con esos niños, y la ayuda que la administración concederá al personal para educar a esos estudiantes. Las decisiones deben tomarse sobre una base de caso a caso.

El viaje de los padres hacia la culpa

Es una pena, pero una realidad de la sociedad actual, que algunas personas y empresas que gestionan escuelas especiales, vendan servicios de terapia o productos de mercado a la comunidad autista, a menudo intenten pasar a los padres por un viaje de culpabilidad. Todos los padres quieren lo mejor para sus hijos, y los padres de niños a quienes se les acaba de diagnosticar un trastorno, pueden ser especialmente vulnerables. Esos vendedores se aprovechan de las emociones de los padres para promocionar encuentros personales, sugiriendo que no son buenos padres si no prueban sus programas o productos, o que si no utilizan lo que sea que ofrecen, los padres no están haciendo "todo lo posible" para ayudar a sus hijos. Algunos llegan tan lejos como para decirles a los padres que su hijo está condenado a menos que utilicen su programa o producto.

Un padre me llamó por una situación así. La familia estaba lista para vender su casa para obtener el dinero necesario para enviar a su hijo de cuatro años con autismo a una escuela especial en otro Estado. Le pregunté si el niño estaba aprendiendo y quejándose de la escuela especial era hacer grandes quejas sobre el progreso que su hijo haría con ellos. Hablé con el padre acerca del impacto negativo que tendría trastornar la vida familiar del niño, llevándole lejos de su familia y de su entorno familiar y enviándole a otra escuela en otro Estado. Existía la posibilidad real de que el niño empeorara, en vez de mejorar. Al terminar nuestra conversación, los padres decidieron mantener al niño en su escuela local y ponerle algunas horas de terapia personal cara a cara con un experto.

Los artículos de esta sección arrojaron luz sobre los distintos patrones de pensamiento y aprendizaje de niños con ASD. Ofrecían muchos trucos de enseñanza para ayudar a que los niños tuvieran éxito. Entre los distintos temas cubiertos, hay áreas que creo que son especialmente importantes: desarrollar las fortalezas del niño, usar obsesiones del niño para motivar el trabajo escolar y enseñarle al niño habilidades para pensar y resolver problemas que le ayudarán no sólo durante sus años de escolarización, sino durante toda su vida.

Momentos para enseñar

Cuando yo era pequeña en los años 50, se enseñaban habilidades y sociales y educación, a todos los niños de una forma más estructurada y sistemática. Eso era extremadamente útil y para mí y para mucha gente de mi generación que estábamos en la fase más ligera del espectro autista. Cuando estaba en la universidad, tenía varios amigos que hoy serían etiquetados de autistas. Mis amigos que fueron educados más o menos como yo, pudieron conseguir y conservar sus trabajos.

Los padres de los años 50 usaban constantemente la frase "momentos para enseñar" a las formas de enseñanza. El gran error que cometen muchos padres y profesores cuando un niño hace algo mal es gritar "no". En su lugar, una técnica mejor es darle instrucciones. Por ejemplo, si el niño come puré de patatas con las manos, es decir, "usa el tenedor". Si yo olvidaba decir "por favor" o "gracias", mi madre me señalaba y decía, "Olvidaste decir y espera para responder." Si tocaba cosas en una tienda, me decía, "Ponlo de nuevo en su sitio. Solo puedes tocar las cosas que vayas a comprar." Da siempre instrucciones sobre el modo de comportarse.

Libros que ofrecen una idea de patrones de pensamiento & aprendizaje autista

Grandin, T. (2005). *Unwritten Rules of Social Relationships: Decoding Social Mysteries Through the Unique Perspectives of Autism*. Arlington, TX: Future Horizons, Inc.

Grandin T. (2006). *Thinking in Pictures* (Expanded Edition). New York: Vintage Press/Random House.

Tammet D. (2007). *Born on a Blue Day: Inside the Extraordinary Mind of an Autistic Savant*. New York: Free Press.

Grandin, T. and Panek , R. (2013). *The Autistic Brain*. Houghton Mifflin Harcourt, New York, NY.

*La mayoría de personas en el espectro tienen áreas de
fortaleza que pueden nutrirse y desarrollarse para
convertirse en empleos mejores.*

Encontrar las Áreas de Fortaleza de un Niño

En una de mis columnas del Autism Asperger's Digest, de 2005, discutí sobre los tres tipos de pensamiento especializado en personas con un autismo altamente funcional y síndrome de Asperger (HFA/AS). Los niños en el espectro normalmente tienen un área de fortaleza y una de déficit. Muchos padres y profesores me han preguntado, "¿Cómo determinas el área de fortaleza del niño?" Antes de que sea evidente, un niño generalmente debe estar al menos en una escuela elemental. En muchos casos, el área de Fortaleza no puede determinarse en un niño menor de cinco años. En algunos casos, el área de fortaleza no emerge que se han solucionado los otros problemas de comportamiento o sensoriales más dominantes.

El primer tipo es el de los pensadores visuales, quienes piensan en forma de imágenes fotorrealistas. Yo entro dentro de esta categoría, y mi mente funciona como Google Images. Cuando estaba en la escuela elemental, mis habilidades de pensamiento visual se expresaban en el arte y el dibujo. Los niños que son pensadores visuales a menudo harán dibujos muy bonitos, cuando estén en tercero o cuarto grado. En mi carrera, utilizo mis habilidades de pensamiento visual para diseñar instalaciones para el manejo del ganado. Los pensadores visuales a menudo entran en carreras de artes gráficas, diseño industrial o arquitectura.

El segundo tipo es el patrón de pensadores, quienes a menudo son muy buenos en matemáticas y música. Ven las relaciones y patrones entre números y sonidos. En la escuela elemental, algunos de esos niños tocarán un instrumento musical realmente bien. Otros serán Buenos tanto en música como en matemáticas, y otro grupo será amante de las matemáticas, pero no tendrá interés en la música. Es importante ponerles desafíos a estos niños con matemáticas avanzadas. Si se ven forzados a hacer matemáticas de "bebé" se aburrirán. Si los estudiantes de una escuela elemental pueden hacer matemáticas de escuela superior, debería animarlos a estudiar. Tanto los pensadores visuales fotorrealistas como los pensadores de patrones a menudos sobresalen construyendo estructuras con bloques y Legos®. Los pensadores de patrones pueden ser Buenos en carreras de ingeniería, programación informática o músicos. No obstante, los pensadores de patrones a menudo necesitarán una ayuda extra con lectura y escritura.

El tercer tipo es el pensador verbal. Estos niños son especialistas en palabras y conocen todos los hechos acerca de su tema favorito y sus habilidades en escritura son buenas. Los pensadores verbales no son pensadores visuales y a generalmente no sienten interés en el arte, el dibujo o los Legos. Las personas que son especialistas en el lenguaje, a menudo son buenos periodistas, terapeutas del habla y en cualquier trabajo que requiera un mantenimiento cuidadoso de registros.

Construyendo fortalezas

Demasiado a menudo los educadores se ensañan con los déficits y desprecian construir el área de fortaleza del niño. La mayoría de pensadores visuales y algunos pensadores de patrones no pueden hacer algebra.

Para mí, el algebra era imposible y, por lo tanto, nunca se me permitió intentarlo con la geometría o la trigonometría. Las interminables horas de prácticas de algebra fueron inútiles. No la entendía porque no había nada que visualizar. Cuando discuto esto en conferencias, me encuentro con muchos niños y adultos en el espectro que fallaron en álgebra, pero podían hacer geometría y trigonometría. Debería dejársele sustituir las matemáticas más avanzadas por álgebra. El álgebra NO es un prerrequisito para hacer geometría y trigonometría para algunos tipos de cerebros.

Los educadores deben entender que estas personas que piensan de forma distinta y que funcionan para los estudiantes con un nivel intelectual normal, puede que no funcione para las personas en el espectro. Yo avancé en las matemáticas universitarias porque en los años 60 el algebra fue sustituida por las matemáticas finitas, donde estudié probabilidad y matrices. Era difícil, pero con ayuda pude hacerlo. Las matemáticas finitas tienen cosas que podía visualizar. Si me hubiesen forzado a hacer algebra en la Universidad, habría suspendido la asignatura de matemáticas en la Universidad. Deberían permitir a los estudiantes sustituir cualquier tipo de matemática avanzada por el algebra. Una madre me dijo que su hijo había obtenido directamente una A en física universitaria pero no pudo graduarse en la escuela superior porque había suspendido en álgebra.

Una de las peores cosas que muchas escuelas han hecho ha sido quitar asignaturas tales como arte, costura, bandas musicales, reparación de automóviles, soldadura, música, teatro y otras asignaturas manuales. En la escuela elemental, hubiera estado Perdida sin arte, costura y ebanistería. Eran las asignaturas en las que tenía fortalezas y aprendí habilidades que se convirtieron en la base de mi trabajo de diseño de instalaciones ganaderas.

Como conclusión, centrarse solo en los déficits de las personas con HFA/AS, no hace nada para prepararlos para el mundo real que existe fuera de la escuela. La mayoría de personas en el espectro que pueden ser enseñadas y desarrollarse en habilidades de empleos comercializables. Los profesores y padres necesitan formar en esas áreas de fortaleza empezando cuando el niño es joven, y continuar durante la escuela primaria y secundaria. Así, proporcionamos a estas personas la oportunidad de satisfacer carreras en las que puedan disfrutar el resto de sus vidas.

Los profesores y padres necesitan ayudar tanto a los niños como a los adultos con autismo acerca de los pequeños detalles que tienen en sus mentes y ponerles en categorías para formar conceptos y promover la generalización.

Enseñar Como Generalizar

M uchos niños y personas con autismo no son capaces de sacar todos los factores que saben y unirlos para formar conceptos. Lo que me ha funcionado a mi es usar mi pensamiento visual para formar conceptos y categorías. Explicar cómo lo hago puede ayudar a los padres y a los profesionales enseñan a los niños con autismo a formar conceptos y generalizaciones.

Cuando yo era pequeña, sabía que los gatos y los perros eran distintos porque los perros eran más grandes que los gatos. Cuando los vecinos se compraron un pequeño Dachshund, ya no pude categorizar a los perros por el tamaño. Rosie la Dachshund tenía el mismo tamaño que un gato. Recuerdo mirar fijamente a Rosie para encontrar alguna característica visual que tuvieran en común nuestro Golden Retriever y Rosie. Observé que todos los perros, sin tener en cuenta el tamaño, tenían la misma clase de nariz. Así pues, los perros podían ponerse en una categoría separada de los gatos porque hay ciertas características físicas que todo perro tiene que un gato no tiene.

Se puede enseñar a categorizar cosas. Los niños pequeños de la guardería aprenden a categorizar todos los objetos rojos o todos los objetos cuadrados.

Irene Pepperberg, una científica de la Universidad de Arizona, enseñó a su loro, Alex, a diferenciar e identificar objetos por el color y la forma. Podía coger todos los bloques cuadrados rojos de una cesta que contenía pelotas rojas, bloques cuadrados azules, y bloques rojos. Entendió la categorización de objetos por color, forma y tamaño. Enseñar a niños y adultos con autismo a categorizar y formar conceptos empieza primero enseñando categorías simples como color y forma. A partir de esto, Podemos ayudarles a entender que ciertos factores que han memorizado pueden ponerse en una categoría y otros hechos pueden ponerse en otra categoría.

Enseñar conceptos como el peligro

Muchos padres me preguntaron, "¿Cómo le enseño a mi hijo a no correr por la calle?" o "Sabe que en nuestra casa no debe correr por la calle, pero en casa de su abuela sí lo hace." En la primera situación, el niño realmente no tiene ningún concepto de peligro, en el Segundo, no es capaz de generalizar lo que ha aprendido en casa y trasladarlo a la calle de una nueva casa.

El peligro como concepto es demasiado abstracto para la mente de una persona que piensa en imágenes. No comprendí que sería peligroso que me golpeara un coche hasta que vi una ardilla atropellada en la calle y mi niñera me dijo que había sido atropellada por un coche. A diferencia de los dibujos animados de la televisión, la ardilla no sobrevivió. Entonces entendí la causa y el efecto de ser atropellada.

Después del incidente de la ardilla, ¿cómo podía aprender que todos los coches de todas las calles eran peligrosos? Es igual que aprender conceptos como el color rojo o cuadrado frente a Redondo. Tuve que aprender que no importaba dónde estuviera, todos los coches y todas las calles tenían ciertas características comunes. Cuando yo era niña, me inculcaron unos conceptos de seguridad en mi mente con un libro de canciones sobre seguridad. Cantaba siempre mirando a ambos lados antes de cruzar una calle para asegurarme de que no viniera un coche. Para ayudarme a generalizar, mi niñera nos llevaba a mi hermana y a mí a pasear alrededor del vecindario. Me hacía mirar a ambos lados antes de cruzar en muchas calles distintas. Es la misma forma a como entrenan a los perros lazarillo para los ciegos. El perro debe ser capaz de reconocer las luces del semáforo, los cruces y calles de un lugar desconocido. Durante el entrenamiento, lo llevan a muchas calles distintas. Entonces, tiene recuerdos visuales, auditivos y olfativos (olor) de muchas calles distintas. A partir de estos recuerdos, el perro puede reconocer una calle en un lugar desconocido.

Tanto el perro lazarillo como para la persona con autismo, para comprender el concepto de calle, deben ver más de una calle. El pensamiento autista va de específico a general. Para aprender un concepto de *perro* o *calle*, tuve que ver muchos perros o calles específicos antes de que pudiera formarme el concepto general. Un concepto general como una calle sin imágenes de muchas calles específicas almacenadas en mi banco de memoria no tiene ningún sentido.

El pensamiento autista siempre es detallado y específico. Padres y profesores necesitan ayudar tanto a niños como a adultos con autismo a tener todos los pequeños detalles en su mente y ponerlos en categorías para formar conceptos y promover la generalización.

Los intereses y talentos pueden convertirse en carreras.

La Importancia de Desarrollar el Talento

A menudos se pone demasiado énfasis en el mundo del autismo sobre los déficits de estos niños y no se pone el suficiente en desarrollar los talentos especiales que muchos de ellos poseen. Necesitan desarrollar talentos porque pueden formar la base de las habilidades que harán que una persona con autismo o Asperger tenga un trabajo. Capacidades tales como el dibujo o las habilidades matemáticas necesitan desarrollarse y expandirse. Puede que las capacidades no sean totalmente aparentes hasta que el niño tenga siete u ocho años. Si a un niño le gusta dibujar trenes, debería ampliarse este interés hacia otras actividades, como leer sobre trenes o hacer problemas matemáticos calculando el tiempo que tardaría para viajar de Boston a Chicago.

Es un error poner fin a los intereses especiales de un niño, no importa cuán raros puedan parecer en ese momento. En mi propio caso, me animaron con mi talento por el arte. Mi madre me compró material profesional de arte y un libro sobre dibujo en perspectiva cuando estaba en la escuela.

Las fijaciones e intereses especiales deberían ser dirigidos hacia canales constructivos en vez de destruirlos para hacer que una persona sea "normal". La carrera que tengo hoy en día como diseñadora de instalaciones para el ganado se basa en mis áreas de talento. Utilizo mi pensamiento visual para diseñar equipamientos. Cuando era adolescente, tenía fijación por rampas para el ganado después de descubrir que diseñar una rampa para el ganado aliviaba mi ansiedad. Las fijaciones pueden ser unas grandes motivadoras si se canalizan adecuadamente. Mi profesor de la escuela superior dirigió mi interés por las rampas para ganado para motivarme a estudiar más en la escuela. Me dijo que, si aprendía más acerca del campo de la percepción sensorial, podría encontrar el motivo de la presión aplicada por la rampa era relajante. Ahora, en vez de aburrir a todo el mundo con charlas interminables sobre rampas para ganado, me sumergí en el estudio de la ciencia. Mi interés principal en las rampas para el Ganado me condujo también a un interés por el comportamiento del ganado, posteriormente al diseño de sistemas, lo que condujo al desarrollo de mi carrera.

Esto es un ejemplo de coger una fijación y ampliarla hacia algo constructivo. A veces los padres y profesores ponen tanto énfasis en que el adolescente sea más social, que descartan el desarrollar sus talentos. Enseñar habilidades sociales es muy importante, pero si la persona con autismo se ve despojada de todos sus intereses especiales, puede perder significado en su vida. "Yo soy lo que pienso y hago, más que lo que siento". Pueden desarrollarse las interacciones sociales a través de intereses compartidos. Tenía amigos de pequeña porque otros niños se divertían haciendo proyectos artísticos conmigo. Durante los difíciles años de escuela superior, los clubs de intereses especiales fueron un salvavidas.

Hace poco estuve viendo un documental en televisión acerca del autismo. Una de las personas del programa le gustaba criar gallinas. Su vida tuvo significado cuando descubrió que otras personas compartían la misma afición. Cuando se unió a un club de aficionados a las aves de corral, fue reconocida como una experta en esa materia.

Los intereses y talentos pueden convertirse en carreras. Desarrollar y alimentar esas habilidades únicas puede hacer que la vida de una persona con autismo esté más llena.

Enseñar a Gente con Autismo a Ser Más Flexible

L a rigidez tanto en el comportamiento como en el pensamiento es una de las principales características de la gente con autismo y Asperger Tienen dificultad para entender el concepto de que a veces está bien transgredir una norma. Tuve noticia de un caso en el que un joven autista tuvo una grave herida pero no se marchó de la parada del autobús para buscar ayuda. Le habían enseñado a quedarse en la parada del autobús para que no lo perdiera, no podía transgredir esa norma. El sentido común le habría dicho a la mayoría de la gente que buscar ayuda para una herida grave sería más importante que perder el autobús. Pero no era el caso de este joven.

¿Cómo puede enseñarse el sentido común? Creo que empieza por enseñar el pensamiento flexible desde una edad temprana. Una mente estructurada es Buena para niños con autismo, pero a veces los planes pueden, y necesitan, cambiarse. Cuando yo era pequeña, mi niñera nos hacía hacer una variedad de actividades a mi hermana y a mí. Esta variedad prevenía contra la formación de rígidos patrones de comportamiento. Me acostumbré más a cambios en nuestras rutinas diarias o semanales y aprendí que seguía pudiendo gestionarlo cuando se producía algún cambio. Este mismo principio se aplica con los animales. El ganado que siempre ha sido alimentado desde el camión rojo por Jim, puede entrar en pánico si Sally se monta en un camión blanco para alimentarlo. Para impedir este problema, los granjeros progresistas han aprendido a alterar ligeramente las rutinas diarias, de forma que el ganado aprenda a aceptar alguna variación.

Otra forma de enseñar pensamiento flexible es utilizar metáforas visuales, como mezclar pintura.

Para entender situaciones complejas, como cuando un día un buen amigo hace algo mal, imagino mezclar pintura blanca y negra. Si el comportamiento del amigo es normalmente Bueno, la mezcla es de un gris muy pálido. Si la persona no es realmente un amigo, entonces la mezcla es de un gris muy oscuro. Pensar en blanco y negro sobre conceptos como "bueno" y "malo" puede ser un problema. Hay grados de maldad que pueden clasificarse en categorías por gravedad, es decir, 1) robar un bolígrafo, 2) golpear a otra persona, 3) robar un banco y 4) asesinato.

Puede enseñarse la flexibilidad mostrándole a una persona con autismo que las categorías pueden cambiar. Los objetos pueden estar agrupados por color, función o material. Para probar esta idea, cogí un puñado de objetos negros, rojos y amarillos de mi oficina y los dejé en el suelo. Eran una grapadora, un rollo de cinta, una pelota, cintas de video, una caja de herramientas, un sombrero y bolígrafos. Según la situación, cualquiera de esos objetos podía ser utilizado para trabajar o para jugar. Pregunta al niño que de ejemplos concretos de cómo utilizar una grapadora para trabajar o para jugar. Por ejemplo, grapar papeles de la oficina es un trabajo; grapar las partes de una cometa es un juego. Cada día pueden encontrarse situaciones simples como estas que enseñan a un niño flexibilidad de pensamiento y relación.

A los niños hay que enseñarles que algunas normas se aplican en todas partes y no deberían transgredirse. Para enseñarle a un niño autista a no correr para cruzar la calle se le debe enseñar esta norma en muchos lugares distintos, hay que generalizar la norma y parte de este proceso es asegurarse de que el niño entiende que la norma no debería transgredirse. No obstante, a veces cuando uno está absolutamente fijado en una norma, puede causar un peligro. Los niños necesitan que les enseñen que algunas normas pueden cambiar según la situación. Una emergencia es una de esas categorías de normas que tienen permiso para transgredirla.

En niños con autismo/AS, los padres, profesores y terapeutas pueden enseñar y reforzar constantemente los patrones de pensamiento flexibles. Espero haber proporcionado algunas ideas sobre cómo hacerlo manteniendo su manera visual de pensar.

Enseñar Conceptos a Niños con Autismo

Generalmente, la gente con autismo posee buenas habilidades para aprender normas, pero pueden tener menos desarrolladas las habilidades de pensamiento abstracto. La Dra. Nancy Minshew y sus colegas de la Universidad de Pittsburgh han hecho investigaciones que pueden ayudar a los profesores a entender cómo piensan las mentes autistas. Para el autista, aprender normas es fácil, pero aprender la flexibilidad de pensamiento es difícil y se les debe enseñar.

Hay tres niveles básicos de pensamiento conceptual: 1) normas de aprendizaje, 2) categorías de identificación, y 3) inventar nuevas categorías. La capacidad de formar nuevas categorías puede probarse colocando una serie de objetos sobre una mesa, como lápices, tacos de notas, tazas, limas de uñas, clips de papeles, servilletas, botellas, cintas de vídeo y otros objetos normales. Una persona con autismo puede identificar fácilmente todos los lápices o todas las botellas. También puede identificar fácilmente objetos en categorías simples, como todos los objetos que son verdes o todos los objetos de metal. El pensamiento conceptual a ese nivel básico generalmente no es un problema.

Donde tiene una dificultad extrema una persona con autismo es inventando nuevas categorías, lo que constituye el principio de la verdadera formación de conceptos. Por ejemplo, muchos de los objetos de la lista de referencia anterior podrían clasificarse por el uso (es decir, suministros de oficina) o por su forma (redonda o no redonda). Para mí, es obvio que una taza, una botella y un lápiz son todos redondos. La mayoría de la gente clasificaría una cinta de video como no redonda; no obstante, yo quizá la pondría en la categoría de redonda por sus bobinas redondas en el interior.

Una de las formas más fáciles de enseñar a formar conceptos es jugando con los niños a juegos para formar categorías. Por ejemplo, un vaso puede utilizarse para beber o para guardar lápices o clips. En una de las situaciones, se utiliza para beber; en la otra, se utiliza en la oficina o en el trabajo. Una cinta de video puede usarse de forma recreativa o educativa, según el contenido de la misma. Los tacos de notas pueden usarse para tomar notas, para dibujar o, de forma más abstracta, como pisapapeles o un posavasos. Este tipo de actividades deben hacerse con mucha repetición. La persona con autismo tardará un cierto tiempo en aprender a pensar de forma distinta, Sin embargo, con perseverancia, se logran resultados.

Ayudar a los niños a "meterse en la cabeza" formas distintas y variadas de categorizar objetos, es el primer paso para desarrollar un pensamiento flexible. Cuantos más ejemplos proporcionemos, más flexibles se volverá su pensamiento. Cuanto más flexible sea su pensamiento, más fácil será para la persona con autismo aprender a desarrollar nuevas categorías y conceptos. Una vez el niño ha adquirido algunas habilidades de pensamiento flexible con objetos concretos, los profesores podrán empezar a expandir sus pensamientos conceptuales en áreas menos concretas de categorización, sentimientos, emociones, expresiones faciales, etc.

El pensamiento flexible es una capacidad altamente importante que a menudo, en detrimento del niño, es omitido como habilidad que se puede enseñar a un niño con IEP. Eso impacta en un niño en todos los entornos, tanto ahora como en el futuro: escuela, casa, relaciones, empleo, tiempo libre. Los padres y profesores necesitan ponerle más atención cuando desarrollan el plan educativo de un niño.

Referencias

Minshew, N.J., J. Meyer, and G. Goldstein. 2002. Abstract reasoning in autism: a dissociation between concept formation and concept identification. *Neurospychology* 16: 327-334.

Aprender Normas y Pensar de Abajo-Arriba

L as personas en el espectro autista aprenden a formar conceptos agrupando muchos ejemplos específicos de un concepto en particular en una "carpeta del archivo" virtual en su cerebro. Puede haber una carpeta virtual etiquetada "Perros", llena de muchas imágenes mentales de distintas clases de perros- juntos, todas estas imágenes mentales forman un concepto de "Perro". Una persona en el espectro autista puede tener muchas de estas carpetas virtuales en su cerebro—una para cada concepto distinto (grosería, turnarse, seguridad en la calle, etc). A medida que la persona crece, crea nuevas carpetas virtuales y añade nuevas imágenes a las que hay en sus viejos archivos.

La gente en el espectro autista piensa de forma distinta a la que no lo está, o "típica". Son pensadores "de abajo arriba" o de "específico a general". Por ejemplo, pueden necesitar ver muchas clases distintas de perros antes de que el concepto de perro se haya fijado de forma permanente en su mente. O pueden necesitar que se les diga muchas veces, en muchos lugares, que deben parar, mirar y escuchar antes de cruzar la calle, para que el concepto de seguridad en la calle esté fijado de forma permanente en su mente. La gente en el espectro, crea los conceptos de perro, seguridad callejera, y cualquier otra cosa, "construyéndolos" desde muchos ejemplos específicos.

Las personas "normales", no autistas, piensan de forma completamente distinta. Son "pensadores de arriba abajo", o "de general a específico". Primero se forman un concepto y luego lo añaden a un detalle específico.

Por ejemplo, ya tienen un concepto general del aspecto de un perro, y a medida que van viendo más perros, van añadiendo detalles del aspecto de todas las clases distintas de perro (caniche, basset hound, dachshund, etc). Una vez les dices de paren, miren y oigan antes de cruzar la calle, saben que tienen que hacerlo en cada calle y en cada vecindario.

La enseñanza de abajo arriba puede utilizarse para enseñar tanto conceptos muy concretos como más abstractos, que van desde las reglas básicas de seguridad a la comprensión lectora. En este artículo te daré ejemplos que empiezan con los conceptos más concretos y terminan con los más abstractos. Todos los conceptos, sin importar el nivel de abstracción, deben enseñarse con muchos *ejemplos específicos* para cada concepto.

Para enseñar una norma básica de seguridad, como no cruzar corriendo la calle, debe enseñarse en más de un lugar. Eso es necesario para hacer que la norma de seguridad "generalice" en lugares nuevos. Debe enseñarse en la calle de casa, en calles cerca del colegio, en la casa del vecino de al lado, en calles alrededor de la casa de la abuela, o en casa de la tía Georgia, y cuando el niño visita un lugar extraño, nuevo. El número de ejemplos distintos específicos varía de un niño a otro. Cuando yo era pequeña, me enseñaron a turnarme con un juego de mesa llamado Parchís. Si mis lecciones sobre turnarse se hubiesen limitado a ese juego, no se hubieran generalizado a otras situaciones, como turnarme con mi hermana para usar un patín o un juguete. Durante todas esas actividades, me dijeron que tenía que turnarme. También enseñaban a hacer turnos en una conversación en la mesa durante la cena. Si yo hablaba demasiado, mi madre me decía que tenía que ceder el turno con otra persona para que hablase.

También deberían utilizarse muchos ejemplos específicos para enseñar conceptos de números. Para conseguir una generalización, se debería enseñar al niño a contar, sumar y restar, con muchas clases de objetos. Puedes utilizar vasos, golosinas, dinosaurios de juguete, bolígrafos, cartas Matchbox, y otras cosas para enseñarles la idea abstracta de que la aritmética se puede aplicar a muchas cosas de la vida real. Por ejemplo, la operación $5 - 2 = 3$ puede enseñarse con cinco golosinas. Si me como 2 de ellas, me quedan 3. Para aprender conceptos como menos o más, o fracciones, intenta utilizar vasos de agua llenos hasta distintos niveles, cortar una manzana y cortar círculos de cartón. Si solo utilizas círculos de cartón, los niños pueden pensar que el concepto de fracción se aplica solo a los círculos de cartón. Para enseñar más grande en comparación con más pequeño, utiliza objetos de distinto tamaño, como botellas, golosinas, camisetas, bloques, coches de juguete y otras cosas.

Más conceptos abstractos

Para subir un peldaño más en los conceptos abstractos, pondré varios ejemplos de enseñanza como "arriba" y "abajo". De nuevo, debes usar muchos ejemplos específicos para enseñarles estos conceptos:

La ardilla está "arriba" del árbol. Las estrellas están "arriba" en el cielo.

Tiramos la pelota "arriba" en el aire.

Nos deslizamos "abajo" por la colina.

Cavamos un agujero "abajo" en la tierra. Nos doblamos hacia "abajo" para atarnos los zapatos.

Para entender completamente este concepto, el niño necesita participar en la actividad mientras los padres o profesores dicen una frase corta que contenga la palabra "arriba" o "abajo." Asegúrate de poner énfasis al vocalizar la palabra del concepto.

Si el niño tiene dificultad con el lenguaje verbal, combina la palabra con una tarjeta con un dibujo que ponga "arriba" o "abajo."

Hace poco me preguntaron: "¿Cómo llegaste a comprender el concepto de grosería o buenas maneras en la mesa?" Los conceptos que tienen que ver con juicios o expectativas sociales son mucho más abstractos para un niño, aunque pueden enseñarse de la misma manera. Cuando yo hacía algo con malas maneras en la mesa, como mover el tenedor en el aire, mi madre me explicaba, de una forma simple y sin demasiada cháchara verbal, que esas no eran buenas maneras en la mesa.

"Temple, mover el tenedor en el aire es de mala educación en la mesa." Utilizaba muchos momentos que se daban de forma natural para enseñar, lo que me ayudaba a conectar mi acción con el concepto "mala educación en la mesa". Hacía de este asunto una enseñanza práctica y daba un mensaje simple y consecuente. Aprender muchos ejemplos específicos también funcionaba cuando me enseñaban el concepto de grosería. Cuando hacía algo que era grosero, como eructar o cortar a alguien, mi madre me decía que estaba siendo grosera. De forma gradual se formó en mi cerebro un concepto "grosería" a partir de muchos ejemplos específicos.

Comprensión lectora

Muchos niños en el espectro pueden descodificar y leer, pero tienen problemas con la comprensión. Para empezar, hay que centrarse en hechos muy concretos, como nombres de letras, ciudades que visitaron o actividades que hicieron, como jugar al golf. Generalmente esto es más fácil de entender para un niño. A continuación, hay que ir más allá hacia conceptos más abstractos, en un párrafo de literatura. Por ejemplo, si leen "Jim comió huevos con tocino" pueden tener dificultad para contestar preguntas de elección múltiple: "¿Jim tomó un desayuno, comida o cena?"- Hay que enseñar al niño a descomponer la pregunta y escanear los archivos cerebrales de para que encuentren información que pueda ayudarles con la comprensión. Por ejemplo, yo buscaría en los archivos de mi cerebro imágenes de comidas. Una imagen de huevos con tocino es la que mejor encaja con un desayuno comparado con las imágenes de comida y cena.

Estos conceptos y asociaciones más abstractos no de desarrollan rápidamente. El niño necesitará añadir más y más información en el ordenador de su cerebro antes de que tenga éxito con las abstracciones. Estos datos proceden de experiencias, que es por lo que los padres y profesores necesitan darle al niño montones

Desmontar la complejidad

Profesor: Descompón ideas complejas, puntos principales y contenido emocional en ejemplos más pequeños o detalles de forma que el estudiante pueda juntar esta información en un archivo conceptual más grande.
Estudiante: Hacer juicios, "leer entre líneas," y valorar el contenido emocional.

Proporcionar una variedad de ejemplos

Profesor: Usa las fortalezas de los pensadores de abajo arriba para percibir los detalles.
Estudiante: Construye a partir de ejemplos hacia un único concepto.

Mezcla preguntas abstractas

Profesor: Progresa haciendo preguntas abstractas sobre información en una historia corta.
Estudiante: Hacer asociaciones, generalizar y sacar conclusiones.

Empieza con lo concreto

Profesor: Empieza con preguntas concretas acerca de información de un hecho en una historia corta.
Estudiante: Contesta preguntas concretas (basadas en hechos), basadas en detalles, donde existe una respuesta correcta o errónea.

de oportunidades de práctica repetitiva sobre un concepto o lección. Yo empezaría aprendiendo esta clase de conceptos sólo después de que un profesor me hubiera contado muchas historias diferentes.

Poner los Fundamentos para la Comprensión Lectora

P adres y profesores de niños en el espectro autista me dicen siempre que su hijo o estudiante puede leer realmente bien, pero le falta comprensión. Esta columna subraya algunas de mis ideas para poner los fundamentos de una buena comprensión lectora.

Empezar por lo concreto

Para enseñar comprensión lectora, empieza con preguntas concretas sobre la información (basada en hechos) en forma de una historieta corta o un artículo. Las preguntas concretas son literales y tienen una respuesta correcta. Algunos ejemplos de preguntas concretas basadas en una historia corta sobre un día de invierno de Jane son "¿de qué color es el abrigo de Jane?" o "¿en qué ciudad vive Jane?"- Palabras que responderían a eso, con "rojo" y "Milltown", pueden responderse a partir de detalles del texto.

Mezcla preguntas abstractas

Después de que el estudiante haya respondido con éxito a varias preguntas concretas de comprensión, puedes progresar haciendo preguntas un poco más abstractas acerca de una historia corta. Estas preguntas requieren una comprensión de conceptos más generales. Por ejemplo, "Jane y Jim fueron a la tienda. Jane compró un collar y Jim compró una camisa." La pregunta podría ser: "¿Jim compró ropa?"

Un nivel aún más abstracto de comprensión es ilustrar una pregunta con las frases siguientes: "Jim va a comprar a una Expedición a la Antártida. El tiempo es extremadamente frío allí.". La pregunta podría ser, "¿Jim necesitará ropa de invierno?".

Da una variedad de ejemplos

Muchos niños y adultos con autismo no pueden tomar todos los factores que saben y unirlos para formar conceptos. No obstante, sobresalen en reconocer factores y detalles individuales. Los padres y profesores pueden utilizar esta Fortaleza para construir la comprensión lectora.

Los pensadores de abajo arriba aprenden a generalizar y desarrollar conceptos reconociendo primero detalles o ejemplos específicos, recopilándolos en su mente y luego juntándolos en una categoría para formar un concepto. Este proceso mental es similar a poner trozos de información relacionada en un archive común.

Los niños necesitan estar expuestos a muchos ejemplos distintos de conceptos abstractos o generales, tanto en lectura como en experiencias de la vida real. Por ejemplo, mi concepto de peligro (de coches en la calle) se formó después de ver que una ardilla había sido atropellada por un coche, y este ejemplo fue seguido por muchos otros ejemplos de peligro conectados a vehículos que se movían rápido.

Desmontar la complejidad

El mismo principio se aplica a textos de lectura más complejos. La comprensión puede enseñarse gradualmente señalando muchos ejemplos específicos que ilustren el concepto más amplio. En la facultad, llamé a este proceso "encontrar el principio básico". Nunca olvidé los conceptos que mi profesor de literatura inglesa me enseñó derivando el significado a partir de los clásicos complicados. Encontré su descripción de Homero de Shakespeare y otros autores super interesante.

En materiales de lectura más largos, como un capítulo de un libro, el niño necesitará poder identificar y contestar preguntas sobre la idea principal. El profesor podrá hacerle leer al niño párrafos de un libro y luego diseccionar el capítulo de una forma metódica, para que éste entienda como se deriva la *idea principal*. Después de que el profesor explique el concepto que el autor está transmitiendo, el estudiante empezará a entender el concepto de hallar la idea principal de otros materiales de lectura. Repite este proceso con otros textos para proporcionarle al estudiante muchos ejemplos de identificar la idea principal.

Para ayudar al estudiante a entender una *opinión* de un autor, el profesor podría empezar con editoriales de periódicos o publicaciones online y luego explicar punto por punto cómo se determina lo esencial de la opinión del autor.

Por ejemplo, un editorial en un periódico local puede estar informando a los ciudadanos de un posible parque potencial para perros. El autor describe los pros y contras de tener un parque para perros, y el estudiante podría guiarse para categorizar cada uno de los puntos del autor bajo los pros y contras de los encabezados. La pregunta de comprensión podría ser, "¿el autor está o no a favor de empezar a poner en marcha un parque para perros?"

Sería mejor empezar eligiendo materiales de lectura en los que la opinión del autor sea fácil de determinar, y luego ir gradualmente hacia textos en los que la opinión del autor sea más sutil. Después de varios ejemplos, el estudiante podría empezar a entender cómo identificar la opinión de un autor.

Otro nivel de complejidad es entender el *nivel emocional* del texto. La mejor manera de enseñar esto es tomar una variedad de materiales de lectura y paso a paso explicar cómo determinar el contenido emocional. Un ejemplo de ello sería,

"Jim estaba sonriendo y riendo por los estúpidos trucos de un realista show." La pregunta podría ser, "¿Jim estaba contento o triste?"

Dejando de lado el nivel de abstracción, debería enseñarse a leer para comprender, mediante muchos ejemplos específicos. El número de ejemplos necesarios será distinto para cada persona. Los profesores y padres pueden ayudar dando muchas oportunidades a la práctica repetitiva. Incorporar el enfoque de abajo arriba le dará tiempo al estudiante para construir un archivo mental de ejemplos que pueda utilizar cuando analice futuros materiales de lectura.

Motivar a los Estudiantes

U na característica frecuente de las personas con autismo/en el espectro del Asperger, es un interés obsesivo sobre uno o unos pocos temas en particular, excluyendo a otros. Estas personas pueden ser casi-genios en un tópico de su interés, incluso a una edad muy temprana.

Hay padres que me han contado como el conocimiento en electricidad, de su hijo de diez años, desafía a rivales de nivel Universitario, o un preadolescente cuyo conocimiento sobre los insectos sobrepasa con mucho a su profesor de biología. No obstante, con lo motivados que están para estudiar lo que les gusta, a menudo estos estudiantes están igualmente desmotivados cuando se trata de trabajo escolar que no sea su área de interés.

Así era para mí cuando estaba en la escuela superior. Estaba totalmente desmotivada con el trabajo escolar en general. Pero estaba muy motivada para trabajar en cosas que me interesaran, como mostrar caballos, pintar signos y hacer proyectos de carpintería. Por suerte, mi madre y algunos de mis profesores utilizaban mis intereses para mantenerme motivada. El Sr. Carlock, mi profesor de ciencias, llevó mis intereses obsesivos hacia rampas y máquinas de compresión para motivarme a estudiar ciencias.

La máquina de compresión me relajaba. El Sr. Carlock me dijo que si realmente quería saber por qué esta máquina tenía este efecto, tendría que estudiar las asignaturas aburridas para poderme graduar y luego ir a la universidad y convertirme en un científico que pudiera contestar esta pregunta. Una vez hube cogido realmente la idea de que ir de aquí a allá, desde la escuela secundaria a graduarme en la universidad y luego tener un trabajo que me interesase, necesitaba esforzarme en todas las asignaturas escolares, aburridas o no. Comprender esto mantuvo mi motivación para terminar el trabajo.

Mientras los estudiantes están en la escuela elemental, los profesores pueden involucrarles fácilmente utilizando un interés especial para motivar su aprendizaje. Un ejemplo consistiría en coger el interés de un estudiante por los trenes y usar un tema sobre trenes en muchas asignaturas distintas. En clase de historia, leer sobre la historia del ferrocarril; en clase de matemáticas, poner trenes para resolver un problema; en clase de ciencias, discutir las distintas formas de energía que utilizan los trenes anteriormente y en la actualidad, etc.

Cuando los estudiantes asisten a la escuela secundaria y a la superior, pueden emocionarse visitando lugares de trabajo interesantes, como una construcción, una empresa de arquitectura o un laboratorio de investigación. Esto proporciona una idea real de una carrera para el estudiante y empieza a comprender el camino educativo que debe tomar desde temprano en la escuela hasta conseguir esa carrera. Si no es posible visitar un lugar de trabajo, invita a padres que tengan trabajos interesantes a la clase para hablar con los estudiantes acerca de su trabajo. Se recomienda encarecidamente que lleven muchas imágenes para mostrar el trabajo También es una oportunidad para los estudiantes poder oír acerca del lado social del trabajo, lo que puede proporcionar motivación para hacer nuevos amigos, unirse a grupos o aventurarse en situaciones sociales que al principio podrían parecer desagradables.

Los estudiantes en el espectro necesitan estar expuestos a cosas nuevas para interesarse en ellas. Necesitan ver ejemplos concretos de cosas realmente divertidas para que los mantenga motivados para aprender.

Yo quedé fascinada por ilusiones ópticas después de ver una sola película en la clase de ciencias que mostraba ilusiones ópticas. Mi profesor de ciencias me retó a recrear dos famosas ilusiones ópticas, llamadas la Ames Distorted Room y la Ames Trapezoidal Window. Pasé seis meses haciéndolas en cartón, y madera contrachapada y finalmente las logré. Eso me motive a estudiar psicología experimental en la universidad.

Trae revistas de comercio a la biblioteca

Las revistas científicas, de comercio y periódicos de negocios pueden enseñar a los estudiantes una amplia variedad de carreras y ayudar a que estos estudiantes tengan oportunidades a su disposición después de graduarse. Cada profesión, desde la más compleja a la práctica, tiene su periódico de negocio. Estos se publican sobre campos tan diversos como banca, panadería, funcionamiento de lavado de coches, construcción, mantenimiento de edificios, electrónica y muchos otros. Los padres que ya trabajan en estos campos podrían traer sus viejos periódicos de negocio a la biblioteca de la escuela. Estas revistas serían una Ventana al mundo del trabajo y ayudaría a motivar a los estudiantes.

Matemáticas, ciencias y Recursos gráficos adicionales

About.com's Animation Channel: Free animation software, plus free articles and tutorials. *animation.about.com*

Foldit: An online game where students can solve protein-folding chemistry problems and make real contributions to medical science.

Khan Academy: Free math and computer programming lessons. Learn JavaScript and other languages.

Code Academy: Free programming lessons

Udacity: Programming classes

Coursera: Online college courses

Type *Sketchup* into Google: Free drawing/3D-modeling software. *sketchup.google.com*

The National Science Digital Library: A national network of learning environments and resources for science, technology, engineering, and mathematics education at all levels. *nsdl.org*

OpenCourseWare Consortium: Free college course materials. *ocwconsortium.org*

Physics Education Technology (PhET): Fun, interactive, science simulations, from the PhET project at the University of Colorado. *phet. colorado.edu*

Wolfram Alpha: A knowledge engine that doesn't find information, but instead computes information based on built-in data, algorithms, and methods. *wolframalpha.com*

Wolfram MathWorld: A really awesome mathematics site that serves as a wiki encyclopedia of equations, theorems, algorithms, and more. *mathworld.wolfram.com*

Si mi profesor de tercer grado hubiera seguido intentando enseñarme a leer con interminables y aburridos ejercicios, habría suspendido las pruebas de competencia en lectura.

Hacer que Los Niños Lean

U na queja que oigo tanto de padres como de profesores es que los niveles clave comunes hacen imposible pasar mucho tiempo en asignaturas que no sean leer y matemáticas, porque las escuelas de distrito ponen mucho énfasis en que los estudiantes pases las pruebas en estas asignaturas

Hace poco, tuve una discusión con una madre sobre enseñar a leer. Me dijo que su hija, que tenía problemas de lectura, no podía salir al recreo porque tenía que hacer ejercicios de lectura. La niña estaba aburrida, rígida y lo odiaba. No obstante, pronto aprendió a leer cuando su madre le enseñó a partir de un libro de Harry Potter. Para motivar a los niños, en especial a aquellos con trastornos del espectro autista, necesitas empezar con libros que los niños quieran leer. La serie de Harry Potter es una de las mejores cosas que ha sucedido para enseñar a leer. Dos horas antes de que el último libro de Harry Potter saliera a la venta, visité el local Barnes and Noble. Estaba completamente atiborrado de niños vestidos al uso y hacienda cola hasta la mitad de alrededor del edificio. Creo que es fantástico que los niños estuviesen tan emocionados con un libro.

Cuando estaba en tercer grado, yo no podía leer. Mi madre me enseñó a leer después de clase a partir de un libro interesante acerca de Clara Barton, una enfermera famosa. El contenido me mantuvo interesada, y me motivó a aprender, incluso si el libro estaba escrito para el nivel de sexto grado.

Mi madre me enseñó cómo vocalizar las palabras, y en tres meses, mis habilidades lectoras habían saltado dos niveles en las pruebas estándar. Yo era una lectora fonética, pero otros niños en el espectro autista son aprendices visuales, que ven las palabras. Cuando leen la palabra *perro*, ven una imagen de un perro en su mente. Todos los niños son distintos; los padres deberían identificar qué clase de niños son sus hijos a la hora de aprender y entonces usar ese método. Actualmente existe evidencia científica de que existen patrones neurológicos separados para hacer un mapa visual de todas las palabras o descodificarlas fonéticamente.

Los que leen "viendo la palabra" normalmente aprenden los nombres primero. Para aprender el significado de palabras como *fui* y *voy* tuve que verlas en una frase que pudiera visualizar. Por ejemplo, "*Fui* al supermercado" o "*Voy* al supermercado." Una es pasada y la otra es futuro. Cuando fui al supermercado me veía a mí misma con la bolsa de lo que había comprado. Cuando estoy yendo al supermercado, me veo conduciendo hacia allí. Utiliza ejemplos que el niño pueda visualizar y contar cuando enseñes todas las palabras conectoras que no son fáciles de visualizar por sí mismas.

Si mi profesor de tercer grado hubiera intentado continuar enseñándome a leer con interminables y aburridos ejercicios, habría fallado en las pruebas de competencia lectora necesarias para los sistemas escolares que están "enseñando para las pruebas" para obtener una puntuación mejor en las pruebas estándar. Después de que mi madre me enseñara a leer, puede hacerlo realmente bien en las pruebas de la escuela elemental. Ella hizo que me comprometiera en la lectura de una forma que tenía sentido para mi hasta que leer llegó a reforzarse por sí mismo de una forma natural.

Los padres y profesores pueden usar los talentos naturales o intereses especiales de un niño de forma creativa para enseñarle habilidades escolares básicas como leer y matemáticas. Las ciencias y la historia son dos temas fantásticamente interesantes para enseñar a niños en el espectro. Si al niño le gustan los dinosaurios, enséñale a leer usando libros sobre dinosaurios. Un simple problema de matemáticas podría reformularse usando dinosaurios como sujeto o nuevos ejercicios creados por el adulto. Por ejemplo: si un dinosaurio camina a cinco kilómetros por hora, ¿cuán lejos caminará en quince minutos?

Los estudiantes con ASD pueden obtener puntuaciones excelentes en pruebas estándar cuando se usan métodos creativos que atrae sus intereses y formas de pensar. Aunque este esfuerzo creativo puede llevar un poco más de tiempo al empezar, la mejora en el aprendizaje, el interés y la motivación de niño habrá superado con creces este tiempo extra.

Referencias

Moseley, R.L. et al. (2014). Brain routes for reading in adults with and without autism: EMEG evidence. *J Autism Dev Disord*. 44:137-153.

Demasiados Videojuegos y Pasar Demasiado Tiempo frente a una Pantalla Tiene un Efecto Nocivo Para el Desarrollo del Niño

D urante las conferencias, cada vez más padres a quienes se les ha diagnosticado recientemente a su hijo adolescente o en la escuela elemental, me han dicho que pueden estar en el espectro autista. En algunos casos, tienen diagnósticos oficiales y en otros casos, no. La mayoría de los padres que me dijeron que estaban en el espectro autista, han trabajado con éxito en una gran variedad de ocupaciones. La cuestión es: por qué su vida era relativamente buena y su hijo está teniendo problemas, con falta de amigos, sufriendo bullying, ¿o es extremadamente hiperactivo o ansioso? En la mayoría de los casos, el niño no ha sufrido ningún retraso en el habla desde su tierna infancia. Lo que puede haber contribuido a una peor prognosis puede ser el uso excesivo de videojuegos u otras formas de entretenimiento con pantallas. Cuando yo estaba en la facultad, tenía amigos que hoy en día habrían sido etiquetados como autistas. Las personas en el espectro autista son más propensas a hacer un uso patológico de videojuegos. El ICD-11 tiene ahora un diagnóstico formal para trastornos del juego. La investigación muestra que un ocho por ciento de toda la gente joven que juega a videojuegos pueden ser verdaderos adictos.

Pueden existir dos razones por las que tanto estos padres ligeramente autistas y mis compañeros geeks obtuvieran y conservaran trabajos decentes.

1. Aprendieron cómo trabajar a una edad temprana. He escrito extensamente sobre ello.
2. En mi generación, los niños jugaban en el exterior con sus compañeros y aprendían a interaccionar socialmente. No estaban enganchados a pantallas electrónicas.

En septiembre/octubre de 2016, en el Carlat Report of Child Psychiatry, leí dos artículos que protagonizaron un momento de gran "iluminación". Uno estaba escrito por Mary G. Burke, M.D., psiquiatra en la Sutter Pacific Medical foundation en San Francisco, y el otro se trataba de una entrevista con Michael Robb, PH.D. de Common Sense media. La Dra. Burke explicaba que, tanto los bebés como los niños, necesitan estar en contacto con otras personas que reaccionen a su comportamiento. El problema de estar viendo interminables videos es que el video no reacciona a las respuestas del niño. Actualmente, Michael Robb recomienda no pasar más de 10 horas a la semana frente a una pantalla, hasta que el niño este en la escuela superior. Esta es la misma norma que mi madre ponía para ver la televisión. La Academia Americana de Pediatría recomiendo limitar el tiempo frente a una pantalla a una o dos horas al día. Para niños menores de 18 meses, la American Psychological Association recomienda no pasar tiempo frente a una pantalla excepto cuando se trata de videos con gente que conozcan.

Tiempo libre con dispositivos electrónicos

Ambos especialistas recomiendan que toda familia debería tener un tiempo libre específico con dispositivos electrónicos para que puedan interactuar y hablar. Debería hacerse al menos una comida al día en la que tanto padres como hijos apaguen todos los dispositivos electrónicos. En su práctica, la Dra. Burke ha observado que, reduciendo el uso de dispositivos electrónicos, reduce los síntomas de OCD, los ataques de pánico y la hiperactividad. Según los Centers of Disease Control, el diagnóstico de ADHD o el déficit de atención ha aumentado. El uso abusivo puede contribuir a este problema.

Un estudio mostraba que una sesión de cinco días en un campamento en la naturaleza sin dispositivos electrónicos mejoraba la capacidad de los niños de escuela secundaria a leer las señales sociales no verbales. Un granjero que gestionaba un campamento de verano para niños de entre ocho y once años hizo una interesante observación. Durante las tardes de juego libre en un huerto de nueces, los niños estaban enfadados durante los primeros dos días. Al tercer día, me dijo, se produjo un cambio y descubrieron el juego libre. Mis tres recomendaciones son:

1. Tomar una comida sin dispositivos electrónicos donde todos, incluidos los padres, apagasen todas las pantallas.
2. Limitar el tiempo de ver videos y videojuegos, y otras pantallas que no fueran de la escuela a 10 horas a la semana.
3. Implicar a toda la familia en actividades donde la gente tiene que interactuar entre sí.

Los padres en industrias de tecnología restringen los dispositivos electrónicos

Las personas que fabrican dispositivos electrónicos en Silicon Valley restringen mucho a sus hijos el uso de videojuegos y el ver videos. Dos artículos del *New York Times* y *Business Insider* demuestran claramente que la gente que crea la tecnología está preocupada por el uso que hacen sus propios hijos de los dispositivos electrónicos. La investigación está mostrando actualmente que las personas en el espectro autista sufren un riesgo grave de desarrollar adicciones a los videojuegos. Cuando hablo con padres en reuniones sobre autismo, observe dos caminos para adultos jóvenes que se expresan perfectamente. Los que han tenido mejores resultados han aprendido a conservar un trabajo antes de graduarse de la escuela superior o de la universidad. Los que han tenido peores resultados, pueden estar jugando a videojuegos de tres a ocho horas al día. A algunos de estos chicos no se les ha enseñado habilidades básicas, como comprar por sí mismos.

Amigos a través de juegos de múltiples jugadores por internet

Hay un número de revistas que demuestran que juegos en los que los adolescentes pueden hablar con sus amigos tienen algún tipo de efecto positivo. El uso bajo a moderado de juegos con múltiples jugadores sería de una hora al día durante los días hábiles y dos horas al día los fines de semana. Estos juegos, cuando se usan con moderación, pueden ayudar a un chico a hacer amigos y conservarlos. Cuando se usan adecuadamente con supervisión de los padres, los amigos por internet se pueden convertir en amigos en persona. Los niños necesitan que se les enseñe a planificar su juego de forma que no tengan que dejar de jugar a mitad de una partida de Fortnite. Para ello, puede que tengan que dejar de jugar a videojuegos una noche para tener tiempo suficiente para terminar una partida la noche siguiente. Algunos padres emprendedores han desarrollado actividades para volver a conectar los videojuegos con la vida real. Fueron a un almacén de maderas y compraron madera que se lijó y pinto para crear bloques de MineCraft. Un niño con autismo se convirtió en el centro de atención de su vecindario con bloques de MineCraft en la entrada de su casa.

Habrá algunas situaciones en las que hacer que un niño se desenganche de un videojuego pueda ser tan difícil que debe prohibirse el juego. Hay un artículo disponible en internet que se titula "Medir el Trastorno del Juego por Internet DSM-5: Validar el Desarrollo de una Pequeña Escala Psicométrica." Consta de nueve preguntas para ayudar a determinar si una persona tiene problemas usando videojuegos. Algunas de las preguntas sobre el trastorno de juegos por internet son:

1. Sentirse más irritable, con ansiedad o tristeza al intentar reducir el uso de los videojuegos.
2. Pérdida de interés hacia otras aficiones o actividades.
3. Poner en peligro trabajos, educación o carrera.

¿Cómo pueden ser perjudiciales los videojuegos?

Los videojuegos pueden reducir la empatía. Matar de forma realista gente o animales y mostrar crueldad y sangre sería más perjudicial que un juego en el que se destruyen objetos o personajes de dibujos animados inanimados. Es mi opinión que las imágenes que permiten que un jugador de vídeo inflija un dolor y sufrimiento de forma gráfica a imágenes humanas realistas, puede ser lo más perjudicial. Douglas Gentle de Iowa State University informa que un meta-análisis de 136 artículos científicos sobre videojuegos violentes demostraba que jugar con ellos conducía a desensibilización y comportamiento agresivo (Bavelier et al., 2011). Sin embargo, creo que el tipo de violencia es importante. Cuando yo era niña, mi héroe era el Llanero Solitario. Disparó a muchos chicos malos que caían del caballo. En estas películas, se disparó a mucha gente, pero nunca se mostró ninguna representación realista de crueldad o sufrimiento.

Las imágenes de choques de coches o alienígenas explotando no me molestan. La violencia infligida a objetos, como coches o edificios, no tiene el mismo efecto en mí que la representación gráfica de crueldad o tortura. Como soy una pensadora visual, evito películas que muestren imágenes de violencia o crueldad. No quiero esas imágenes en mi memoria. En muchas películas, analizo escenas de persecución y pienso, "Esto es imposible. Un coche no puede chocar contra un escaparate y poder seguir conduciéndose." Estoy especialmente preocupada cuando los niños juegan a juegos realistas de asesinatos. Los niños pequeños necesitan aprender a controlar los impulsos agresivos. Investigadores canadienses han descubierto que algunos niños, en especial los que viven en hogares desfavorecidos, muestran tendencias violentas antes de los seis años que puede conducirles a comportamientos criminales a menos que se les enseñe cómo controlar la agresión. (El Dr. Michael Rush del Boston's Children's Hospital puede ayudarte a determinar si tu hijo pasa demasiado tiempo en internet (Véase Reddy, 2019).

A modo de conclusión, el uso de los videojuegos debería limitarse. Normalmente no recomiendo prohibirlos. Un niño necesita tener suficientes experiencias para que aprenda que hay muchas cosas en el mundo que son más interesantes que los videojuegos.

Referencias

Bavelier, D.C., Green, C.S., Han, D.H., Renshaw, P.F., Merzenich, M.M. and Gentile, D.A. (2011). Brains on video games, *Nature Review of Neuroscience* 12(12):763-768.

Bowles, N. (2018) A dark consensus about screens and kids begins to emerge in Silicon Valley, *New York Times*, October 26, 2018.

CDC (2016) Attention-Deficit/Hyperactivity Disorder (ADHD) Data and statistics cdc.gov (accessed June 28, 2019).

Courtwright, D.T. (2019) *The Age of Addiction: How Bad Habits Became Bug Business*, Harvard University Press.

Englehardt, C. and Mazurek, M.O. (2013) Video game access, parental rules and problem behavior: A study of boys with autism spectrum disorder, *Autism* (October). 18:529-587.

Englehardt, C. et al. (2017) Pathological game use in adults with and without autism spectrum disorder, *Peer Journal* 5:e3393.

Increasing prevalence of parent reported attention deficit/hyperactivity disorders among children, United States, 2003-2007.

Franklin, N., and Hunt, J. (2012) Rated E – Keeping up with our patient's video game playing, *The Brown University Child and Adolescent Behavior Letter* 28(3):1-5 doi: 10.1002/chi.20159.

Hall, S.S. (2014) The accidental epigeneticist, *Science* 505:14-17.

Jargon, J. (2019) Gaming as a social bridge, *The Wall Street Journal*, June 26, 2019, pp. A13.

Kuss, D.J. et al. (2018) Neurobiological correlates in internet gaming disorder: A systematic literature review, *Frontiers in Psychiatry*, 9:166 10:3389/fpsyt.2018.00166.

Mazurek, M., Shattuck, P., Wagner, M., Cooper, B. December 8, 2011, Prevalence and correlates of screen-based media use among youths with autism spectrum disorders. *Journal of Autism and Development Disorders*. Available at: www.springerlink.comcontent/98412t131480547.

Mazurek, M.O., and Englehardt, C.R. (2013) Video games use in boys with autism spectrum disorder, ADHD or typical development, *Pediatrics* 132:260-266.

Mazurek, M.O. et al. (2015) Video games from the perspective of adults on the autism spectrum disorder, *Computers in Human Behavior*, 51:122-130.

Pontes, H.M. et al. (2015) Measuring DSM-5 internet gaming disorder: Development and validation of a short psychrometric scale. *Computers and Human Behavior*, 45:137-143 http://dx.doi,org/10.1016/j.chb.2014.12.006

Reddy, S. (2019) How to tell if your kids spend too much time online, *The Wall Street Journal*, p. A13, June 18, 2019.

Stone, B.G. et al. (2018) Online multiplayer games for social interactions of children with autism spectrum disorder: A resource for inclusive education, *International Journal of Inclusive Education*, pp. 1-20.

Sundburg, M. (2017) Online gaming loneliness and friendships among adolescents and adults with ASD, *Computers in Human Behavior*, https:doiorg/10.1016/j.chb.2017.10-020

Uhls, Y.T. et al. (2014) Five days at outdoor education camp without screens improves preteen skills with nonverbal emotion cues, *Computers and Human Behavior*, 39:387-392.

Welles, C. (2018) Silicon Valley parents are raising their kids tech free and it should be a red flag, BusinessInsider.com.

Padres, ¿deseáis y podéis tener tiempo, dinero y compromiso emocional para tener un perro de servicio?

Terapias con Animales para el Autismo

A medida que viajo por el país hablando con padres de personas con ASD, la mayoría de ellos me preguntan si deberían tener un perro de servicio para su hijo con autismo. El uso de perros de servicio o asistencia, para niños en el espectro, está ganando popularidad, y existe una evidencia científica creciente de que los perros de servicio son beneficiosos. No obstante, se trata de un tema complicado. A diferencia de otras intervenciones para el autismo que pueden empezarse y terminarse con más facilidad, embarcarse en el viaje de encontrar un perro de servicio adecuado para un niño, es un compromiso a largo plazo por parte de toda la familia. Un perro de servicio es mucho más que una mascota bien entrenada.

La primera pregunta que hago es, "¿a vuestro hijo le gustan los perros?" Si la familia no tiene todavía un perro, les sugiero que miren cómo reaccionará el niño a su primer amigo perruno. Existen tres clases de reacciones que un niño puede presentar. La primera es casi una conexión mágica con los perros. El niño y el perro son los mejores amigos. Se aman el uno al otro. Les gusta estar juntos. El segundo tipo de reacción es un niño que, al principio duda, pero a quien acaban gustándole los perros. Debe enseñársele al niño cuidadosamente a un perro amigable y calmado. El tercer tipo de reacción es de rechazo o miedo. A menudo, el niño que Evita los perros tiene un problema sensorial. Por ejemplo, un niño con un oído sensible puede asustarse de los ladridos del perro porque le molestan al oído.

Cuando yo era pequeña, el sonido de la campana de la escuela dañaba mis oídos, al igual que el taladro de un dentista golpeando un nervio. Para un niño con un grave problema de sensibilidad, un perro puede percibirse como algo peligroso, una cosa impredecible que puede emitir un sonido doloroso en cualquier momento. Para algunas personas el olor de un perro es abrumador, aunque mantener al perro limpio puede aliviar el problema.

También les pregunté a los padres si deseaban y podían establecer el compromiso de tiempo, dinero y emocional de tener un perro de servicio. Se trata de un asunto familiar, en el que todos deben estar involucrados. Las listas de espera pueden ser de dos años o más y los gastos para un perro entrenado pueden ascender a los 10.000 dólares o más al principio, y varios miles de dólares cada año a partir de entonces.

Tipos de perros de servicio

Existen tres tipos básicos de perros de servicio que son los que más se utilizan para personas con autismo. Hay perros de terapia, perros de compañía, o perros de seguridad. Un perro de terapia es propiedad de un profesor o terapeuta y se utiliza durante las lecciones para facilitar el aprendizaje. Un perro de compañía vive con la familia y pasa la mayor parte del día interactuando con la persona autista. El perro puede ayudar con los desafíos sociales, emocionales, de comportamiento y sensoriales del niño. Estos perros también sirven como un ser que "rompe el hielo", ya que a menudo otras personas se ven atraídas por un perro e interaccionarán con más facilidad con el niño. Algunas personas con autismo realmente se abren e interactúan con un perro. Los perros de terapia y compañía deben tener un entrenamiento básico en obediencia más un entrenamiento para acceso público. Normalmente, los perros de compañía reciben un entrenamiento adicional que se centra específicamente en las necesidades de los niños con los cuales deben concordar. Para más información sobre grados de entrenamiento, visita la página web de International Association of Assistance Dog Partners (iaadp.org).

El tercer tipo de perro de servicio es el perro de seguridad. Estos son perros de servicio altamente entrenados que se utilizan con personas con autismo grave que tienden a correr. El niño va con una correa atada al perro y éste se convierte en un protector vigilante para el niño. Los perros de seguridad deben usarse cuidadosamente para evitar estresar al animal. Estos perros necesitan tiempo libre para jugar y comportarse como un perro normal.

Los perros que se eligen como de asistencia/servicio, deben ser calmados, amigables y no mostrar signo alguno de agresión hacia los extraños. Deben entrenarse para tener buenas maneras en público, como no saltar sobre u olisquear a la gente ni ladrar. Este nivel de entrenamiento básico es el mínimo absoluto que debería obtenerse de cualquier perro de terapia o de servicio de compañía. Es preferible un entrenamiento Avanzado para familiarizarse con el comportamiento de las personas con ASD.

Normas para acceder a lugares públicos con perros

La Ley de Americanos con Discapacidades (ADA, por sus siglas en inglés) tiene unas normas específicas. Un perro que sea verdaderamente de servicio está permitido en TODOS los lugares públicos. Un perro de soporte emocional no es un perro de servicio según la ADA, pero tiene más privilegios que un perro normal. Para que sea designado como un perro de servicio, el animal está "entrenando para trabajar o efectuar una tarea para una persona con discapacidad". Efectúa una tarea que la persona no puede hacer por sí misma. Un perro de servicio también puede hacer una tarea, como detectar el comienzo de un ataque de pánico. Para que sea designado como un soporte emocional, la persona debe tener un formulario de diagnóstico de un médico o profesional de salud mental. Los animales de soporte emocional (ESA, por sus siglas en inglés) están permitidos en las aerolíneas. Las personas deben actuar de forma responsable cuando tiene que con los animales que viajan con ellos. Si continúan actuando como propietarios irresponsables de una mascota, estos perros ESA pueden ser prohibidos en las aerolíneas. En un caso horrible en la compañía aérea Delta, un perro ESA le arrancó la cara a otro pasajero. Por favor, no traigan perros que puedan morder en zonas públicas a menos que lleven bozal.

Hay muchos grupos distintos que entrenan perros de compañía y de servicio. Una de las mejores maneras de encontrar una Fuente respetable es a través de referencias de gente satisfecha que tienen perros de servicio. También es importante entrenar al perro para que conozca la diferencia entre el comportamiento de trabajo y de juego. El cerebro de un perro creará categorías de comportamiento. Cuando lleva el chaleco, trabaja, y cuando no lo lleva, es hora de jugar. El perro necesita que se le enseñe claramente el comportamiento "chaleco puesto" y "chaleco quitado".

Preguntas que hay que hacer al seleccionar un proveedor de perros de servicio

* ¿Qué raza de perros utiliza para que sean perros de asistencia para autistas?
* ¿Podemos (la familia) ayudar a seleccionar el perro para nuestro hijo?
* ¿Empieza el proceso con cachorros, o lo hace con perros adultos?
* Si se trata de cachorros, ¿qué pasará si mi hijo no coge el perro? ¿qué puede ocurrir si le proceso de maduración de la personalidad del perro no coincide con la de mi hijo?
* ¿Si se trata de un perro adulto (de dos años o más), se tiene en mente que el perro este entrenado específicamente para personas con ASD o se ha entrenado de forma generalizada para personas con otras discapacidades?
* Describa el programa de entrenamiento que recibe el perro. ¿Cuánto tiempo dura y hasta qué punto está involucrada nuestra familia?
* ¿El entrenamiento se dirige solo a temas de socialización o los perros están entrenados para manejar situaciones de escapa, sensibilidad sensorial, desafíos de comportamiento, situaciones de emergencia, etc.?
* ¿El perro estará entrenado pensando en las necesidades/comportamientos específicos de mi hijo?
* ¿A qué edad vendrá a casa el perro?
* ¿Estará entrenado el perro para responder a señales con la mano además de órdenes verbales? Esto es especialmente importante si el niño tiene unas capacidades verbales limitadas o no habla.

- ¿Cuántas veces ha completado su organización la colocación de perros con niños autistas?
- ¿Cuántas veces tuvieron éxito estas colocaciones a lo largo del tiempo?
- ¿Cuánto entrenamiento familiar con el perro necesitamos/se nos proporciona? ¿Se incluye al niño en el espectro o solo los padres?
- ¿Proporcionan algún entrenamiento para "refrescar los conocimientos" en un futuro?
- ¿Qué tipo de comunicación en curso se incluye con nuestra familia una vez el perro está en casa?
- ¿Tienen alguna referencia de familias de niños con ASD que posean uno de sus perros?
- ¿Cuál es su procedimiento de solicitud?
- ¿Existe una lista de espera, y de ser así, de cuánto tiempo?
- ¿Cuáles son sus honorarios por un perro de asistencia? ¿Hay algún tipo de ayuda económica disponible para esto? ¿Proporcionan algún plan de pago a plazos?
- ¿Qué clase de gastos tendremos que afrontar en la familia para mantener al perro?
- Existen muchas noticias falsas y falsas credenciales sobre perros de servicios. Aseguraos de tartar con gente de reputación.

Perros y caballos de terapia

Existe una evidencia creciente de que los perros, caballos y otros animales pueden tener beneficios terapéuticos definitivos. A menudo los animales que se usan en terapia son animales que no están entrenados para servicio. Para las personas con autismo, los perros y los caballos pueden ser muy útiles para enseñarles habilidades sociales. El artículo de Wijkeset (2019) tienen una colección extensa de revisiones.

Montar a caballo como terapia está siendo cada vez más popular. Cuando yo era una adolescente, mi vida social se movía alrededor de caballos y aprendí habilidades de trabajo limpiando cuadras. Muchos estudios, incluidos ensayos aleatorios, muestran los beneficios sociales para los individuos con autismo. Las actividades con caballos reales eran mucho más efectivos que usar unos de falsos en actividades de granja sin caballos. He observado muchos programas terapéuticos para montar a caballo. A veces existe una tendencia a ayudar al jinete. He visto muchos jinetes con un andador lateral, que eran capaces de montar por sí mismos.

Referencias y lecturas complementarias

Becker, J. and Rogers, E.C. (2017) Animal assisted social skills training for children with autism spectrum disorder, *Anthrozoos*, 302:307-326.

Berry, A. et al. (2013) Use of assistance and therapy dogs of children with autism spectrum disorders, *Journal of Alternative and Complimentary Medicine* 18:1-8.

Borgi, M. et al. (2016) Effectiveness of standardized equine assisted therapy program for children with autism spectrum disorder, *Journal of Autism and Developmental Disorder*, 46:1-9.

Brannon, S. et al. (2019) Service animals and emotional support animals where they are allowed and under what condition? ADA National Network, Information Guidance and Training in the American with Disabilities Act.

Burrows, K.E., Adams, C.L. and Millman, S.T. (2008) Factors affecting behavior and welfare of service dogs for children with autism spectrum disorder, *Journal of Applied Animal Welfare Science*, 11:42-62.

Burrows, K.E., Adams, C.L. and Spiers, J. (2008) Sentinels of safety: Service dogs ensure safety and enhance freedom and well-being for families with autistic children, *Quality Health Research*, 18:1642-1649.

Gabnals, R.L. et al. (2015) Randomized controlled trial of therapeutic horseback riding in children and adolescents with autism spectrum disorder, *American Academy of Child and Adolescent Psychiatry*, 54:541-549.

Grandin, T. (2011) The roles animals can play with individuals with autism, In: Peggy McCardle et al. (editors) *Animals in Our Lives*, Brookes Publishing, Baltimore, MD.

Grandin, T (2019) Case Study: How horses helped a teenager with autism make friends and learn how to work, *International Journal of Environmental Research and Public Health*, 16(13) 2325, doi. org/10.3390/jerph16132325.

Grandin, T., Fine, A.H. and Bowers, C.M. (2010) The use of therapy animals with individuals with autism, Third Edition, Therapeutic Foundations and Guidelines for Practice, A.H. Fine (Editor) *Animal Assisted Therapy*, Academic Press, San Diego, CA, 247-264.

Gross, P.D. (2005) *The Golden Bridge: A Guide to Assistance Dogs for Children Challenged by Autism and Other Developmental Disorders*, Purdue University Press, West Lafayette, IN.

Harris, A. et al. (2017) The impact of horse riding intervention on the social functioning of children with autism spectrum disorder, International *Journal of Environmental Public Health*, 14:776.

Llambias, C. et al. (2016) Equine assisted occupational therapy: Increasing engagement in children with autism spectrum disorder, *American Journal of Occupational Therapy*, 70, doi:10.5014/ajot.2016.02070.

O'Hare, M.E. (2013) Animal assisted intervention and autism spectrum disorders: A systematic literature review, *Journal of Autism and Developmental Disorders*, 43:1602-1622.

O'Hare, M.E. (2017) Research on animal assisted intervention and autism spectrum disorder, *Applied Developmental Science*, 21:200-215.

Pavlides, M. (2008) *Animal Assisted Interactions*, Jessica Kingsley Publishers, London, England.

Srinivasan, S.M. et al. (2018) Effects of equine therapy on individuals with autism spectrum disorder: A systematic review, *Review Journal of Autism Developmental Disorders*, 5:156-158.

Viau, R. et al. (2010) Effects of service dogs on salivary cortisol secretion in autistic children, *Psychoneuroendrocrinology*, 35:1187-1193.

Wijkes, C. et al. (2019) Effects of dog assisted therapy for adults with autism spectrum disorders: An exploratory randomized controlled trial, *Developmental Disorders*, doi.org/10.007/s10803-01903971-9.

Más información

Autism Service Dogs of America
Autismservicedogsofamerica.com

Therapy Dogs International
www.tdi-dog.org

4 Paws 4 Ability,
4pawsforability.org/autismdogs.html

Paws Giving Independence
www.givingindependence.org

NEADS World Class Service Dogs
Neads.org

Assistance Dogs for Autism
Autismassistancedog.com

Pawsitivity Service Dogs
Pawsitivityservicedogs.com

La Importancia de Elegir

A veces es difícil que los niños y jóvenes en el espectro hagan cosas nuevas o participen en las actividades diarias.

Cuando tenía miedo de ir al rancho de mi tía, mi madre de dejaba elegir entre ir dos semanas o todo el verano. Dándome a elegir, ayudaba a prevenir el problema de la opción de negarme.

Las personas en el espectro a menudo reaccionan mejor cuando tienen alguna opción o control sobre su entorno. Muchos padres me han dicho que a menudo sus hijos se niegan y rechazan hacer algo. Permitir que el niño tenga alguna elección, ayudará a impedir mucha testarudez o un comportamiento de oposición. Cuando puede elegir, es difícil que el niño conteste "no".

La escuela adecuada para mí

Mi madre me dejaba elegir acerca de cómo participar en una situación nueva. Después de que me expulsaran porque me vengué por haber sido molestada tirando un libro a otra niña, mi madre tuvo que buscar otra escuela para mí. Por suerte, había trabajado como periodista de televisión en dos documentales, así que ya había visitado muchas escuelas especializadas en tres estados de la zona cerca de donde vivíamos. Primero redujo la lista de posibilidades eligiendo tres escuelas que había visitado y que realmente le habían gustado. Tuve la oportunidad de visitar las tres escuelas. Di una amplia vuelta para descubrir cómo era realmente. Entonces, mi madre me permitió escoger una de las tres escuelas.

Limitar el acceso a los videojuegos

Para algunos niños, sería esencial limitar el tiempo que pasan con los videojuegos. Una buena manera de hacerlo es establecer la duración de tiempo al que tienen acceso y luego dejar que el niño decida cuándo usará el tiempo que tiene para hacerlo. A un niño se le puede dar a elegir el jugar a un juego durante una hora cuando vuelve de la escuela. Esto podría ser eficaz para calmarle después de un largo día en la escuela. O, el niño podría elegir guiar al juego durante una hora después de hacer los deberes. No importa lo que elija, solo tendrá una hora para jugar.

Personalizar la higiene personal

Hay una escena de la película *Temple Grandin* en la que mi jefe sacude una barra de desodorante y dice, "Apestas. Úsalo." ¡Esto sucedió de verdad! A menudo la higiene es un problema grande con los adolescentes en el espectro. Una forma de abordarlo es darle al adolescente algunas elecciones de productos higiénicos para usar. Lo que no es negociable es que el adolescente debe bañarse o ducharse cada día. Sin embargo, puede ir a la tienda y elegir el jabón o productos que vaya a utilizar.

Hace años, la selección de productos higiénicos era muy limitada. Yo odiaba los desodorantes pegajosos y viscosos de rollo que eran tan normales en los años 70. Hoy en día, hay un amplio surtido de productos a elegir, (a mí la que más me gusta es la barra de desodorante sólida sin aroma). El aroma también puede ser un gran problema en el departamento de productos higiénicos; es importante no sobrecargar a la persona, o no utilizará el producto.

Adquirir habilidades de la vida diaria

Existen muchas habilidades que los niños deben aprender (p.e. vestirse, tener buenas maneras en la mesa, y las tareas de casa). A menudo es más fácil que el niño las cumpla si se le proporciona la oportunidad de hacerlo si puede elegir.

Vestirse. A menudo, estar listo por la mañana puede ser una lucha para los niños en el espectro. Puede ser tan simple como permitir que el niño escoja entre dos camisas distintas. Yo elegía mi ropa y la dejaba preparada la noche anterior.

Buenas maneras en la mesa. A la hora de cenar en la mesa, mi madre insistía en las buenas maneras. Al terminar de cenar, podía elegir. Podía pedir levantarme pronto de la mesa sin postre o esperar y tomar postre. Esas eran las dos elecciones. Levantarse pronto de la mesa y tomar postre no estaba permitido.

Tareas domésticas. Cuando los niños notan que tienen algo que decir sobre cosas, es mucho más probable que quieran aprender y practicar habilidades como limpiar, recoger los juguetes o llenar el lavaplatos. Si un niño debe hacer tres tareas antes de tener tiempo libre, puedes dejar que el niño elija el orden de las tareas que debe hacer.

Es importante dar elecciones a los niños porque muchas personas tienen la reacción refleja de decir "no." Si dejamos que los niños tengan elección, le dará tiempo a sus mentes a parar y pensar, en vez de ponerse en modo reflexivo "no". Resuelve el "no" con elecciones y la vida diaria fluirá mucho más suavemente para los padres y el niño.

Recuerda un principio básico trabajando con personas autistas: una obsesión o fijación tiene un potencial altamente motivador para el niño.

La Importancia de Las Habilidades de Resolver Problemas Prácticos

Tanto los niños "normales" como los que están en el espectro autista necesitan que se les desafíe. Aquellos que me han oído hablar o han leído mis libros saben que pienso que muchos padres y educadores miman a sus hijos con ASD mucho más de lo que deberían. Los niños con ASD no están en una burbuja, protegidos de las experiencias normales del mundo que les rodea. Los problemas sensoriales no necesitan ser tomados en consideración, pero aparte de estos, los padres pueden necesitar empujar un poco a su niño hacia un avance real para que se produzca un aprendizaje.

Esto es especialmente cierto cuando enseñas una habilidad vital fundamental: la resolución de problemas. Ello implica entrenar el cerebro a ser organizado, a descomponer tareas en secuencias de paso a paso, a relacionar la parte del todo, a seguir con la tarea y experimentar una sensación de cumplimiento personal una vez que se ha solucionado el problema. Los niños aprenden haciendo, y los niños con ASD a menudo aprenden mejor con ejemplos concretos, visibles. Cuando era una niña que crecía en la década de los 50, construí tres casas y fui de acampada al patio trasero con otros niños del vecindario. En estas situaciones, varios niños tenían que trabajar juntos para pensar cómo cumplir con la tarea. Teníamos que encontrar madera para la casa del árbol, diseñarla, tomar medidas y discutir cómo subir las tablas al árbol y clavarlas en el lugar. Aprendimos probando cosas distintas; algunas cosas funcionaban, otras no. Los experimentos con tablas mojadas para que fueran más fáciles de cortar fue un completo desastre.

A partir de nuestras experiencias aprendimos que las tablas secas eran más fáciles de cortar. El entrenamiento riguroso de turnos que tuve cuando tenía de 3 a 6 años me sirvió mucho en estas actividades de grupo. En nuestra familia jugábamos a muchos juegos de cartas, un método excelente para aprender a turnarse. El aprender a turnarme me ayudó a entender que la gente puede trabajar junta para un fin común, lo que una persona hacía podía afectarme a mí y al resultado del juego de forma positiva o negativa. Me hizo ser consciente de las diferentes perspectivas, que a su vez me ayudaron a convertirme en mejor detective cuando tenía que resolver un problema.

Puedo recordar las largas reuniones de planificación que celebrábamos en el patio trasero del campamento. Teníamos que comprar golosinas y bebidas dulces. Todos teníamos que buscar cómo montar una vieja tienda del ejército. Ninguno de los padres nos ayudaba, lo que se convertía en una experiencia de aprendizaje valiosa para todos nosotros.

Como yo, muchos niños con ASD tenían una curiosidad natural sobre ciertas cosas. Estos intereses pueden usarse de forma constructiva para para practicar las habilidades de resolución de problemas. Me gustaban los juguetes que volaban. En un día de viento, un paracaídas que hice con una bufanda volaba durante cientos de metros. Pero no al primer intento. Me costó muchos intentos antes de tener éxito. Tuve que investigar cómo impedir que las cuerdas no se enredasen cuando lanzaba el paracaídas al aire. Intenté construir una cruz a partir de dos trozos de alambre de percha para atarla a las cuatro cuerdas, funcionó. Cuando estaba en la escuela superior, estaba fascinada por las ilusiones ópticas. Después de haber visto una ilusión óptica llamada la Ames Trapezoidal Window, quería construir una. Mi profesor de teatro me desafió a intentar averiguar por mí misma en vez de darme un libro con un diagrama. Me pasé seis meses trabajando en ello, sin éxito. Entonces, mi profesor me dejó entrever una foto de un libro de texto que mostraba cómo funcionaba la ilusión óptica. Me dio un indicio sin decirme exactamente cómo hacerlo. Me ayudó a desarrollar habilidades de resolución de problemas.

Hoy los niños con ASD (y muchos de sus padres) luchaban con la resolución de problemas. Esto puede ser parcialmente culpa nuestra, como sociedad, ya que hacemos menos trabajo manual práctico y actividades que hacían nuestros homólogos cuando yo crecía. Arreglamos menos, tiramos cosas que no funcionan y compramos de nuevas. Incluso en el mundo de internet de hoy en día, no hay necesidad de habilidades para resolver problemas. La clave es empezar con proyectos concretos, manuales, que tengan sentido para el niño, y entonces ir avanzando hacia resolver problemas abstractos que impliquen pensamiento y creatividad, en situaciones sociales y académicas. La capacidad para resolver problemas ayuda a las personas a categorizar y utilizar la enorme cantidad de información en sus mentes, y desde fuentes externas como internet, de una forma inteligente y de éxito. Estas son habilidades vitales importantes y los padres deberían empezar pronto a incorporar oportunidades de resolver problemas en la rutina diaria de su hijo.

La capacidad de hacer un trabajo que le guste a los demás es una habilidad esencial para obtener un trabajo de éxito.

Aprender a Hacer Tareas que la Gente Aprecia

Recientemente estaba mirando mi álbum de la escuela superior. A medida que miraba mis fotos antiguas, me di cuenta de que había aprendido una habilidad importante durante la época en que estuve en la escuela superior, que algunas personas en el espectro autista nunca aprenden. Tenía una foto tras otra de proyectos que había creado y que habían satisfecho a los demás. Había un portal que había construido para mi tía fuera del rancho y juegos que había hecho para jugar en la escuela. También había fotos de antes y después de la casa de remolcadores que había reformado en mi internado. En principio, teníamos un cable de remolque casero en un feo cobertizo de madera contrachapada. Yo le puse el revestimiento de madera machihembrado en la casa de remolque de esquí, lo pinté y luego instalé un ribete blanco alrededor de las ventanas y la puerta. Estaba decorado de la manera que otros lo hubieran querido. Si hubiera seguido mis propias preferencias, habría pintado imágenes de dibujos animados tontos en él, pero eso no habría ganado la aprobación de mis profesores. En los tres proyectos había creado cosas teniendo en cuenta los pensamientos y preferencias de los que estaban en mi entorno. El resultado final era un reconocimiento positivo hacia mi trabajo.

Durante mis años en la escuela elemental, mi madre, mi niñera, y mis profesores me habían enseñado, primero de forma directa y luego de forma indirecta, que a veces puedes hacer cosas para que te gusten sólo a ti, pero otras veces necesitas hacer cosas que les gustaría a los demás. También se aseguraron de que yo entendiera que a veces se podía elegir, mientras que otras veces era obligatorio. Es una habilidad vital importante, y es una ventaja si puedes aprenderla pronto en la infancia. Afecta a si un niño es aceptado o no por sus compañeros de grupo, y lo bien que puede trabajar con los demás. Incluso de pequeña hice proyectos que gustaron a otros. Cuando estaba en cuarto grado, cosí vestidos para la obra de la escuela con mi pequeña máquina de coser de juguete. Pronto aprendí en la escuela que, para tener buenas notas, tenía que atender a las peticiones de mis profesores, y seguir sus órdenes. No hacía ningún bien suspender un informe brillante si no había hecho lo indicado.

Tanto de pequeña como durante mis años de escuela superior me motivaron dos factores. El primero fue obtener el reconocimiento de los demás y, Segundo, disfrutaba viendo que mis creaciones se usaban en lugares y acontecimientos que eran importantes para mí.

A medida que los niños crecen y se convierten en adultos jóvenes, la capacidad de hacer trabajos que gusten a otros es una habilidad *esencial* para conseguir un trabajo de éxito. A los estudiantes en el espectro se les debería enseñar estas habilidades esenciales mucho antes de graduarse de la escuela superior. La enseñanza debería empezar pronto, mientras el niño es joven, y de forma concreta. Los educadores y padres deben enseñar a estas personas a terminar sus tareas con éxito para que cumplan las especificaciones de otra persona. Si un estudiante está en un club de robótica, debe aprender a hacer un robot que haga una tarea *asignada*. Un estudiante de una clase de inglés en una escuela secundaria debe aprender a escribir un ensayo que vaya dirigido a la pregunta específica que se haya hecho, incluso cuando es algo que no es interesante para él.

Hace poco, conocí a un hombre brillante con Síndrome de Asperger que acababa de graduarse en la universidad.

No tenía ninguna experiencia laboral mientras estaba en la escuela superior o en la Universidad, no tenía ni idea de cómo obtener y conservar un trabajo. Nunca había segado el césped de otra persona o trabajado en una tienda. Aparte de la Universidad, nunca había sido puesto en situaciones en las que necesitase hacer un trabajo satisfactoriamente siguiendo las órdenes de otra persona. Cuando me gradué en la Universidad, ya había hecho muchos trabajos e internados. Mi madre se dio cuenta de que preparándome para el mundo exterior necesitaba empezar despacio y fácilmente, e ir construyendo, un acontecimiento, un proyecto, una habilidad tras otra.

Profesores, padres y terapeutas deben ayudar a los estudiantes en el espectro y que funcionan muy bien, cómo hacer proyectos según las especificaciones de otras personas. No me di cuenta de lo bien que había aprendido esta habilidad hasta que miré mi Viejo álbum de fotos de la escuela superior. Esto me ayudó aún más de darme cuenta de cuánto había crecido y me había desarrollado desde entonces.

Aprender es un proceso constante para todos nosotros. No obstante, el niño con autismo depende de sus padres y profesores para mirar hacia adelante en las habilidades vitales necesarias para sobrevivir y tener éxito, y empezar y enseñar estas habilidades desde su más temprana edad.

Nunca es demasiado tarde para expandir la mente de una persona en el espectro autista

El Aprendizaje Nunca Termina

D espués de cumplir 50 años, mucha gente me dijo que mis conferencias iban siendo cada vez mejores y más fluidas. Mucha gente no se da cuenta de que las personas en el espectro autista nunca terminan de crecer y desarrollarse. Cada día aprendo más y más sobre cómo comportarme y comunicarme.

El pensamiento autista va de abajo arriba, en vez de arriba abajo, como piensa la gente. Para formar un concepto, pongo muchos pequeños trozos de información juntos. La persona normal forma primero un concepto y después trata de hacer que todos los detalles encajen. Cuanto más mayor me hago, más datos recojo y mejor soy formando conceptos. Estar expuesta a muchas experiencias nuevas me ha ayudado a cargar más información en la base de datos de mi mente, mi memoria. Tengo más y más información para ayudarme a saber cómo manejar situaciones nuevas. Para entender algo nuevo, tengo que compararlo con algo que ya haya experimentado.

Internet en mi mente

La mejor analogía de cómo trabaja mi cerebro es esta: es como tener internet en mi mente. La única manera de que mi internet interna pueda obtener información es a través de la lectura o de las experiencias. Mi mente también tiene una herramienta de búsqueda que funciona como Google para las imágenes. Cuando alguien dice una palabra, veo imágenes en mi imaginación. Debo tener imágenes visuales para poder pensar. Cuando yo era más joven, la librería de imágenes en mi mente era mucho más pequeña, así que tenía que usar símbolos visuales para comprender conceptos nuevos. En la escuela superior, usaba símbolos clave para representar pensamientos sobre mi futuro. Sin el símbolo clave, mi futuro era demasiado abstracto para que yo lo entendiera.

Actualmente ya no uso símbolos clave, porque se han sustituido por imágenes de otras cosas que he experimentado o de cosas que he leído. Cuando leo un libro sin texto descriptivo, lo traduzco a imágenes fotorrealistas. A medida que se van experimentando más y más cosas distintas, más flexible se vuelve mi pensamiento, porque el "internet fotográfico" de mi mente tiene más imágenes y más información sobre la que buscar.

Exponerse a cosas nuevas es esencial

Exponer a cosas nuevas a niños y adultos con autismo y en el espectro de Asperger es realmente importante. Mi madre siempre me hacía probar cosas nuevas, y algunas de las que hacía no me gustaban, pero aún así las hacía. Cuando tenía unos doce años, mi madre me apuntó a un programa de navegar a vela, dos tardes a la semana durante todo el verano. Era un programa mal ejecutado y yo lo odiaba después de las primeras sesiones porque no tenía ningún compañero con el que hacerlo, aun así, tenía que terminar todas las clases. La lección que aprendí fue que, si empiezas algo, tienes que terminarlo.

De adulta, me motivaba a mí misma para continuar aprendiendo mediante extensas lecturas y experiencias profesionales y personales. En los últimos diez años de mi vida, de los cincuenta a los sesenta, todavía he mejorado.

Una revelación que tuve cuando tenía alrededor de cincuenta años fue aprender que los seres humanos usan pocas señales visuales que yo no sabía que existían. Aprendí sobre las señales visuales a partir de un libro, *Mind Blindness* de Simon Baron-Cohen. Cuando leo sobre literatura del autismo gano mucha introspección tanto desde los relatos personales de personas en el espectro autista como de la investigación en neurociencia. La investigación científica me ha ayudado a entender en qué es distinto mi cerebro. Esto me ha ayudado a entender mejor a las personas "normales".

Hacer tareas

Hace pocos años me di cuenta de hasta qué punto la enseñanza que tuve durante mi infancia y adolescencia, realmente me ayudó más Adelante en mi vida. La escuela superior fue una tortura con burlas incesantes y yo era una estudiante tonta con poco interés en estudiar. Durante años he escrito sobre cómo me motivó mi profesor de ciencias para que estudiara y pudiera convertirme en una científica. Su enseñanza fue extremadamente importante. Más Adelante me di cuenta de que, aunque no estudiaba en la escuela, tenía muy buenas habilidades que me ayudaron luego en el mundo laboral. Realicé muchos trabajos que otras personas apreciaron. Limpié las caballerizas, sacaba brillo al techo del granero y pintaba señales. Aunque me obsesioné con esas actividades, era un trabajo útil que otras personas querían que se hiciera.

Para tener éxito, la gente en el espectro debe aprender cómo sacar sus habilidades y hacer una tarea. La capacidad de hacer una tarea (seguir instrucciones, quedarse en el trabajo, terminarlo de forma satisfactoria) me la enseñaron mientras era joven. En la escuela secundaria, me motivaron al arte, pero yo pedí repetidas veces crear imágenes de muchas cosas distintas (de nuevo, hacer trabajos para otras personas). Disfrutaba de los halagos que obtenía cuando dibujaba un cuadro de algo que alguna otra persona había solicitado.

Padres y profesores pueden enseñar las bases para que un niño pueda tener éxito en la vida más Adelante, exponiéndole a muchas experiencias nuevas. Pero niños y adultos de todas las edades pueden continuar creciendo y evolucionando en su comportamiento y pensamientos. Nunca es demasiado tarde para expandir la mente de una persona en el espectro autista.

CAPÍTULO 3

Problemas Sensoriales

Una de las dificultades para entender los problemas sensoriales es que la sensibilidad sensorial es variable entre personas y en una misma persona.

He hablado y escrito sobre problemas sensoriales durante más de treinta años y aún estoy perpleja por ver cuanta gente no reconoce los problemas sensoriales y el dolor y malestar que pueden causar. Una persona no tiene por qué estar en el espectro autista para que este afectado por problemas sensoriales. De hecho, un estudio de la Universidad de Cardiff demostró que madres de niños con autismo, a menudo tienen reacciones sensoriales atípicas. La mayoría de la gente siente aversión al ruido de arañar una pizarra con las uñas. Esta es una experiencia sensorial negativo. Muchas veces he oído de personas que sufren de dolores de cabeza instantáneos cuando están expuestos a ciertos olores, como perfumes fuertes o el olor a gasolina. Esto es una experiencia sensorial. Una señora que conozco me dice que su oído es muy sensible cuando se levanta por la mañana, e incluso los sonidos normales a veces le molestan durante unos treinta minutos más o menos. Esto es un desafío sensorial. Piensa en ir al centro comercial y comprar en un sábado por la tarde. Para algunos les da energía, pero para otros los deja extenuados. Estas personas están experimentando un problema con el bombardeo sensorial típico de un entorno de un centro comercial: las imágenes que cambian constantemente, los olores, las voces, la música, y estar chocando constantemente con otras personas, etc. Los problemas sensoriales son muy reales, y creo que se trata más de un tema de grado que de si las personas lo sufren o no.

También creo que nuestro mundo en general se está volviendo más ruidoso y ajetreado con más personas, más coches, más urbanización, y con una mayor dependencia de la tecnología, y los problemas sensoriales serán más generalizados a medida que nuestros sistemas sensoriales se vayan sobrecargando.

Para mí y para otras personas en el espectro autista, las experiencias sensoriales que tienen poco o nulo efecto sobre las personas neurotípicas, pueden ser unos factores estresantes graves para nosotros. Ruidos fuertes me molestan, como un dentista taladrando un nervio. Para algunas personas, las costuras de unos calcetines o la tela áspera de cosas como lana pueden parecerles como si les estuvieran quemando constantemente. Eso explica que la reacción de un niño sea quitárselos, no está desafiándote, los calcetines le están molestando físicamente. Para otros, incluso el roce ligero de la mano de otra persona sobre su brazo puede ser doloroso. Se alejan de otras personas, no porque sean antisociales, sino porque el mero hecho de rozarse con otra persona puede parecerle como cuchillas en su piel.

Creo que tantos profesionales como no profesionales han ignorado los problemas sensoriales porque no pueden imaginar que exista una realidad sensorial alternativa si no la experimentan personalmente. Simplemente, no pueden imaginársela, así que no la registran en sus mentes. Ese tipo de percepción tan estrecha no ayuda en nada a las personas que sí tienen esos problemas sensoriales reales en su vida. Incluso si no lo entienden a nivel personal, es hora de que dejen de lado sus ideas personales. Actualmente, la investigación científica ha documentado que los problemas sensoriales son reales. Adultos altamente funcionales con autismo o Asperger escriben acerca de sus problemas sensoriales con gran detalle. Muchas de esas personas están de acuerdo en que los problemas sensoriales son el desafío primordial del autismo en su vida diaria. Existe una gran necesidad de mayor investigación científica sobre las anormalidades cerebrales asociadas a distintos problemas sensoriales y métodos para tratarlos.

Los Problemas Sensoriales son Variables

U na de las dificultades para comprender los problemas sensoriales es que la sensibilidad sensorial es muy variable, tanto entre personas como en una misma persona. Una persona puede ser hipersensible en un área (como el oído) y hipo sensible en otra (como el tacto). Una persona puede tener una fuerte sensibilidad olfativa y otra puede no tenerla nada en este sentido. Para complicar aún más las cosas, a nivel del día a a día, en la misma persona, la sensibilidad sensorial puede variar, en especial cuando la persona está cansada o estresada. Estas múltiples variables que cambian constantemente, hacen difícil diseñar estudios de investigación para probar terapias que traten la sensibilidad sensorial. Así, los profesionales hacen declaraciones tales como "no hay investigación que ayude a la terapia de integración sensorial en personas con autismo", sugiriendo tácticamente que la terapia es ineficaz.

La ausencia de investigación clínica no significa que las terapias no sean viables para niños o adultos. Simplemente, significa que hasta la fecha no se ha efectuado investigación alguna. Además, con la naturaleza variable de los problemas sensoriales en el autismo, debemos ver la investigación con un sesgo ligeramente diferente. Si veinte niños entran en un estudio y cuatro se benefician de la terapia, mientras que dieciséis no, ¿es ético inducir que la terapia es ineficaz? Realmente funcionó en cuatro niños. Ahora, la vida de cuatro niños es muy distinta, su vida ya no es un infierno. Una mejor aproximación en situaciones como esta es profundizar en la razón por la cual funciona para unos y no para otros, para continuar explorando lo que ocurre en sus cerebros, haciendo una investigación de seguimiento entre que responden y los que no, en vez de rechazar arbitrariamente la terapia.

Existen dos maneras en las que un niño puede responder a una sobrecarga sensorial: huir y cerrarse al mundo o gritar. Algunos niños que parecen no responder, en realidad están cerrándose sensorialmente debido a una sobrecarga sensorial.

Los padres y profesores a menudo preguntan, "¿Cómo puedo decir si mi hijo tiene problemas sensoriales?". Mi respuesta simple es esta: mira atentamente a tu hijo, los signos están allí. ¿Le ves llevándose las manos a los oídos para bloquear ruidos? ¿Se agita cada vez que estás en un entorno caótico, ruidoso o bullicioso? ¿Hay ciertos tipos de alimentos que no tolera? ¿Le ves tirando o quitándose ropa de textura rugosa o tirando del escote en el que hay frotamientos? Los niños y los adultos que se colapsan y no pueden tolerar estar en un gran supermercado como Wal-Mart, es casi seguro que presentan problemas sensoriales. Una observación: los niveles de tolerancia disminuyen rápidamente cuando las personas están cansadas o hambrientas. Por ejemplo, un niño puede tolerar un gran supermercado por la mañana, pero no por la tarde.

Desensibilización a estímulos sensoriales

Algunos niños pueden aprender a tolerar ruidos fuertes que antes no toleraban si se le inicia al sonido y a controlarlo. Deja que el niño encienda la alarma de humos u otro sonido que le de miedo. Empieza con el volumen bajo y ves aumentándolo gradualmente. Con la alarma de humo, podrías empezar tapándola con toallas para amortiguar el sonido y luego ir quitándolas. NUNCA DEBE ser una sorpresa. El niño debe tener el control.

Estrategias fáciles

Hay algunas cosas simples que padres, educadores y los que proporcionan servicio, pueden hacer para ayudar a prevenir problemas sensoriales que obstaculizan la educación y la vida de tu hijo. Busca un lugar tranquilo libre de distracciones para enseñar, hacer pruebas discretas u otro tipo de terapias. Yo tengo dificultad para oír si existe demasiado ruido de fondo, no puedo entender la voz de mi compañero de comunicación del resto de sonidos a mi alrededor. Asegúrate de que el niño tiene montones de ejercicio cada día. Un número significativo de estudios de investigación dan soporte a los beneficios del ejercicio regular diario. El ejercicio es realmente bueno para el cerebro y pueden ayudar a los niños con hipersensibilidades a calmarse, y a los niños con hipo sensibilidad a acelerar su sistema para tener un estado óptimo de aprendizaje. Uno de los artículos en esta sección discute las formas simples de incorporar actividades sensoriales calmantes en un programa educativo.

A veces, una intervención muy simple puede tener unos efectos sorprendentes, tal como se describe en el artículo sobre problemas de procesamiento visual. El capítulo sobre enriquecimiento ambiental proporciona unas estrategias que son más fáciles de llevar a la práctica. Para niños que no quieren llevar zapatos, hacerles un masaje de presión profunda en los pies justo antes de ponerles los zapatos, a veces ayuda. Una niña pequeña no podía soportar estar en un gran supermercado durante más de cinco minutos. Después de que su madre le comprara un par de gafas tintadas de rosa, pudo estar una hora comprando. Otros niños aprenden mejor cuando están protegidos de la distracción del parpadeo de las luces fluorescentes. Algunas de las bombillas de las luces fluorescentes tienen un parpadeo tan Elevado que yo no puedo leer con ellas. Algunas lámparas fluorescentes tienen circuitos electrónicos para reducir el parpadeo, pero otras hacen que personas en el espectro autista se sientan como si estuvieran en medio de una discoteca.

(¡Intenta concentrarte en una prueba en este tipo de entorno!). Si no se pueden evitar las luces fluorescentes, se debería poner una lámpara con una bombilla incandescente de las tradicionales al lado del pupitre del niño para eliminar los parpadeos, o los niños pueden usar gorras de baseball con viseras más largas para camuflar algunos de los parpadeos. También puede ser útil utilizar lámparas LED. Desafortunadamente, algunas lámparas LED también pueden parpadear. Hay muchas lámparas nuevas que están disponibles. Una visita a una tienda de iluminación donde se pueden probar diferentes lámparas puede ayudar a encontrar lámparas que no parpadeen. En nuestra universidad, los estudiantes que tenían problemas para ver parpadeos visitaron muchos edificios en la universidad para descubrir qué lámparas no parpadeaban. Ellos luego compraron estas lámparas para sus áreas de estudio y salón.

Problemas auditivos

Los desafíos auditivos se citan a menudo como el desafío sensorial #1 entre las personas con autismo/Asperger. Existen dos clases de problemas auditivos: 1) sensibilidad al ruido elevado en general y

2) no ser capaz de escuchar detalles auditivos, como discernir una voz entre otros sonidos, o escuchar los sonidos de las consonantes fuertes de las palabras. Una sensibilidad auditiva a los ruidos, en el que éstos provoquen dolor de oído, pueden ser extremadamente debilitantes. La

sensibilidad auditiva puede hacer imposible para algunas personas en el espectro, tolerar lugares normales como restaurantes, oficinas y acontecimientos deportivos. Estos problemas auditivos extremos pueden ocurrir tanto en personas que hablan como en las que son altamente funcionales con una marcada inteligencia y capacidades lingüísticas, como personas con Asperger salidas de una universidad.

La terapia de entrenamiento auditivo es útil para algunas personas. En el entrenamiento auditivo, una persona escucha música distorsionada electrónicamente durante un par de sesiones al día durante diez días. La música suena como los de un tocadiscos tradicional que vaya más rápido o más lento. La terapia auditiva ayuda a algunos niños y adultos, aunque no tenga efecto alguno en otros. Las mejoras más importantes observadas en estos es que ayuda a reducir la sensibilidad auditiva y aumenta el oír los detalles auditivos. Para muchos niños, tener su entrada auditiva bajo control tiene como resultado una mejora de la concentración y menos problemas de comportamiento, dando oportunidad a afianzar otras terapias y situaciones de aprendizaje.

Algunas personas con desafíos auditivos menores utilizan auriculares de escuchar música o tapones para bloquear los sonidos dolorosos o de distracción, como sillas arrastradas por el suelo en la cafetería, el sonido constante de los teléfonos en una oficina ajetreada o ir por un aeropuerto muy lleno de gente. Los tapones para los oídos no deben llevarse siempre. Esto puede causar que la persona se vuelva aún más sensible al sonido. Necesitan sacárselos al menos la mitad del día, pero pueden usarse en lugares ruidosos como centros comerciales o gimnasios.

Un enfoque integrado del tratamiento

Una sensibilidad sensorial grave puede ser una barrera MAYOR para el aprendizaje en los niños, y en el trabajo y la socialización a medida que el niño crece y se convierte en un adulto. Mis propios problemas sensoriales son molestias menores, pero para otros, pueden arruinar literalmente la vida de la persona. Existen muchos adultos altamente inteligentes, con ASD o Asperger, con mentes brillantes en su campo, que tienen problemas sensoriales tan graves que no pueden tolerar un entorno normal de trabajo. Tienen que buscar formas de trabajar de forma independiente desde casa, donde pueden controlar la entrada sensorial o permanecer mucho tiempo sin trabajo. Los que ofrecen empleo están empezando a entender los problemas sensoriales y algunos incluso harán cambios cuando se les expliquen las necesidades de la persona. Sin embargo, en conjunto, como sociedad aún tenemos mucho que hacer para apreciar los desafíos de vivir con problemas sensoriales con los que las personas en el espectro autista deben enfrentarse diariamente.

Los profesores y padres deberían observar atentamente acerca de los problemas sensoriales de un niño o un adulto joven. Los problemas recurrentes de comportamiento a menudo tienen un problema sensorial de raíz que es la causa del comportamiento. Si se sospecha de un problema sensorial, el paso siguiente debería ser consultar con un buen Terapeuta Ocupacional. Estas personas están formadas para reconocer los problemas sensoriales y desarrollar un programa personalizado para el niño. Intervenciones tales como una presión profunda, Balanceo suave y juegos que impliquen trabajo de equilibrio funcionan mejor cuando se hacen cada día.

Los problemas sensoriales son problemas diarios. Si los servicios de un TO están disponibles sólo durante media hora a la semana, los padres y profesores deberían visitar la sesión y preguntar al TO que les enseñe qué hacer durante el resto de la semana. Para los niños, una combinación de terapias sensoriales, tales como integración sensorial por parte de un TO, entrenamiento auditivo, e intervenciones visuales junto con otros tratamientos funcionan mejor. Las dietas especiales ayudan a algunos niños con sus problemas sensoriales, se han observado mejoras tolerando distintas texturas y tipos de comidas, pero también en otras áreas sensoriales. Con niños más mayores y adultos, una pequeña dosis de medicación convencional puede reducir la sensibilidad auditiva si los métodos menos invasores han demostrado no tener éxito.

Tanto el autismo como el TDAH tienen problemas de memoria de trabajo

Hay muchos cruces entre ASD (trastorno del espectro autista) y TDAH. He hablado con muchos padres donde el diagnóstico de su hijo se ha cambiado entre autismo y TDAH. Tara Stevens y sus colegas de la Universidad Tecnológica de Texas descubrieron que el 59% de los niños diagnosticados con ASD también tenían TDAH. Esto era más probable que ocurriera en niños completamente verbales diagnosticados después de los seis años. Los investigadores canadienses también descubrieron que había similitudes en los problemas de los circuitos cerebrales tanto en el ASD como en el TDAH. Las personas con ambas etiquetas también tienen más probabilidades de tener problemas con la memoria de trabajo.

Darles una lista de verificación del piloto

Cuando trabajaba ordeñando vacas, fui salvada por una lista de verificación pegada a la pared que describía los pasos sobre cómo configurar el equipo para ordeñar y cómo pasarlo por el ciclo de lavado después del ordeño. La lista de verificación me salvó porque no puedo recordar una secuencia de instrucciones. La configuración requirió siete u ocho pasos y el lavado fue otros tres o cuatro pasos. En el trabajo, una lista de verificación puede ayudar a una persona en el espectro a mantener su trabajo. Ayudará a evitar que un empleador se sienta frustrado cuando la persona no pueda recordar cómo operar un equipo después de que se le muestre varias veces cómo hacerlo. Por ejemplo, si una persona con ASD consigue trabajo en McDonald's, necesitará una lista de verificación para ayudarlos a recordar la secuencia para derribar y limpiar la máquina de helados. Después de que lo hayan hecho durante algunas semanas, tendrán el proceso grabado en video en su memoria. En este punto, la lista de verificación ya no será necesaria.

Cuando comencé a trabajar con la industria del envasado de carne, aprendí a recordar la secuencia de cómo funcionaba la planta grabando en video toda la línea de producción en mi memoria. Hacer esto requirió muchos días de observación. Reproducir la "cinta de video" en mi imaginación no pone absolutamente ninguna carga en la memoria de trabajo. En mi imaginación, enciendo el "reproductor de video" y camino por la planta. Esta cinta de video proporciona la secuencia.

En conclusión, evite dar largas cadenas de instrucción verbal. Demuestre la tarea que requiere una secuencia de pasos y proporcione una lista de verificación escrita. Cada punto en la lista de verificación solo necesita de tres a cinco palabras para activar la memoria.

Lecturas adicionales

Ameis, S.H. et al. (2016. A diffusion tensor imaging study in children with ADHD, autism spectrum disorder, OCD, and matched controls, *American Journal of Psychiatry* (In press).

Ayres, J.A. 1979. *Sensory Integration and the Child.* Los Angeles, CA: Western Psychological Press.

Ben-Sasson, A., et al. 2009. A meta-analysis of sensory modu- lation symptoms in individuals with autism spectrum disorders. *Journal of Autism and Developmental Disorders* 39:1-11.

Blackmore, S.J. et al. 2006. Tactile sensitivity in Asperger syndrome. *Brain and Cognition* 61: 5-13.

Englund, J.A. et al. (2013) Common cognitive deficits in children with Attention Deficit Hyperactivity Disorder and Autism, *Journal of Psychoeducational Assessment*, Vol. 32, pp. 96-106.

Kercode, S. et al. (2014) Working memory and autism, *Research in Autism Spectrum Disorders*, Vol. 8, pp. 1316-1332.

*Un niño que puede ver su mundo con claridad,
tiene una oportunidad mucho mejor de beneficiarse de
otras terapias.*

Problemas de Procesamiento Visual en el Autismo

Los problemas de procesamiento visual son normales en personas con trastornos del espectro autista (ASD). Estos pueden dar lugar a falta de contacto visual, quedarse mirando a los objetos, o utilizar la visión lateral. Estos individuos pueden tener dificultad para "fijar la vista", pueden escanear constantemente su entorno en busca de información visual en un intento por encontrar un significado.

Sospecha de un problema de procesamiento visual si ves a un niño con ASD inclinar la cabeza y mirar por el rabillo del ojo. Los niños o los adultos con dificultades de procesamiento visual pueden ver parpadear luces fluorescentes en ciclos de 50 a 60 ciclos, y pueden tener dificultades subiendo y bajando escaleras mecánicas debido a la percepción distorsionada de la profundidad. La mayoría de niños neurotípicos adoran jugar a ser escaladores, pero un niño con poco procesamiento visual puede tener miedo de escalar. Algunos niños y adultos pueden tener dificultad para leer porque la tinta negra sobre papel blanco puede sacudirse y vibrar. Los adultos con problemas leves de procesamiento visual pueden odiar conducir de noche.

Donna Williams, una persona altamente funcional y muy conocida, con ASD, describió sus problemas de procesamiento visual. Las caras le parecían como mosaicos bidimensionales de Picasso. Los contrastes altos de colores en la decoración de una habitación le provocaban angustia.

(En casos graves podía ser como un televisor de pantalla plana con pixeles y rompiéndose). Otras personas se quejan de que las señales de precaución en amarillo y negro parecen vibrar. Las capacidades motoras, cognitivas, del habla y de percepción pueden verse afectadas cuando el procesamiento visual está dañado. Los problemas de procesamiento visual van desde molestias leves a muy graves. Estos problemas no serán evidentes en un examen visual normal porque el mal funcionamiento está en el córtex visual

Donna Williams y otras personas han podido ayudarse usando gafas ligeramente tintadas. Las gafas tintadas hay permitido que algunos niños y adultos pudieran tolerar unos grandes almacenes iluminados con luces fluorescentes. Es esencial permitir que la persona escoja el color que mejor le vaya a ella. Las tiendas que venden gafas de sol tienen una gran variedad de gafas tintadas pálidas que pueden ayudar a reducir la distorsión visual, hacer la lectura más fácil y aumentar la tolerancia de las luces fluorescentes de 50 a 60 ciclos y a obtener un contraste más elevado con la decoración de las habitaciones. Normalmente el rosa pálido, lavanda, gris, azul son los que funcionan mejor. Deben ser tintes pálidos si las gafas se usan para leer. Experimenta cogiendo un libro en unos grandes almacenes con luces fluorescentes e intenta leer con distintas tonalidades de tinte.

Otra ayuda que puede ser útil es imprimir los materiales de lectura en papel gris o pastel para reducir el contraste. Prueba con una muestra de cada papel de color pálido en una copistería local. El mejor papel de color a menudo es distinto de la mejor gafa de color. Las pantallas de ordenadores recomendadas para evitar parpadeos son los portátiles, tablets y smartphones. Puedes experimentar también con distintos fondos de colores, tipo de tamaño y fuente. Algunas personas disfrutan con sus Kindle para leer, que tienen un fondo ligeramente gris.

Estas son simples intervenciones que padres y profesores pueden experimentar a bajo precio o gratis. He observado

Que es más probable que funcione para el grupo de personas que contestaron si a tres preguntas de selección: (1) ¿Ves la mancha impresa en el papel? (2) ¿Te molestan las luces fluorescentes? y (3) ¿Odias las escaleras mecánicas porque tienes dificultad subiéndolas o bajándolas?

La investigación científica sobre el uso de lentes tintadas y superposiciones coloreadas está llena de resultados conflictivos. Los investigadores que estudian la migraña y los derrames cerebrales informan que los filtros de color mejoraron la lectura (Beasley and Davis 2013; Huang et al. 2011). Otros estudios también indicaron que los filtros de colores fueron útiles para niños diagnosticados de ASD (Kaplan, Edelson, and Seip 1998; Ludlow, Taylor-Wiffen, and Wilkins 2012). No obstante, una investigación llevada a cabo con estudiantes disléxicos de universidades (Henderson, Tsogka, and Snowling 2012) y niños en escuelas (Ritchie, Sala, and McIntosh 2011) diagnosticados tanto del síndrome de Irlen como de problemas de lectura, no observaron diferencias significativas. El papel del síndrome de Irlen tiene una extensa refutación en la sección de comentarios (Ritchie, Sala, and McIntosh 2011). Investigadores británicos encontraron que los filtros de color ayudan a controlar la hiperexcitabilidad cortical.

Actualmente, con todo el énfasis sobre las prácticas basadas en la evidencia, las compañías aseguradoras y las escuelas quizá no paguen caros tratamientos alternativos de visión que no funcionan con grupos grandes de personas. Se necesita investigar subgrupos en los que estos tratamientos puedan ser beneficiosos. He hablado con muchas personas, tanto en el espectro como no, a quienes les ha ayudado el uso de gafas tintadas y papel de color. Probar gafas es gratis y las hojas de 10 grados distintos de color pastel o gris cuestan solo unos pocos céntimos. He observado a varios estudiantes universitarios que se salvaron de ser expulsados de la universidad con esta simple intervención. No funcionará para todos, pero definitivamente vale la pena probarlo.

Referencias

Bakroonm, A. and Lakshminarayanan, V. (2016) Visual function in autism spectrum disorders: A critical review, *Clinical and Experimental Optometry* 99:doi.org/10.1111/exo.12383.

Beasley, I., and N. Davis. 2013. "The Effect of Spectral Filters on Reading Speed and Accuracy Following Stroke." *Journal of Optometry* 6(3):134–40.

Henderson, L., N. Tsogka, and M. Snowling. 2012. "Questioning the Benefits that Coloured Overlays Can Have for Reading in Students with and without Dyslexia." *Journal of Research in Special Education Needs* 13(1):57–65. doi:10.111l/j.1471.3802.2012.01237

Huang, J., X. Zong, A. Wilkins, B. Jenkins, A. Bozoki, and Y. Cao. 2011. "MRI Evidence that Precision Ophthalmic Tints Reduce Cortical Hyperactivation in Migraine." *Cephalalgia* 31(8):925–36. doi: 10.1177/0333102411409076

Kaplan, M., S. Edelson, and J. Seip. 1998. "Behavioral Changes in Autistic Individuals as a Result of Wearing Ambient Transitional Prism Lenses." *Child Psychiatry and Human Development* 29(1):65–76.

Lightstone, A., T. Lightstone, and A. Wilkins. 1999. "Both Coloured Overlays and Coloured Lenses Can Improve Reading Fluency But Their Optimal Chromaticities Differ." *Ophthalmic and Physiological Optics* 19(4):279–85.

Little, J.A. (2018) Vision in autism spectrum disorder: A critical review, *Clinical and Experimental Optometry*. Doi.org/10.1111/exo.12651.

Ludlow, A., E. Taylor-Whiffen, and A. Wilkins. 2012. "Coloured Filters Enhance the Visual Perception of Social Cues in Children with Autism Spectrum Disorders." *ISRN Neurology* (March 4). doi: 10.5402/2012/298098

Ritchie, S., S. Sala, and R. McIntosh. 2011. "Irlen Colored Overlays Do Not Alleviate Reading Difficulties." *Pediatrics* 128:932–38.

Wilkins, A. 2002. "Coloured Overlays and Their Effects on Reading Speed: A Review." *Ophthalmic and Physiological Optics* 22(5):448–54.

Cuando yo era pequeña, podía entender lo que la gente estaba diciendo cuando me hablaban a mi directamente. Pero cuando los adultos hablaban rápido, sonaba como un galimatías.

Procesamiento Auditivo e Hipersensibilidad Auditiva en el Autismo

C ualquiera que haya estado en una de mis presentaciones sabe que es mi opinión, que los problemas sensoriales representan una gran parte de los problemas de comportamiento en niños con autismo. Yo misma, tengo muchos problemas sensoriales y el que más me afecta es la reacción excesiva a los ruidos súbitos fuertes.

Las directrices de diagnóstico DSM-5 de EEUU incluyen problemas sensoriales como parte del diagnóstico de autismo. Por desgracia, las nuevas directrices ICD-11 no incluyen los problemas sensoriales para el autismo. Afortunadamente, todas las directrices de diagnóstico incluyen el trastorno de procesamiento auditivo central. Con fines de aseguradoras, los problemas de un niño o de un adulto acerca de la hipersensibilidad auditiva pueden diagnosticarse como un trastorno de procesamiento auditivo. Los problemas de procesamiento auditivo a menudo se les asocia con trastornos de desarrollo neuronal tales como la dislexia, el ADHD y el autismo. Estos problemas pueden estar presentes aunque el niño no sea sordo.

Cuando yo era niña, el sonido de la campana de la escuela hacía que me dolieran los oídos. Parecía como un dentista taladrando un nervio. Esto es común entre la población autista. Los sonidos más probables de hacer que duelan los oídos son los agudos, estridentes e intermitentes como los de las alarmas de incendio, detectores de humos, ciertos tonos de llamada de teléfonos móviles, o ruidos de retroalimentación de un micrófono. Una vez un niño experimenta el dolor asociado a ciertos sonidos, no lo va a olvidar rápido.

Posteriormente, un niño puede sufrir un colapso y rechazar entrar en cierta habitación porque tiene miedo de que se encienda la alarma de fuego, o que el micrófono vuelva a hacer ese ruido. Incluso si sucedió meses y meses atrás, e incluso si sólo sucedió una vez, hará lo que sea necesario para evitar sentir ese dolor otra vez. A veces la sensibilidad auditiva puede desensibilizarse grabando el sonido y permitiendo que el niño ponga en marcha el sonido y vaya subiendo el volumen gradualmente. Es importante para el niño que pueda controlar el sonido. Un niño que tiene miedo al sonido de un aspirador puede aprender a gustarle si puede encenderlo y apagarlo y controlarlo. Los problemas de sensibilidad auditiva son muy variables. Un sonido puede herir el oído de un niño, y puede ser atractivo para otro. Los padres y profesores necesitan ser buenos detectives y buscar claves en el niño acerca de qué sonidos son problemáticos.

Un estudio hecho con perros de raza German Shepherd puede proporcionar información sobre la hipersensibilidad al sonido en el autismo. Los perros varían micho su reacción a los sonidos. Algunos perros tienen miedo tanto a rudios súbitos, fuertes y a situaciones nuevas. Los factores genéticos de estos rasgos son similares tanto en personas como en perros. Los perros conn sus rasgos genéticos pueden sentir dolor a sonidos fuertes y súbitos. En mi caso, un ruido súbito y fuerte, como una alarma de fuego, me causaba una reacción exagerada de susto. Ahora la medicación controla mi respuesta general, pero tendré el susto inicial.

La capacidad auditiva detallada puede estar dañada

Aunque niños y adultos con ASD pueden pasar fácilmente una prueba de audición normal, a menudo tienen dificultades para oir los detalles auditivos. Cuando yo era pequeña, podía entender lo que la gente decía cuando me hablaba directamente a mi, pero cuando los adultos hablaban rápido me sonaba a un galimatías. Todo lo que podía oir eran las vocales y pensaba que los adultos tenían su propio lenguaje "adulto". Los niños que no hablan puede que escuchen sólo las vocales y no las consonantes.

Mi profesor del habla me ayudaba a escuchar las consonantes alargándolas. Cogía una taza y me pedía que dijera "t-t-t-a-z-z-a". Alternativamente iba diciendo "taza" de forma normal y alargándola. Si había mucho ruido de fondo, yo tenía dificultad para escucharle. El contacto visual todavía es difícil para mi en habitaciones ruidosas porque interfiere con mi capacidad de escuchar. Las conexiones de mi cerebro sólo permiten que funcione un sentido a la vez. Esto es especialmente un problema en entornos ruidosos. En habitaciones ruidosas, tengo que concentrarme en escuchar.

De adulta, tomé un cierto número de pruebas de procesamiento auditivo central y me quedé atónita de lo mal que lo hice. Las palabras como "bote salvavidas" y "bombilla" (por su parecido en inglés), estaban mezcladas. En las pruebas de escucha dicóptica lo hice mal, ya que tenía que escuchar a un hombre hablándome a un oído y una mujer hablándome en el otro. Cuando tenía que prestar atención a mi oído izquierdo, era funcionalmente sorda. No obstante, mis dos oídos era normales en la prueba normal de umbral de audición. También tenía dificultades para discriminar entre dos sonidos que tuvieran lugar cerca juntos. Por ejemplo, un segundo sonido después de medio segundo de pausa y luego otro segundo sonido lo percibía como un único sonido. Las personas normales pueden discriminar qué sonido tiene un timbre más alto, y así su cerebro registra dos sonidos. Yo no puedo hacer esto porque los sonidos se mezclan. Investigaciones recientes indican que la gente con autismo tiene más excitación del sistema nervioso y mayor dificultad para realizar una tarea compleja en un entorno ruidoso.

Los padres y profesores que trabajan con niños con ASD necesitan estar al tanto de las dificultades de procesamiento auditivo. A veces el comportamiento de un niño puede ser el resultado directo de esta dificultad de procesamiento auditivo más que desobediencia o lo que puede parecer comportamientos "de actuación". Imagina cómo funcionarías (o no) si oyeras sólo trozos de palabras, sólo vocales o sólo ciertos tonos. ¿Cuánta información importante te perderías cada día, cada hora, cada minuto?

Hay algunos niños que pueden aprender a hablar cantando. Intenta cantarle palabras al niño. En el cerebro, el canto utiliza circuitos distintos.

Un niño que tiene dificultades para escuchar los detalles auditivos se beneficiará de usar soportes visuales, como palabras escritas en tarjetas, instrucciones escritas o deberes escolares escritos. Puede que necesite escuchar y leer la palabra al mismo tiempo para que tenga lugar la comprensión de la misma.

Dale tiempo al niño para que responda

Un error común es no darle al niño el tiempo suficiente para que responda a una pregunta. El cerebro de un niño con autismo es un ordenador lento. Si se le fuerza a responder con rapidez, se puede congelar. El niño puede tardar más en responder que un niño "normal". Se paciente y dale un tiempo extra para que responda.

Otro problema en algunos niños es la saturación. Cuando se le habla, el sistema auditivo del niño puede perder las primeras palabras de la frase. Para impedir que esto ocurra, primero capta la atención del niño diciendo su nombre u otra frase corta. Ahora, el canal está abierto y es más probable que oiga la frase entera.

Referencias y lecturas complementarias

Dawes, P. and Bishop, D.V.M. (2010) Psychometric profile of children with auditory processing disorder and children with dyslexia, *Archives Disabled Child*, 95:432-436.

DeWit, E. et al. (2018) Same or different: The overlap between children with auditory processing disorders and children with other developmental disorders: A systematic review, *Ear and Hearing*, 39:1-19.

Heaton, P, Davis, R.E. and Happe, F.G. (2008) Research note: Exceptional absolute pitch perception for spoken words in an able adult with autism, *Neuropsychological* 46:2095-2098.

ICD-10-CM Diagnosis Code H93.25 Central Auditory Processing Disorder Illiandou, V. (2017) A European perspective on auditory processing disorder – Current Knowledge and Future Research Focus, *Frontiers in Neurology*, 8:622.

Johansson, O., and Lindegren, D. (2008) Analysis of everyday sounds which are extremely annoying for children with autism, *Journal of Acoustical Society of America*, 123:3299.

Joosten, A.V. and Bundy, A.C. (2010) Sensory processing and stereotypical and repetitive behavior in children with autism and intellectual disability, *Australia Journal of Occupational Therapy*, 57:366-372.

Keith, J.M. et al. (2019) The influence of noise on autonomic arousal and cognitive performance in adolescents with autism spectrum disorder, *Journal of Autism and Developmental Disorders*, 49:113-126.

Robertson, E.E. and Baron-Cohen, S. (2017) Sensory perception in autism, *Nature Reviews Neuroscience* 18:671-684.

Russo, N.Z. et al. (2009) Effects of background noise on cortical encoding of speech in autism spectrum disorders, *Journal of Autism and Developmental Disorders* 39:1185-1196.

Sarviaho, O. et al. (2019) Two novel genomic regions associated with fearfulness in dogs overlap human neuropsyciatric loci, *Translational Psychiatry* 9(18) www.nature.com/articles/s4/1398-018-0361-x.

Wan, C.Y. et al. (2010) The therapeutic effects of singing in neurological disorders, *Music Perception* 27:287-295.

Las actividades de integración sensorial puede ayudar a desentrañar la percepción del niño y permitir que reciba la información—un requisito previo a cualquier tipo de aprendizaje.

Incorporar Métodos Sensoriales en tu Programa del Autismo

Los niños y adultos con trastornos del espectro autista, sean desafíos leves o graves, tienen uno o más de sus sentidos afectados hasta el punto de que eso interfiere en su capacidad de aprender y procesar información del mundo que les rodea. A menudo, el sentido del oído es el más afectado, pero la vision, el tacto, el olfato, el equilibrio (vestibular) y la percepción de su cuerpo en el espacio (propiocepción), pueden funcionar todos de forma anormal en la persona con autismo. Así pués, propongo firmemente una integración sensorial (IS), como una terapia obligatoria para estas personas.

La mayoría de sistemas escolares tienen un terapeuta ocupacional (TO) que puede valorar las necesidades del niño, establecer un plan de "dieta" diaria y proporcionar un tratamiento sensorial para el niño. Se trata de sentido común, que las actividades de integración social tales como relajación, presión profunda, balanceo, herramientas visuales y otras estrategias son componentes de cualquier buen programa para autismo. Estas actividades ayudan a calmar el sistema nervioso para que el niño puede ser más receptivo al aprendizaje.

También pueden ayudar a reducir la hiperactividad, los colapsos y los movimientos repetitivos, o activar un sistema retrasado en un niño que es hiposensible. El IS garantiza que un niño este a unos niveles óptimos de atención y disposición para beneficiarse de otros programas de intervención, como los del comportamiento, educación, habla o programas de habilidades sociales.

Un ensayo aleatorio ha demostrado que las intervenciones sensoriales son eficaces. Esto da una validación basada en evidencias, acerca de estos métodos.

Para que sean eficaces, las actividades sensoriales deben efectuarse cada día.

Todavía veo padres y algunos profesionales que creen que el IS no funciona, precisamente porque estas actividades deben repetirse diariamente. ¿Te preguntarías si las gafas funcionan porque las tuvieron que usar cada día? Otro ejemplo es utilizar medicación para mejorar comportamientos. La medicación debe tomarse cada dia para que sea eficaz. Lo mismo es cierto para las actividades sensoriales.

Las técnicas ABA (Análisis Aplicado al Comportamiento) son la base de muchos buenos programas de autismo. La investigación demuestra claramente que un buen programa ABA que use pruebas discretas es muy eficaz para enseñar el lenguaje a niños con ASD. Los mejores programas ABA llevados a cabo hoy en día son más flexibles que el método original Lovaas, en el que la mayoría de las actividades se hacían cuando el niño estaba sentado a una mesa. Los programas más nuevos tienen mayor variedad de actividades, y la enseñanza a menudo tiene lugar en ambientes más naturales. No obstante, incluso los profesionales bien

entrenados de ABA están confundidos con frecuencia acerca de cómo
incorporar el IS en su programa basado en el comportamiento. En mi
opinión, su problema parte de su visión del IS (o de cualquier programa
de terapia conjunta) separada y aparte del programa ABA. Las terapias
para niños con autismo están interrelacionadas. No podemos trabajar
solo en el comportamiento, o solo en las habilidades sociales, o solo en lo
sensorial. El progreso conseguido en un área afectará al funcionamiento
de otro, y todos necesitan integrarse en un todo para conseguir los
máximos beneficios. Para utilizar una analogía visual: un árbol de
Navidad. Es el marco, la Fundación, la base del programa terapéutico
de un niño. Debido a las diferencias manifestadas por personas en el
espectro, a menudo se necesitan otros programas además del ABA, como
la integración sensorial, la intervención dietética, el entrenamiento de
las habilidades sociales, o la terapia del lenguaje. Estos servicios son la
decoración del árbol, que hace que cada uno sea único, bello y específico
para las necesidades de un niño y su nivel de funcionamiento.

Existen varias formas fáciles de combinar la integración sensorial
o el programa de enriquecimiento ambiental descrito en esta sección,
con un programa basado en el comportamiento de un niño. Intenta
hacer algunas pruebas discretas mientras el niño recibe una presión
ligera con aromas placenteros distintos que le gusten. Puede ser más
eficaz si los aromas usados se cambian con frecuencia. Intenta también
poner distintos aromas cambiando constantemente de texturas, desde
un animal de peluche suave a una toalla o alfombra rugosa. Las
investigaciones recientes demuestran que deberían estimularse dos
sistemas sensoriales con estímulos que cambien con frecuencia. Un
niño que conocía aprendió mejor cuando se tumbaba en un puf, y ponía
otra bolsa sobre él, al estilo sándwich. La presión calmaba su Sistema

nervioso y hacía que estuviera listo para aprender. Intenta el balanceo suave, de diez a doce minutos, durante la lección. Balancearse ayuda a estimular el lenguaje y es la razón por la que un número creciente de terapeutas ocupacionales y del lenguaje hacen sesiones conjuntas para mejorar el aprendizaje. Para ayudar a un niño inquieto para que se quede sentado quieto y esté atento a su lección, inténtalo con un chaleco de pesas. El chaleco es más eficaz si el niño lo utiliza durante veinte minutos y entonces se

Lo quita durante veinte minutos. Esto impide que se habitúe. A la inversa, activar un sistema sensorial lento de forma que el aprendizaje pueda suceder haciendo un ejercicio mientras un niño salta sobre un trampolín, o utilizando una silla vibradora. Algunos de los niños con la forma más grave de autismo funcionan como un televisor con mala recepción: la percepción visual y auditiva se desvanece y vuelve según la fuerza de la señal. En los casos más graves, la información visual y auditiva se mezcla, dejando al niño incapaz de descifrar lo que ve u oye en un momento determinado.

Los estudios de escáneres cerebrales muestran que los circuitos cerebrales que perciben sonidos complejos son anormales. Las actividades de integración sensorial pueden ayudar a desentrañar la percepción del niño y permitir que reciba la información – un requisito previo para cualquier tipo de aprendizaje.

Mientras que los desafíos sensoriales a menudo disminuyen con el tiempo, y en especial como resultado de un tratamiento IS, debemos reconocer los efectos perjudiciales que las discapacidades sensoriales tienen cn la capacidad de niños con ASD para beneficiarse de cualquier tratamiento y plan. La integración sensorial debería ser una parte importante de cualquier programa de tratamiento para una persona con ASD.

Referencias

Boddart, N. et al. 2004. Perception of complex sounds in autism: Abnormal auditory cortical processing in children. *American Journal of Psychiatry* 161: 2117-2120.

Ray, T.C., L.J. King, and T. Grandin. 1988. The effectiveness of self-initiated vestibular stimulation on producing speech sounds. *Journal of Occupational Therapy Research* 8: 186-190.

Schaaf, R.L., Benevides, T., Mailloux, Z., et al. 2013. In intervention for sensory difficulties in children with autism: a randomized trial. *Journal of Autism and Developmental Disorders* (In press).

Smith, S.A., B. Press, K.P. Koenig, and M. Kinnealey. 2005. Effects of sensory integration intervention on self-stimulating and self-injurious behaviors. *America Journal of Occupational Therapy* 59: 418-425.

Woo, C.C., and Leon, M. 2013. Environmental enrichment as an effective treatment for autism: a randomized controlled trial. *Behavioral Neuroscience*.

Zisserman, L. 1992. The effect of deep pressure on self-stimulating behaviors in a child with autism and other disabilities. *American Journal of Occupational Therapy* 46: 547-551.

El Efecto de las Dificultades sensoriales y de Percepción Sobre los Patrones de Aprendizaje

Las personas en el espectro autista tienen unos problemas variados remarcables acerca del procesamiento de la información y la hipersensibilidad sensorial. Mientras estos problemas tienen su origen en el cerebro, su fuente es biológica, se manifiestan en comportamientos que comprometen la capacidad individual para aprender y funcionar en el mundo a su alrededor. En mi análisis de informes de muchas personas con autismo, se observa que la forma errónea en la que sus cerebros procesan la información entrante puede agruparse en tres categorías básicas: 1) hipersensibilidad sensorial; 2) problemas de percepción; y 3) dificultades para organizar la información.

Hipersensibilidad sensorial

De niño a niño, la hipersensibilidad sensorial es muy variable. Puede ser leve (ligera ansiedad cuando el entorno es demasiado ruidoso, demasiado brillante o demasiado caótico) a grave, en el que la persona sufre un colapso chillando cada vez que está en un gran supermercado. Un niño puede no tolerar las luces fluorescentes; otro, como yo, puede tener miedo del ruido fuerte súbito porque le provoca dolor en los oídos. Los niños pueden quedar anonadados por ciertos olores, como perfumes. El gusto y/o la textura de ciertos alimentos puede ser repulsivo. Un ligero toque puede ser levemente molesto o realmente doloroso. A un niño puede gustarle jugar en el agua y salpicar y otro saldrá corriendo. Algunas personas en el espectro se sienten atraídas por los objetos que se mueven rápido y otros los evitarán. Cuando los sentidos están desordenados, la atención y concentración que el aprendizaje requiere, se hace difícil y en algunos casos, imposible. Los niños que pasan el día con miedo a la gente y a lugares que, debido a experiencias pasadas, han sobrecargado sus sentidos, tienen pocas posibilidades de relajarse lo suficiente para darse cuenta de las oportunidades de aprendizaje que se les presentan.

La investigación que implica exámenes de imágenes de resonancias magnéticas funcionales muestra que la exposición a sonidos ligeramente molestos y a estímulos visuales causan mayor activación del sensor del córtex primario y de la amígdala (centro del miedo) en personas con autismo. El grado de activación está relacionado con los grados de problemas sensoriales de los padres.

Problemas de percepción

A menudo los problemas de esta categoría determinan el estilo de aprendizaje que será más eficaz. Un niño con poca percepción auditiva puede oír sonidos como si fueran una mala conexión de teléfono móvil, donde la voz se desvanece y vuelve o se pierden partes enteras de la comunicación. Es más probable que el niño aprenda mejor si se le presenta la información de forma visual. Un niño con problemas de percepción visual es más probable que aprenda mejor a través del canal auditivo. Los niños que miran por el rabillo del ojo mientras leen, a menudo tienen problemas de procesamiento visual. Un niño que se pone los dedos delante de sus ojos mientras lee, a menudo tiene problemas de procesamiento visual. Sospecha de un problema de procesamiento visual en niños que se ponen los dedos delante de sus ojos u odian las luces fluorescentes o las escaleras mecánicas. Para algunas de esas personas, el mundo es como si se observase desde un caleidoscopio: plano, sin percepción de fondo y roto en piezas. Para otros, es como mirar a través de un tubo pequeño, en el que solo ves un círculo pequeño de visión directa delante de ellos, no una visión periférica.

Algunas personas tienen problemas de procesamiento visual y auditivos. Aprenden mejor con el sentido del tacto y el olfato. Por ejemplo, para aprender a estar listos por la mañana, puede que tengan que "andar" a través (mano sobre mano) de tareas como ponerse los calcetines o vertiendo los cereales. Pueden aprender letras y números mejor cuando pueden tocarlos, y repasar sus formas con las manos y los dedos. Los objetos representativos, más que los carteles visuales, pueden ayudarles a estas personas a saber cuándo es el momento de pasar a una nueva actividad.

Organizar la información

Debido a estas malas conexiones en el cerebro, una persona puede recibir información, pero ser incapaz de organizarla o que tenga sentido. Donna Williams, una persona muy conocida con autismo, en Australia, menciona que las palabras habladas se transforman en un "blah-blah-blah" y el significado desaparece. Ella oye las palabras con claridad, pero no las entiende. Los problemas para organizar la información afectan a la capacidad del niño para formar categorías, la base para luego formar conceptos. Las dificultades que tienen las personas en el espectro con las multitareas también entrarían dentro de esta categoría. De nuevo, estas dificultades son altamente variables y van desde leves a graves según qué circuitos cerebrales están conectados y cuáles no durante del desarrollo. Una prueba clásica de pensamiento flexible es el Wisconsin Carde Sorting Test. En esta prueba, la persona debe clasificar tarjetas de patrones distintos, una cada vez, en categorías tales como *amarillo* o *círculos*. Una persona en el espectro es más lenta averiguando nuevas categorías a medida que se van introduciendo.

La sobrecarga sensorial puede causar que se cierre completamente la visión o la audición. Durante estos momentos, no entrará ninguna información y no se producirá el aprendizaje.

Asimismo, los problemas sensoriales y de procesamiento de información se agravan cuando un niño está cansado. Así pues, es mejor enseñar una materia difícil cuando el niño está alerta y totalmente despierto. Como mi hipersensibilidad al ruido era relativamente leve, respondía bien a un método de enseñanza poco invasivo, en el que el profesor me tomaba por la barbilla para que prestara atención. Donna Williams me dijo que, con ella, el método no funcionaba en absoluto. La forma táctil junto con el profesor hablando, le representaba una sobrecarga y no lo podía procesar de forma simultánea. Donna es un aprendiz de un solo canal. O bien tenía de mirar a algo, o escuchar algo, pero no podía mirar y escuchar al mismo tiempo. Procesar información en más de un canal no era posible.

Un profesor eficaz con niños y adultos en el espectro es aquel que es un buen detective y busca la fuente de las dificultades de aprendizaje.

A menudo la encuentran en una combinación de las categorías anteriormente mencionadas. Un desafío, incluso considerado leve, comprometerá de forma dramática la capacidad de aprender de forma tradicional el que un niño lo haga con los métodos tradicionales. Los profesores que realmente desean ayudar a los estudiantes con dificultades sensoriales y de percepción descubrirán el estilo único de aprendizaje del niño y adaptarán los métodos de enseñanza según eso. Algunos niños lo hacen mejor con instrucciones por escrito y deberes. Otros lo hacen mejor con métodos o pruebas orales. El mejor profesor tiene un enfoque flexible y enseña según el estilo en el que cada niño aprende.

Referencias

Gastgeb, H.Z., M.S. Strauss, and N.J. Minshew. 2006. Do individuals with autism process categories differently? The effect of typicality and development. *Child Development* 77: 1717-1729.

Grandin,T. and Panek, R. 2013. *The Autistic Brain*. Houghton Mifflin Harcourt, New York, NY.

Green, SA, et al. 2013. Overactive brain responses to sensory stimuli in youth with autism spectrum disorder. *Journal American Academy of Child and Adolescent Psychiatry* 52:1158-1172.

Lidstone J. 2014. Relations among restricted and repetitive behaviors, anxiety and sensory features in children with autism spectrum disorders, *Research in Autism Spectrum Disorders* 8:82-92

Shulamite A.G. 2015. Neurobiology of Sensory Overresponsivity in Youth With Autism Spectrum Disorders, *JAMA Psychiatry*, doi:10.1001/jamapsychiatry.2015.0737

Terapia de Enriquecimiento Ambiental para el Autismo

S e ha demostrado que una serie de experiencias enriquecedoras ambientales simples y fáciles de llevar a cabo, reducen en gran medida la gravedad de los síntomas en niños con autismo. El tratamiento consiste en una variedad de ejercicios sensoriales que se hacen 30 minutos cada día. Esta investigación fue llevada a cabo por Cynthia Woo y Michael Leon de la Universidad de California en Irvine.

El programa estaba diseñado para usar materiales domésticos fácilmente disponibles y económicos. La investigación con animales demostró claramente que la combinación de estimulación olfativa (oler) y táctil eran muy beneficiosas para el desarrollo del cerebro. La estimulación de los sentidos, TANTO del olfato como del tacto, con una estimulación en cambio constante, es la base del tratamiento. El principio que hay detrás de la terapia es estimular siempre de forma simultánea uno o más sentidos. Otro principio básico es la NOVEDAD...la estimulación debe estar cambiando constantemente. La estimulación de un solo sentido no es eficaz.

Los pacientes fueron asignados para llevar a cabo un tratamiento de enriquecimiento ambiental o un tratamiento estándar (el grupo de control). Todos los niños fueron sometidos a un análisis aplicado del comportamiento (ABA) y terapia del habla.

Cada día, los niños recibían una combinación de estímulos olfativos con estimulación táctil, como frotarles la espalda.

Se utilizaba un olor agradable distinto cada día. Los olores eran aceites esenciales de limón, manzana, lavanda, vainilla y otros aromas atractivos. Cada día, se utilizaba un aroma atractivo distinto. Si el niño odia un aroma en particular, se dejaba de usar. Se dejaba que el niño escogiera una VARIEDAD de aromas atractivos.

Además de exponerles a aromas y al tacto, el tratamiento consistía en 33 ejercicios distintos que iban aumentando gradualmente la dificultad. Cada ejercicio se hacía durante dos semanas antes de pasar al siguiente ejercicio. Todos los ejercicios estimulaban dos o más sentidos al mismo tiempo. Los ejercicios estaban destinados para ser siempre variados y de creciente dificultad. Es importante no hacer NUNCA la misma cosa.

Cuando el niño pasaba al siguiente ejercicio, se producía un cambio en el par de sentidos estimulados. Algunos ejemplos de los ejercicios consistían en dibujar líneas en las manos del niño con objetos que tuvieran texturas distintas (estimulación táctil y visual), y se utilizaban cucharillas calientes y frías para dibujar líneas en los brazos del niño mientras los padres ponían música (estimulación térmica, táctil y auditiva).

Otros ejercicios requerían caminar a lo largo de un tablero estrecho o identificar objetos en una funda de almohada tocándolos y hacerlos concordar con los objetos que se veían en una mesa. Los ejercicios iban aumentando progresivamente de dificultad. El ejercicio número 25 requería que el niño pusiera monedas en una hucha en forma de cerdito viendo su reflejo en un espejo (estimulación motora, visual y cognitiva). Puedes descargarte el artículo entero sobre la investigación, con el método explicado claramente, de forma gratis en internet.

Al final de los seis meses, el resultado de los ejercicios fue una gran mejora, incluso en niños mayores. Los autores concluyeron que un 42% del grupo del enriquecimiento había mejorado, pero sólo un 7% del grupo de control habían mejorado. Un ensayo más reciente mostraba que cuando se efectúa el enriquecimiento Ambiental con niños de tres a seis años, el 21% de los niños había mejorado drásticamente.

Padres y profesores pueden seguir fácilmente los métodos descritos en sus dos artículos. Tuve la oportunidad de pasar visita con el Dr. Leon. Había replicado su investigación y había descubierto que el enriquecimiento ambiental es útil tanto para niños pequeños como para más mayores. Esta terapia está diseñada para hacerse junto con cuidados normales, como ABA y terapia del habla. Para obtener las direcciones completas, descárgate el artículo gratis. Escribe el título en Google.

Referencias

www.mendability.com. Accessed June 25, 2019.

Aronoff, E. et al. (2016) Environmental enrichment therapy for autism: Outcomes with increased access, *Neuroplasticity* 2734915, doi:10.1155/2018/2016/2734915.

Padmanabha, H. et al. (2019) Homebased sensory intervention in children with autism spectrum disorder: A randomized controlled trial, *The Indian Journal of Pediatrics*, 86:18-25.

Woo C.C. et al. 2015. Environmental enrichment as a therapy for autism: A clinical trial replication and extension, *Behavior Neuroscience* Vol. 129, pp 412-422.

Woo, C.C. and Leon, M. 2013 Environmental enrichment as an effective treatment for autism: A randomized controlled trial. *Behavior Neuroscience*. DOI: 10.1037/a0033010.

CAPÍTULO 4

Comprender el Autismo No Verbal

Estas personas son altamente conscientes de su entorno y han aprendido por sí mismas mucho más de lo que sus padres y profesores podrían haber imaginado. Son sus cuerpos los que no funcionan, no sus mentes.

P ara comprender la mente de un niño o de un adulto que no verbaliza, sin lenguaje oral, de signos, escrito o mecanografiado, debes dejar el mundo de los pensamientos en palabras. Esto puede ser muy desafiante para muchas personas. Nuestra Sociedad funciona mediante la palabra hablada. Para la mayoría de la gente, las palabras son su "lenguaje materno". Es difícil para ellos salirse de esta forma básica de relacionarse e imaginarse otra. Algunas personas neurotípicas, en especial aquellas con unos lados creativos más fuertes, pueden hacerlo. Otras personas neurotípicas luchan tremendamente para comprender este concepto.

Yo pienso en imágenes. Ha sido así para mi desde siempre. Cuando era muy pequeña, antes de cualquier enseñanza de lenguaje o habla, no había palabras en mi cabeza. Ahora, las palabras explican las imágenes en mi imaginación, pero esas imágenes continúan siendo mi "lenguaje" primario.

Por un minuto, intenta imaginar un mundo interior de pensamientos basados en imágenes o en sensaciones. La analogía más cercana que puede tener sentido para la mayoría de personas neurotípicas que piensan en palabras, es recordar un sueño reciente. Muchos sueños no contienen lenguaje. Son secuencias que fluyen en imágenes, con impresiones emocionales asociadas A veces estas narraciones en imágenes tienen sentido, y salimos con un "mensaje" del sueño.

Muchas veces, las imágenes son extrañas y desconectadas una de otra, y los despertamos, rascándonos la cabeza y preguntándonos, "¿De qué iba todo este sueño?" Si una persona que no habla tiene un problema de procesamiento visual, ahora imagina que tu sistema visual te ofrece imágenes confusas, como una pantalla de video pixelada con una mala señal de satélite. Todos los sonidos normales que la gente ignora, como el sonido de personas andando o puertas que se abren y cierran, no pueden filtrarse. Esto es a lo que se enfrenta una persona que no habla. Escuchar conversaciones individuales puede ser difícil y como si lucharas con un teléfono móvil que tenga poca señal.

Para imaginar el mundo de una persona que no habla, cierro los ojos y pienso con cada uno de mis sentidos individuales. Cómo sería pensar con el tacto, si no puedo fiarme de mis entradas distorsionadas de mis sistemas auditivos y visuales disfuncionales.? ¿Cómo funcionaría si solo pudiera narrar mi mundo con el sentido del olfato? Como un ejercicio de pensar con el olfato y el tacto, el lector podría pensar en unas vacaciones en la playa. Normalmente tenemos impresiones vívidas del color y el sonido del océano, la sensación de la arena cálida y el olor salado. Cuando una persona que no habla piensa o sueña despierto, puede que no haya palabras que pasen por su cabeza.

Sólo hay impresiones sensoriales, como imágenes, sonidos, olores, tacto y gusto que entran en su consciencia. Si la persona tiene problemas graves tanto con el procesamiento visual como con el auditivo, su cerebro debe fiarse de otros sentidos para dar sentido a su mundo. Sus únicos pensamientos coherentes pueden ser el tacto, el gusto o las sensaciones del olfato. Estas formas de entrada sensorial pueden ser sólo la única forma en la que obtiene información precisa sobre su entorno. Quizá esta sea la razón por la cual las personas que no hablan tocan, golpean y huelen cosas. Es como aprenden acerca de su mundo.

Nuestra típica forma de vivir, y en especial nuestro sistema educativo, está basado en gran parte en compartir información visual y auditiva.

Imagina lo difícil que debe ser la existencia para una persona si esos canales de información estuvieran constantemente apagados y funcionaran mal. Padres, profesores y terapeutas necesitan ser buenos detectives al trabajar con personas que no hablan para descubrir qué sentidos están funcionando mejor. Para algunos, quizá sea el sentido auditivo, y para otros la visión. Para una minoría de personas, el sentido del tacto puede ser el principal canal de aprendizaje. Un principio básico es utilizar los sistemas sensoriales que funcionan mejor. No obstante, esto varía enormemente entre distintas personas que no hablan.

No verbalizar, con y sin discapacidad cognitiva

Los lectores pueden preguntarse dónde he fraguado todas estas ideas acerca de las percepciones de personas que no hablan. Están basadas en el conocimiento de la neurociencia, junto con informes de muchas personas que hablan y que pueden describir sus problemas sensoriales más graves. Muchas personas que tienen problemas sensoriales más graves que los míos describen una mezcla sensorial o el cierre de uno o más sentidos. Esto ocurre con más frecuencias cuando las personas están cansadas o en un entorno altamente estimulante como unos grandes almacenes. En esta sección hay incluidos tres artículos acerca de Tito y Carly. Son personas que no hablan y que pueden teclear de forma independiente y, con gran detalle, describir su mundo interior. Tito ha escrito sobre percepciones visuales desordenadas y confusas.

También ha descrito un auto pensamiento que existe separado de una auto acción. Él no puede controlar algunos de sus movimientos espasmódicos. Su mente y su cuerpo no están integrados juntos. El cerebro humano contiene circuitos para el color, la forma y la motricidad. Estos circuitos tienen que trabajar juntos para formar imágenes. Tito describe la percepción visual en la que es obvio que estos circuitos no están trabajando juntos. Él puede ver el color de un objeto antes de que pueda identificarlo por su forma. Para padres y profesores que trabajan con individuos que no hablan, recomiendo encarecidamente el libro de Tito, *¿How Can I Talk If My Lips Don't Move?*. Dos libros más que proporcionan una buena visión del mundo de las personas con autismo que no hablan son The Reason I Jump, de Noaki Higashida, y Carly's Voice. Estas tres personas pueden utilizar una clave una pizarra sin que nadie tenga que tocarles. Si alguien coge la muñeca o el brazo de un niño, esta persona puede ser el autor de lo que ha escrito el niño.

Como sociedad, nosotros equiparamos la inteligencia con el lenguaje. La gente inteligente es una gente que verbaliza. La gente que habla puede expresarse bien se presume que es la más inteligente. La gente que no puede usar el lenguaje se presume que es tonta. Normalmente, nosotros no paramos y preguntamos si las habilidades orales y motoras, en lugar de la inteligencia, podrían estar causando un déficit en el lenguaje. No, nosotros hacemos justo lo opuesto y, casi instantáneamente, juzgamos a las personas que no hablan como mentalmente deficientes. Pobre chico, no puede hablar. Y, en nuestra mente, continuamos con el pensamiento más letal de todos: *No debe tener nada que decir.*

Esto es muy cierto entre la comunidad autista. Damos por sentado que los que no hablan, en especial los niños que no han hablado desde el nacimiento, tienen las capacidades cognitivas reducidas o limitadas. Muchos profesionales creen que el 75% de estas personas funcionan a un nivel de retraso mental, según las puntuaciones del CI. Esto establece un círculo vicioso: esperamos menos de estos niños, así que tienen menos oportunidades de aprender. No los alentamos a aprender porque ya hemos decidido que no pueden. Les hacemos la prueba del CI a estos niños, usando instrumentos que están ampliamente inapropiados para ellos, y entonces puntúan en los niveles más bajos, confirmando un funcionamiento mental incapacitado.

La manera en que yo lo veo, es hora de volver a pensar en las personas autistas que no hablan y dares cuenta de que las nociones preconcebidas que hemos estado usando para relacionarse y educar a estas personas durante los últimos 20 años son rotundamente erróneas. Afortunadamente, otros profesionales de la comunidad autista están llegando a la misma conclusión, y la investigación está arrojando luz sobre las capacidades escondidas de estas personas. En general, los profesionales estuvieron de acuerdo en que alrededor del 50% de las personas con autismo nunca hablarán. Catherine Lord, una pionera en la investigación del autismo, de la Universidad de Michigan, sugiere que podemos estar lejos de la marca. En su muestra de estudio de 2004 con niños que fueron diagnosticados y empezaron a recibir un tratamiento a la edad de dos años, sólo un 14% siguió sin hablar a la edad de nueve años, y el 35%- 45% podía hablar con fluidez.

Nuestra actual percepción de las personas autistas que no hablan también se está extendiendo a la gente en el espectro, como Tito, Carly Fleischman, Naoki Higashida, y otros, que están saliendo adelante y escribiendo acerca de su rico mundo interior y sus capacidades. Poco a poco van desacreditando la noción de que no poder hablar no significa que no tengan nada que decir. Con el uso de ayudas alternativas y aumentativas de comunicación alternativa para las personas que no hablan, estamos descubriendo que muchos niños con autismo han aprendido a leer por sí mismos. Estas personas son muy conscientes de su entorno y han aprendido por sí mismos mucho más que lo que sus padres y profesores imaginan. Son sus cuerpos los que no funcionan, no sus mentes.

Carly Fleischman describe que tiene grandes dificultades para filtrar la entrada sensorial ambiental. Ella es una adolescente normal encerrada en un cuerpo que tiene dificultades para controlar. Naoki Higashida describe que se siente avergonzada por los movimientos incontrolados. Tanto Tito como Carly deben hacer grandes esfuerzos para bloquear los estímulos extraños y prestar atención. Cuando visité a Tito, sólo podía contestar a tres preguntas antes de necesitar descansar. Los iPads y otros ordenadores, tablets, han ayudado a muchas personas que no hablan. Teclear en una tablet para ellos es más fácil, porque la letra escrita en el teclado virtual aparece justo al lado del teclado. Las personas no necesitan girar la vista para ver la letra. Girar la vista entre el teclado y la pantalla del ordenador es muy difícil.

Y, estas personas tienen mucho que decir. Amanda Baggs es una de esas mujeres, y su clip de YouTube de 9 minutos, "En Mi Lenguaje," ilumina a todo el que lo ve. Cuando se abre, la vemos balancearse de un lado a otro, aleteando las manos frente a una gran ventana. Hace una serie de extraños comportamientos repetitivos, mientras todo el rato está acompañado de una serie de zumbido misterioso. Golpea un collar con la mano, pega una hoja de papel contra la ventana, pasa la mano sobre un teclado de ordenador y toca una banda de metal contra el pomo de una puerta. Entonces aparece una "Traducción" en la pantalla, y la mujer autista de 27 años, que no habla, nos hipnotiza con una explicación altamente articulada de sus pensamientos y acciones. Explica cómo el tacto, el gusto y el olfato le proporcionan una "conversación constante" con su entorno. Desafía nuestra forma neurotípica de pensar acerca de las personas que no hablan, de una forma que no podemos ignorar. Y, yo, por mi parte, la aplaudo a ella y a los demás que hablan acerca de lo que significa y no significa, no hablar y tener autismo. Se trata de tiempo.

En nuestras interacciones con personas autistas que no hablan, es crítico que determinemos de forma muy precisa su nivel de capacidad y desafío y no hagamos suposiciones automáticamente basándonos en sus capacidades de lenguaje verbal o su nivel de CI. Es verdad que muchas personas con autismo, altamente discapacitadas, también tienen retraso mental. Pero, el porcentaje puede ser bastante menos que el que normalmente asumimos. Cuando una persona que no habla adquiere la capacidad de usar el lenguaje, cambia su vida. Tito me dijo que antes de que pudiera teclear, tenía un "vacío". Parece que, en algunos casos, el autismo no verbalizado es un "síndrome encerrado", donde una mente normal está atrapada en un sistema motriz y sensorial que no funcionan. Yo hago la hipótesis de que el autismo no verbalizado es muy distinto del ASD con toda la capacidad de hablar. El ASD con toda el habla puede ser más una falta de afinidad socio-emocional, y las personas que no hablan pueden tener unos sistemas emocionales más normales encerrados por unos sistemas sensoriales defectuosos. Existe más información sobre la hipersensibilidad sensorial en el capítulo 3 y en mi libro *The Autistic Brain*.

Procesamiento lento de información

Para la mayoría de personas con ASD dañados y sin hablar, el cerebro procesa la información muy lentamente. Puede haber menos canal de introducción abiertos a recibir información o sus conexiones puede funcionar con una conexión de internet lenta en vez de rápida. Necesitan mucho más tiempo para cambiar de marcha entre distintas tareas. En el autismo y en muchos otros trastornos del desarrollo, el cambio de atención es lento, y las personas que no hablan a menudo son más lentas que otras personas con una forma de autismo más leve. En sus conferencias, Lorna King, una de las primeras pioneras en usar la integración sensorial, advertía a todos los terapeutas que iban a sus conferencias acerca del fenómeno llamado "recorte". Este recorte puede ocurrir en personas tanto que hablan como que no. Cambiar la atención puede ser tan lenta que la persona puede perder la mitad de la información que el profesor está tratando de transmitirles. Esto es muy probable que pase cuando la atención del niño se ha desviado a una tarea nueva. Por ejemplo, si yo le decía a un niño que estaba jugando con su juguete, "el zumo está sobre la mesa," el niño podía escuchar sólo "sobre la mesa". Para evitar este problema, los padres o profesores primero tenían que captar la atención del niño con una frase como, "Tommy, necesito decirte algo." Entonces le daba la instrucción o la información importante. Si la mitad de esta primera frase está recortada, no importa, porque ahora el canal de entrada está abierto y puede penetrar la frase sobre el zumo.

El miedo es la emoción principal

Todo el comportamiento ocurre por una razón. Cuando una persona con un déficit que no habla sufre un colapso, el miedo es el motivo principal. Ahora tenemos evidencias gracias a imágenes de resonancia magnética funcional, de que la hipersensibilidad sensorial está asociada con una actividad aumentada de la amígdala (el centro del miedo en el cerebro). En mi caso, los ruidos leves agudos que se producen por la noche, todavía me desencadenan una punzada de miedo. Las reacciones importantes, angustiantes y que me dejaban sin aliento durante los años de juventud, ahora están controlados con antidepresivos. Tratar de eliminar estas reacciones de mucho miedo con métodos cognitivos o de comportamiento no funcionaban conmigo. Los informes proporcionados por otras personas también indicaban que ciertos sonidos o sensaciones causan ataques de pánico. Recientemente, las imágenes cerebrales obtenidas en la Universidad de Utah mostraban que la amígdala, en mi cerebro, era más grande. Esto podría explicar mis respuestas aumentadas al miedo. Si una persona no habla y su aprendizaje receptivo está dañado, cosas inofensivas como una cierta habitación o una persona en especial, puede asociarse a un estímulo que duele, como una alarma de humos. En algunos casos, la persona puede asociar el sonido de miedo con algo que estaba viendo cuando se disparó la alarma. Si estaba mirando la chaqueta azul de un profesor, puede desarrollar miedo a las chaquetas azules. Se que esto suena raro, pero estas memorias de miedo asociado se producen siempre en animales. Un perro a menudo tiene miedo del lugar donde fue sacudido por un coche, en vez de tener miedo de los coches. Si estas asociaciones pueden averiguarse, sería posible retirar el objeto que da miedo. Discuto sobre memoria del miedo con más profundidad en mi libro, *Animals in Translation*. Una persona con autismo grave puede entrar en pánico fácilmente si se le introduce algo nuevo de golpe. Una fiesta sorpresa de cumpleaños puede desencadenar un colapso en lugar de algo divertido. Es mejor habituar al niño de forma gradual a las cosas que experimentará en la fiesta. Esto es muy similar a habituar a los caballos a tolerar las cosas nuevas y de miedo que verán en una carrera de caballos. Necesitan acostumbrarse a cosas nuevas como banderas y globos en casa, antes de que vaya a una carrera. Las personas con autismo grave pueden aprender a que les gusten las cosas nuevas. Lo mejor para introducirles es dejar que el niño o el adulto se aproximen gradualmente y exploren esas cosas tocándolas, oliéndolas o probándolas. Necesitan que se les dé un lugar específico donde hacer esta clase de exploración, porque ir lamiendo cosas en la frutería no es un comportamiento adecuado. Las personas discapacitadas que no hablan, normalmente son capaces de aprender que ciertas actividades sólo están permitidas en ciertos lugares. Por ejemplo, si una persona no quiere probar un nuevo alimento, quizá necesite explorarlo primero tocándolo u oliéndolo. Esta actividad debería hacerse fuera del comedor, porque tocar u oler alimentos no es un comportamiento adecuado en el comedor.

Comportamiento de autolesionarse (SIB, por sus siglas en inglés)

Algunas personas que no hablan, e incluso algunas de las que sí lo hacen, se ponen a darse golpes en la cabeza o a morderse. Informes de personas en el espectro han revelado que muchos de estos problemas surgen de problemas sensoriales graves. En este caso, el niño es hipo sensible, le falta la entrada sensorial, en vez de lo más típico, la hipersensibilidad (demasiada entrada), que a menudo es el caso de la población autista. En algunos de estos casos, las personas no se dan cuenta de que se autolesionan porque tienen problemas en la frontera del cuerpo o táctil. Por ejemplo, cuando están cansados o molestos, no pueden determinar dónde termina su pie y dónde empieza el suelo. Puede que no sientan su cuerpo sentándose en una silla en la escuela, así que se retuercen o se balancean en la silla para inducir la entrada sensorial que necesitan para estabilizarse.

Lorna King encontró un niño a cuyos auto abusos a menudo no le causaban daño. Los niños pueden cavar en su piel hasta el punto de hacerse sangre, porque sus receptores sensoriales no le devuelven ninguna sensación táctil, como sería el caso de una persona normal. Después de que King introdujera a los niños a actividades que proporcionaban un estímulo sensorial de calma, como presión profunda o balanceo suave, y la sensación de dolor volvió. Ha visto niños que se golpeaban la cabeza empezar a golpeársela y parar antes de hacerlo, porque sabían que ahora les dolería. También puede que quieras intentar el método del enriquecimiento Ambiental para concordar aromas con distintas texturas, para que tu hijo las toque. Puedes ver el capítulo sobre enriquecimiento Ambiental para obtener más información. (Ver el capítulo "Resolver problemas de comportamiento en personas con autismo, que no hablan" para más información sobre problemas médicos de dolor escondido que puede causar auto abuso.) Para algunos casos graves de SIB, puede ser útil el tratamiento con el fármaco Naltrexona, que bloquea los opiáceos. Existe un excelente artículo accesible del Dr. Sandman y el Dr. Kemp, de la Universidad de California, en la lista de referencias.

El mejor enfoque para controlar el SIB es un enfoque integrado. Una combinación de análisis del comportamiento, terapia sensorial, medicación convencional e intervenciones biomédicas, como dietas y suplementos, a menudo es lo que funciona mejor. El gran error que comete mucha gente cuando trata SIB es tener una visión única. Algunas personas tratan de utilizar un único enfoque sobre el análisis de comportamiento y no utilizar nunca medicación alguna. Otros utilizan medicación y nada más. Ambos enfoques únicos son erróneos. Un enfoque de sólo la medicación conduce a un caso de "zombi medicado" adormecido y, el enfoque de sólo el comportamiento sin otra intervención para reducir el despertar del sistema nervioso puede dar lugar a usar un mal procedimiento, como largos periodos de restricción.

¿La persona que no habla puede entender el lenguaje?

En algunos casos, las personas que no hablan tienen una recepción del lenguaje y pueden comprender lo que se está diciendo. En otros casos, no. Las personas que no hablan son muy Buenos en leer las sutiles diferencias de las acciones de los padres o profesores. Un padre me dijo que su hija tenía ESP, porque siempre tiene que esperar en la puerta antes de que su madre incluso haya cogido las llaves del coche o el bolso. Parece que la persona siente las ligeras diferencias en el comportamiento antes de que sea el momento de coger las llaves o el bolso. Pueden producirse algunas actividades de ajetreo y bullicio, como tirar el periódico. Si el niño tiene problemas de procesamiento visual, puede que quizá responda a los sonidos del papel cuando se tira a la papelera.

En algunas situaciones, las personas que no hablan puede que respondan a gestos, más que en palabras. Si señalas al zumo o giras la cabeza hacia él, la persona puede percibir tu acción. Una forma de probar el lenguaje receptiva es pedirle a la persona que haga algo extraño. Un ejemplo sería, pedir al niño que pusiera su libro sobre una silla. En algunas personas, el lenguaje verbal es imposible, pero pueden aprender a leer y expresarse tecleando. Sus circuitos del habla están mezclados, pero pueden comunicarse con la palabra escrita.

Referencias

Fleischman, A., Fleischman, C. 2012. *Carly's Voice: Breaking Through Autism*. New York, NY: Touchstone Books.

Fouse, B., Wheeler, M. 1997. *A Treasure Chest of Behavioral Strategies for Individuals with Autism*. Arlington, TX: Future Horizons.

Grandin, T., Johnson, C. 2005. *Animals in Translation*. New York, NY: Scribner.

Grandin, T., Panek, R. 2013. *The Autistic Brain*. New York, NY: Houghton Mifflin Harcourt.

Higashida, N. and Mitchell, D. (2017) *Fall down 7 times, Get up 8, A Young Man's Voice From the Silence of Autism*, Random House, New York.

Horvath, K., Perman, J.A. 2002. Autism and gastrointestinal symptoms. *Current Gastroneurology Reports* 4:251-258.

Kern, J.K., et al. 2007. Sensory correlations in autism. *Autism* 11:123-134.

Muchopadhyay, T.J. (2011) *How Can I Talk if my Lips Don't Move*, Available as Amazon Kindle and audiobook.

Sandman, C.A., Kemp, A.S. 2011. Opioid antagonists may reverse endogenous opiate dependence in treatment of self injurious behavior. *Pharmaceuticals* 4:366-381.

Savarese, R.J. 2007. *Reasonable People: A Memoir of Autism and Adoption—On the Meaning of Family and the Politics of Neurological Difference*. New York, NY: Other Press. (This book describes successful teaching strategies for teaching nonverbal people to type).

Schaller, S. 1995. *A Man without Words*. Berkeley, CA: University of California Press.

Schumann, C.M., et al. 2009. Amygdala enlargement in toddlers with autism related to severity of social and communication impairments. *Biological Psychiatry* 66:942-943.

Williams, D. 1996. *Autism: An Inside-Out Approach*. London, England: Jessica Kingsley Publishers.

Wolfgang, A., Pierce, L., Teder-Salejarvi, W. A., Courchesne, E., Hillyard, S.A. 2005. Auditory spatial localization and attention deficits in autistic adults. *Cognitive Brain Research* 23:221-234.

Wolman, D. 2008. The truth about autism: scientists reconsider what they think they know. *Wired Magazine*, 16:03.

Un Adolescente Social Atrapado en Su Interior

Algunas personas con autismo que parecen funcionar lentamente, tienen una buena mente atrapada en un cuerpo disfuncional que no pueden controlar. Carly Fleischmann parecía no tener capacidades cuando era una niña. No hablaba, y estaba en movimiento permanente, destruyendo cosas o sentada sola meciéndose. La única cosa que parecía importarle eran las patatas fritas. Cuando se le daba un dispositivo que tuviera imágenes sobre las que al apretar se oyeran palabras, aprendía pronto como usarlo. Pero encontraba difícil apretar el botón durante un merecido descanso en el baño, cuando el botón de patatas fritas era tan tentador.

Los profesores a veces subestiman las capacidades de un niño. Un profesor iba a borrar la función de teclado del dispositivo de comunicación de Carly. Si eso hubiese sucedido, los padres de Carly nunca hubieran sabido que ella conocía palabras. Un día Carly tecleó, "Ayuda, muela duele." Después de que esto pasara, se empezó un programa para enseñarle más palabras. Se etiquetó cada objeto de la casa. Se descubrió que Carly almacenaba montones de información incluso cuando parecía que no estaba prestando atención.

A medida que Carly fue sabiendo más, podía explicar que teclear requería un gran esfuerzo. Estaba extremadamente angustiada y a menudo solo tecleaba con personas que conocía. Hoy en día Carly teclea de forma independiente, y recibe un programa gratuito en su escuela superior local. Ella explica lo Difícil que era controlar su cuerpo y sentarse quieta. Carly estaba interesada en chicos, estrellas de cine y todas las cosas típicas de las que una chica adolescente estaría enamorada. Cuando salió en la TV nacional, sabía que tendría que permanecer quieta y no tener ningún arrebato. Dijo que sería más fácil si el cámara era realmente guapo. Para Carly, el autismo no define quien es. Ella desearía que su cerebro y su cuerpo pudieran arreglarse, para que las actividades normales fueran más fáciles.

Bombardeo sensorial

Carly piensa en imágenes que le llegan corriendo a la mente de golpe. Yo puedo controlar las imágenes que me vienen a la mente, pero Carly no puede. Filtrar la estimulación de fondo es difícil para Carly, y a menudo le es difícil entender lo que otra gente está diciendo.

Carly describe con elocuencia cómo los estímulos sensoriales la invaden y hacen que sea difícil escuchar una conversación. Carly cuenta que a menudo oye solo una o dos palabras de cada frase. Describe como si cascadas de muchos estímulos distintos bloqueasen la conversación. Por ejemplo, cuando estaba en una cafetería tranquila, hablando con otra persona, el ruido relativamente bajo de fondo y los estímulos visuales de la cafetería los pudiera filtrar. Ella lo llama "audio filtrado", que a menudo es muy difícil. Su capacidad de filtrar el audio era demasiado desbordante cuando pasaba al lado de su mesa una persona con un perfume fuerte. Ahora, los sonidos previamente bloqueados de la máquina de café y de ver la puerta abriéndose y cerrándose, corrían hacia su interior y le bloqueaban la conversación.

Carly puede filtrar lo que oye cuando los estímulos de fondo son bajos, pero cuando su filtración auditiva se sobrecarga, los estímulos de todos sus sentidos caen en cascada en su cerebro y lo convierten todo en un caos. En este punto, controlar una crisis es casi imposible.

Para ayudar a controlar las crisis y los movimientos corporales, Carly debe tomar medicación. Para controlarse a sí misma necesita tanto de fuerza de voluntad intensa y medicación. Cuando era más joven, las patatas fritas eran su motivación. Actualmente, ser capaz de participar de los intereses de una chica normal es el motivador que controla su cuerpo.

¿Qué es el autismo?

La historia de Carly nos hace pensar ¿qué es el autismo? En mi caso, el autismo es parte de lo que soy y no tengo los intereses sociales que tiene Carly. No deseo cambiar mi mente o que me curen. En lo que se llama un extremo del espectro, el autismo puede ser un trastorno de los circuitos sociales del cerebro. En el otro, el autismo puede ser un cerebro "encerrado", en el que la persona social está atrapada dentro de un cuerpo y un sistema sensorial disfuncionales.

Necesito avisar al lector que sea realista. No todos los niños en el extremo más grave del espectro pueden ser Carly, pero padres y profesores que están atentos pueden ver retazos de verdadera inteligencia en personas que son incapaces de "hablar".

Recurso

Fleischmann, A., and C. Fleischmann. 2012. *Carly's Voice*. New York: Touchstone.

Un buen profesor tiene buenos instintos y sabe cuánto puede pedírsele a un niño para obtener progreso.

¡Me Preguntaste!

Padres y profesores con frecuencia me preguntan sobre el niño o estudiante con el que trabajan. A continuación, hay algunas preguntas que me han hecho repetidas veces. Espero que sirvan como información y sean útiles para tu propia situación.

—Temple

Q: Mi hijo de nueve años es educado cuando está conmigo (su madre), pero grita, golpea y rompe los libros en la escuela. ¿Cuál es la causa?

A: Cuando yo tenía nueve años, teniendo un entorno constante tanto en caso como en la escuela, prevenía este problema. Yo sabía que si no me comportaba bien en la escuela habría consecuencias cuando llegase a casa. Una crisis en la escuela siempre tenía como resultado perder el poder ver la televisión una noche (quitarla durante un mes sería como cinco años para una persona de nueve años). Cuando llegaba a casa, mi madre, con calma, me decía que la Sra. Dietch había llamado, así que no tendría televisión. Sabía cuál era la norma.

Existen muchas razones posibles para problemas de comportamiento en la escuela. La causa más importante que necesita ser controlada (¡o dirigida!) es la sobreestimulación de las luces fluorescentes, y los ruidos, como el timbre de la escuela. Los ruidos fuertes provocan dolor en los oídos de muchos niños con autismo. Un niño puede tener una crisis en la clase porque nunca sabe cuándo saltará la alarma contra el fuego. Si los problemas sensoriales no son una parte del problema del comportamiento, puede ser que el niño te esté probando (como lo harán la mayoría de niños de nueve años); mantenerse conforme a las normas establecidas es más importante que nunca si este es el caso. Por último, no todo niño disfruta en la escuela; simplemente, puede que no quiera estar allí. De nuevo, las acciones constantes y las expectativas tu parte ayudarán muchísimo. Es importante asegurarte de decirle a tu hijo qué normas son y qué comportamientos se esperan de él.

Q: ¿Los rituales y los estereotipos difieren de un comportamiento obsesivo-compulsivo?

A: Existen distintos motivos para el comportamiento repetitivo en niños con autismo. Yo necesitaba hacer caer arena entre mis manos para descartar los sonidos fuertes que hacían que me dolieran los oídos. Desconectaba del mundo. Por suerte, mis profesores no me dejaron desconectar. Una segunda motivación para un comportamiento repetitivo es una sobrecarga sensorial brusca. Por ejemplo, un niño puede mover los brazos cuando entra en unos grandes almacenes. Una tercera motivación puede ser un tic neurológico. Esto es más probable que ocurra en adultos que no hablan. En algunos casos la persona no tiene o tiene poco control voluntario del movimiento.

Los trastornos obsesivo compulsivos (TOC) implican un comportamiento repetitivo en un nivel menos primitivo. En adultos no autistas, el TOC se manifiesta a menudo lavándose las manos una y otra vez o vigilar constantemente si las puertas están cerradas. Algunos investigadores creen que el TOC es causa de un mal funcionamiento de circuitos cerebrales que motivan la higiene y comprobar el peligro.

Son circuitos antiguos, primitivos que los humanos comparten con los animales. Otro comportamiento repetitivo es la persistencia. Yo solía hacer la misma pregunta una y otra vez. Le preguntaba a mi abuelo cientos de veces "¿por qué el cielo es azul?" Me gustaba oír su respuesta. La persistencia y el TOC probablemente estén relacionados. Ambos comportamientos se alivian a menudo con medicación, como el Prozac. Cuando tomé antidepresivos a la edad de 31 años, mi tendencia a persistir en un tema se redujo considerablemente. Para mí, los antidepresivos reducían la ansiedad. Reducir la ansiedad me ayudó a reducir la persistencia. Desde un punto de vista social, yo también tuve que aprender que los demás se aburrían cuando discutía sobre el mismo tema una y otra vez.

Q: ¿Cómo sabe un profesor cuánto debe "empujar" a un niño para obtener progresos?

A: Un buen profesor tiene buenos instintos y sabe cuánto debe empujar a un niño para obtener progresos. Parte de esta habilidad proviene de una aguda observación y prestar mucha atención tanto al mundo interior como exterior del niño. Mi profesor del habla me cogía la barbilla para que prestase atención. Podía sacarme de mi mundo autista. Si empujaba demasiado, yo sufría una crisis, y si no empujaba lo suficiente, yo no progresaba. Tenía que ser "suavemente insistente". Yo era una niña con problemas sensoriales relativamente leves. Respondía bien al método de "cogerme la cara".

Un niño con problemas sensoriales más graves puede cerrarse sensorialmente si un profesor le coge por la barbilla. El niño progresará más si el profesor habla suavemente. Los estilos de aprendizaje varían mucho, en especial en los niños en el espectro autista. Para un tipo de niño, el profesor puede "abrir totalmente su puerta delantera", para el otro tipo de niño, el profesor debe "escabullirse sigilosamente por la puerta trasera".

¿Por qué se Estimulan los Niños con Autismo?

"Estimular" es una forma corta para llamar a los comportamientos de estimulación, comportamientos que la mayoría de la gente muestra. Podemos retorcernos el pelo o golpear un lápiz, eso es estimular. La diferencia entre los que lo consideran inapropiado es el tipo y la intensidad de las repeticiones del estímulo.

Cuando yo me estimulaba tirando arena entre mis dedos, eso me calmaba. Cuando me estimulaba, los sonidos que herían mis oídos cesaban. La mayoría de niños con autismo tienen estos comportamientos repetitivos porque en cierto modo te hacen sentir bien. Pueden contrarrestar un entorno sensorial sobrecargado, o aliviar los altos niveles de ansiedad interna que estos niños sienten cada día. Las personas con autismo exhiben una gran variedad de estímulos. Pueden mecerse, aletear, girar sobre sí mismos o hacer girar cosas como monedas, ir y venir, golpearse, o repetir palabras una y otra vez (estímulos verbales). Cuando estos comportamientos son incontrolables, se producen unos ajustes excesivamente inapropiados o que impiden a los niños tener una interacción social aceptable, existe un problema.

Una pregunta normal que me hacen tanto padres como profesores es: "¿Debería permitirse que el niño se estimule?" Mi respuesta normalmente es "sí y no."

A mí me permitían estimularme en la privacidad de mi dormitorio una hora antes de comer y durante un periodo de tiempo breve después de cenar. El resto del rato no se permitía la estimulación. La estimulación estaba absolutamente prohibida en la mesa, en las tiendas, en la iglesia. Creo que es importante para un niño con autismo tener un tiempo estipulado para estimularse en privado. Cuando están sobre estimulados, les ayuda a calmarse. En personas con un autismo más grave, estimularse puede usarse como recompensa. En algunas de estas personas, pueden mantener la atención durante breves periodos y entonces necesitan estimularse para volver a centrarse y realinear sus sistemas.

Tres tipos de comportamiento repetitivo

No todos los comportamientos repetitivos son estímulos, así que es importante distinguir el origen detrás del comportamiento.

1. ***Comportamientos estimulantes.*** Estos comportamientos calman al niño y le ayudan a ganar equilibrio emocional. Por desgracia, si los niños pueden estimularse todo el día, no se producirá el aprendizaje porque el cerebro del niño está cerrado al mundo exterior. Es perfectamente correcto dar algún tiempo

---

*A la edad de tres años, a Tito Mukhopadhyay le diagnosticaron un autismo grave, pero su madre, Soma, rechazó aceptar la sabiduría convencional de la época, de que su hijo sería incapaz de interactuar con el mundo exterior. Ella le leyó, le enseñó a escribir en inglés, y le alentó a escribir sus propias historias. El resultado de sus esfuerzos es un libro extraordinario, *The Mind Tree: A Miraculous Child Breaks the Silence of Autism*, escrito cuando Tito tenía entre ocho y once años. Comprende una amplia colección de escritos filosóficos profundos y sorprendentes acerca de crecer bajo una de las circunstancias más desafiantes, y cómo se siente estar encerrado en el cuerpo y la mente de un autista. Tito tiene otro libro que proporcionará un enfoque tremendo sobre cómo vive en un mundo de fragmentación sensorial.

Otra fantástica historia es *The Reason I Jump*. La gente que trabaja con niños y adultos que no hablan, deberían leer todos los tres libros de la lista de referencia. Estos tres libros están todos escritos por personas que no hablan. Te darán un enfoque de un mundo de mezcla sensorial.

al niño para que estimularse, pero el resto del día, un niño de dos a cinco años, debería tener tres o cuatro horas al día de contacto personal con un buen profesor para mantener el cerebro del niño abierto para recibir información y aprendizaje.

2. *Movimientos involuntarios.* Estos movimientos pueden parecerse a estímulos, pero pueden estar causados por el Síndrome de Tourette o por lo que se llama disquinesia tardía, que es un efecto secundario de fármacos antipsicóticos como el Risperal (risperadona), Seroquel (quetiapina) o Abilify (aripiprazol). Estos fármacos, provocan, a veces de forma permanente, daño en los nervios que causan comportamientos repetitivos. Aunque están aprobados por la FDA (agencia federal del medicamento, en EEUU) para niños de cinco años, son una mala elección debido al peligro de dañar los nervios y tener un aumento muy grande de peso. Yo recomendaría probar primero con una dieta especial o un suplemento de aceite de pescado.

3. *Colapso total debido a sobrecarga sensorial.* Cuando esto ocurre, a menudo el niño sufre un berrinche mientras exhibe comportamientos repetitivos, como golpear o moverse. El mejor enfoque es poner el niño en un lugar tranquilo y dejar que se calme. Enseñar es imposible durante un berrinche. Cuando yo terminaba de tener una rabieta, mi madre de forma tranquila me decía que la consecuencia era que no vería la televisión esa noche y así se hacía.

Según la razón para estimularse, enfoques terapéuticos como ABA, pueden ser útiles las modificaciones ambientales, o terapias basadas en temas sensoriales, para aliviar o modificar el estímulo. Los padres también pueden enseñar al niño a sustituir un comportamiento más aceptable por el estímulo cuando está fuera de casa, como frotar un objeto pequeño en el bolsillo del niño o estrujar una pelotita en vez de mover los brazos.

Cuando le pregunté cómo era su vida a antes de aprender a teclear, me respondió con la palabra "vacía".

Tito Vive en un Mundo de Mezcla Sensorial

En un artículo previo, discutí sobre la importancia de incorporar la integración sensorial en un programa de tratamiento para personas con ASD. En esta anécdota, un ejemplo de la vida real ilustra el impacto que puede llegar a tener un déficit sensorial en la vida de un niño.

La primera vez que conocí a Tito Mukhopadhyay* fue en una tranquila biblioteca médica. Parecía el típico adolescente, que no hablaba, de bajo funcionamiento, y con autismo. Cuando entró en la sala, cogió un periódico amarillo brillante y lo olió. Entonces, fue corriendo alrededor y agitándolo.

Su madre lo arrastraba hasta el ordenador al que yo estaba sentado y me invitaba a preguntarle a Tito algo sobre el autismo. Le dije que quería pedirle algo distinto, donde una memorización anterior de una respuesta fuera imposible. De la parte inferior de un montón de revistas encontré un viejo ejemplar de *Scientific American*. A medida que pasaba las páginas de la revista encontré un dibujo de un astronauta montado en un caballo. Cuando se lo enseñé a Tito, rápidamente tecleó "Apollo II sobre un caballo." Esto me convenció de que había un buen cerebro atrapado dentro del cuerpo disfuncional de Tito.

En una conferencia reciente en Canadá, tuve otra oportunidad de hablar con Tito. Durante nuestra conversación, su madre tenía que ir diciéndole que estuviera atento al ordenador y respondiera a mis preguntas. Yo sentía curiosidad sobre sus sistemas sensoriales, así que le pregunté cómo era su visión. Me dijo que veía fragmentos de color, formas y movimiento. Esta es una versión más grave de la percepción fragmentada que Donna Williams había descrito en sus libros. Cuando le pregunté cómo era su vida antes de que aprendiera a teclear, me respondió con la palabra "vacía". A pesar de la intervención, Tito todavía tiene un lapso de atención muy corto. Sólo podía teclear unas pocas frases cortas mientras estuvimos juntos antes de sucumbir a una sobrecarga sensorial.

Los desafíos de procesamiento visual como los que Tito experimenta, pueden restringirle de unas conexiones cerebrales anormales, según el Dr. Eric Courchesne. El cerebro tiene tres tipos de circuitos de percepción visual, cada uno distinto para color, forma y movimiento. En el cerebro normal, estos circuitos trabajan juntos para converger los tres componentes visuales en una imagen estable. La investigación ha demostrado que en el autismo existe una falta de interconexión entre las distintas partes del cerebro. El. Dr. Eric Courchesne sugiere que, en los cerebros autistas, las grandes neuronas que integran los distintos sistemas cerebrales juntos, son anormales.

El afirma que el autismo puede ser un trastorno de desconexión inusual.

No todos los niños con autismo que no hablan pueden ser como Tito, pero él es un principal ejemplo de una persona con una parte del cerebro que tiene las conexiones cerebrales rotas con el mundo exterior. Debido a sus capacidades fragmentadas, es importante que padres y profesionales introduzcan distintos modelos de comunicación y conexión social, como el teclado, a niños con ASD detectado a una edad temprana para que otro Tito no se vea atrapado en el vacío.

Referencias

Courchesne, E. 2004. Brain development in autism: Early overgrowth followed by premature arrest of growth. *Mental Retardation and Developmental Disabilities* 10: 106-111.

Fleishmann, A., and Fleishmann, C. 2012. *Carly's Voice: Breaking Through Autism*. New York, NY: Touchstone Books.

Higashida, N. and Mitchell, D. 2013. *The Reason I Jump: The Inner Voice of a Thirteen Year Old Boy with Autism*. New York, NY: Random House.

Mukhopadhyay, T. 2008. *How Can I Talk If My Lips Don't Move?* New York, NY: Arcade Publishing.

Cuanto más sabemos sobre la mente interna de las personas con autismo grave, más capaces somos de calibrar con exactitud sus muchas capacidades y ayudarles a lograr su potencial escondido.

Comprender la Mente de una Persona Autista que no Habla

Aunque se han hecho grandes avances en los últimos años para comprender la las personas "altamente funcionales" con autismo/Asperger, todavía sabemos poco del mundo de las personas con un autismo mucho más grave. En 2007, Tito Mukhopadhyah escribió un libro titulado *The Mind Tree* que abrió la mente al mundo de un niño que no hablaba, con un autismo grave. El nuevo libro de Tito, *¿How Can I Talk If My Lips Don't Move?* es igualmente irresistible, con mucha información, y debería leerlo todo aquel que trabaje con personas autistas que no hablan.

Presunta inteligencia

La madre de Tito, Soma, era una profesora brillante. Inventó toda clase de métodos innovadores para enseñar a su hijo que no hablaba y con un autismo profundo a escribir y teclear sin ayuda. Desde el principio, Soma asumió que Tito no era tonto, así que expuso a su hijo a muchas cosas interesante. También le leía constantemente. Le leía libros infantiles y libros para adultos, como Platón, Keats, historia y geometría. Cuando jugaba con él en un columpio, le explicaba la física del péndulo. También le llevaba a muchos sitios interesantes, como el mercado al aire libre de comida, a la casa de otra gente, y a las estaciones de tren. Aunque Tito tenía todas las características de una persona con un autismo de bajo funcionamiento, absorbía grandes cantidades de conocimiento. Soma, instintivamente sabía que necesitaba llenar su cerebro de información.

Confusión sensorial y pánico

El mundo sensorial de Tito era una confusión de colores, sonidos y olores. El oído era su sentido dominante y la voz de su madre leyéndole se convertía en un sonido familiar que ofrecía orden en el caos. Cualquier cambio leve en su rutina le causaba pánico y le provocaba una crisis temperamental. Tito describe cómo apagaba y encendía las luces porque le daba orden en su revoltijo abrumador de sobrecarga sensorial. Tito es mono canal y solo puede prestar atención a un sentido a la vez. Ver y oír al mismo tiempo es imposible y cuando mejor aprende es por la mañana antes de que esté cansado.

Cualquier cosa nueva era totalmente aterradora porque la sensación, la visión o el sonido de un objeto nuevo era tan intenso que le causaba una sobrecarga sensorial y pánico. Soma le introducía nuevas cosas lentamente y Tito gradualmente aprendió a tolerarlas. Cuando se sobrecargaba, Tito explicaba cómo mover los brazos le ayudaba a calmarse y le hacía feliz. Si le hubiesen permitido hacerlo todo el día, nunca habría aprendido nada. Se le permitía un poco de "estimulación" para que se calmase.

Tito odia las tareas y las cosas sin terminar

Soma averigua cómo motivar el terminar una tarea haciendo parte de ella y luego dejando una parte sin terminar para motivar a Tito a terminarla.

Normalmente usaba la técnica de mano-sobre-mano para enseñar habilidades como ponerse un jersey, ponerse los zapatos, y sujetar un lápiz. El tacto le proporciona a Tito una información más fiable que la visión. Para enseñar una tarea como ponerse una camiseta, colocaba sus manos sobre las de Tito y "hacia caminar" sus manos durante toda la tarea. De forma gradual, dejaba más y más tarea por terminar, para que Tito la terminase. Por ejemplo, dejaba de ayudarle cuando la camiseta estaba a medio camino sobre su cabeza. Tito tenía que tirar de la camiseta el resto del rato para ponérsela por sí mismo. Esta enseñanza tenía que hacerse lentamente durante varios meses, para que la memoria motora de Tito aprendiera toda la tarea.

Dificultad para nombrar cosas

Un psicólogo que le hiciera una prueba a Tito, podría pensar por error que no podía nombrar objetos normales. Puede, pero debe hacerlo de una forma en ronda, asociativa. Su mente es totalmente asociativa. Para recuperar el nombre de un objeto, hay que darle tiempo para que encuentre la palabra en su memoria proporcionándole la definición de la palabra. Escribir la definición permite que su manera asociativa de pensar encuentre la palabra. Cuando se le muestra una foto de una flor, no puede decir simplemente "flor". Debe decir, "la parte suave llena de pétalos de una planta es una flor". Tito era capaz de escribir esta definición porque había estado expuesto a palabras tales como pétalo. Soma le mostraba constantemente cosas interesantes y le señalaba las partes y las nombraba.

Este fantástico libro les dará a padres, educadores y a todo el mundo que trabaje con personas que no hablan un enfoque que les ayudará a trabajar de forma más eficaz con estas personas. La Dra. Margaret

Bauman, neuróloga del Massachusetts General Hospital pone énfasis en que damos por sentado que un 75% de las personas que no hablan son retrasadas mentales. Cuanto más aprendemos sobre la mente interna de personas con autismo grave, más capaces somos de calibrar con exactitud sus muchas capacidades y ayudarles a lograr su potencial escondido.

Referencias

Mukhopadhyah, Tito Rajarshi. 2008. *How Can I Talk If My Lips Don't Move?* New York: Arcade Publishing.

Si no se ha puesto en su lugar un sistema de comunicación funcional con un niño, su único recurso es el comportamiento.

Resolver Problemas de Comportamiento en Personas Autistas que No Hablan

Los problemas de comportamiento en personas autistas que no hablan, a menudo son difíciles de aliviar porque estas personas no pueden decirte cómo se sienten. No obstante, todo el problema reside en la comunicación. Como padres, educadores o cuidadores, debéis aprender a ser buenos detectives para averiguar el porqué una persona autista que no habla está actuando.

Si una persona que no habla y generalmente está calmada, de repente se vuelve agresiva o tiene rabietas frecuentes, busca primero un problema médico doloroso escondido. Una de las fuentes más comunes son las infecciones de oídos, un dolor de muelas, una sinusitis, problemas gastrointestinales, reflujo gástrico (acidez) y diarrea. Necesitas ser observador. La persona puede tocar o apretar la zona del cuerpo que le duele, evitar ciertos alimentos que antes le gustaban, o que sus patrones de sueño sean distintos. El reflujo ácido es común en ASD y el dolor de estómago puede explicar por qué una persona que no habla rehúsa tumbarse o sentarse quieto.

La sobrecarga sensorial es una segunda causa, y más frecuente, de estallidos de comportamiento. Una rabieta en el Wal-Mart o en otros lugares igualmente llenos es normal debido a una hiperestimulación sensorial. Las rabietas en la escuela pueden producirse durante o antes de las horas en las que muchos estudiantes están juntos, como el recreo, la hora de comer o las asambleas. Los estímulos que causan más problemas son el parpadeo de las luces fluorescentes, perfumes/colonias y otros olores Fuertes (la cafetería de la escuela, la panadería o la pescadería en una sección de un supermercado, la cocina de un restaurante) y sonidos agudos como ruedas que chirrían de los carros de la compra, anuncios de productos en una tienda o alarmas de humo. Una persona que previamente haya sido calmada o cooperativa, puede tener miedo de entrar en una tienda o en una habitación donde antes había un micrófono con un audio y cantando. Un lugar que antes le gustaba, ahora puede ser demasiado aterrador porque lo asocia con estímulos nocivos. Sonidos, olores y texturas que a la gente normal le pueden molestar ligeramente, pueden ser como un taladro dándole a un nervio para una persona con autismo. Yo tengo dificultades para tolerar ropa que pica, pero para algunas personas más sensibles, los jerséis que rascan, el olor de la ropa nueva, o costuras dobles pueden causar una sensación de dolor. A menudo, cosas tan simples como cambiar a una nueva marca de calcetines puede notarice como caminar sobre papel de lija ardiente.

Si se solucionan los problemas médicos y los sensoriales, las rabietas y los estallidos pueden deberse a una simple razón de comportamiento. Las tres fuentes principales de rabietas, golpes y colapsos en el comportamiento son:

- Frustración porque la persona no puede comunicarse
- Necesidad de atención
- Escapar de una tarea que no quiere hacer

Descifrar la motivación correcta es importante. Una vez se han encontrado las motivaciones, puede desarrollarse una solución. De otro modo, así como es posible extinguir un comportamiento inapropiado, con toda probabilidad se desarrollará un comportamiento igualmente inapropiado que concuerde con la misma necesidad. Por ejemplo, ignorar el comportamiento es la respuesta correcta si la motivación del comportamiento es captar la atención. No obstante, esta respuesta sería lo peor que se podría hacer si la persona estuviera frustrada porque no pudiera comunicar su necesidad de buscar ayuda. Algunas soluciones al comportamiento podrían incluir enseñar al niño el lenguaje de signos o usar un dispositivo que aumente la comunicación. O enseñar a la persona formas socialmente apropiadas de decir "no" o expresar sus deseos.

Mantener un diario detallado ayudará a investigar el motivo del comportamiento. Un niño que no habla chillaba para conseguir que su madre parase en un McDonald's porque había aprendido que funcionaba. No obstante, nunca chillaba cuando su padre iba conduciendo porque sabía que su padre no pararía.

La frustración de no ser capaz de comunicarse es un problema muy común en las personas con ASD que no hablan; deben tener una forma de expresar sus necesidades y sus deseos. Si no se ha puesto en su lugar un sistema de comunicación funcional con el niño, su único recurso es el comportamiento. Puedo recordarme chillando cuando no quería llegar un sombrero. No tenía otra forma de expresar mi disgusta por ello, ni comunicar que, para mí, el sombrero me molestaba a nivel sensorial.

La constancia es calmante; la sorpresa produce ansiedad en
la mayoría de personas con ASD. Necesitan saber lo que vendrá a
continuación. Los sistemas de procesamiento sensorial en algunas de
estas personas están tan desordenados que el tacto y el olfato son los
únicos dos sentidos que les proporcionan una información fiable y exacta
al cerebro de estas personas.

Si sus sistemas visual y auditivo les dan información confusa, pueden
fiarse más del tacto. Esta es la razón por la que algunas personas que no
hablan golpean cosas como una persona ciega navegando con una caña.
La retroalimentación neurológica que esto proporciona es calmar sus
sentidos. También explica algunos de los comportamientos repetitivos
comunes de personas con autismo. La constancia proporcionada al
hacer lo mismo una y otra vez, y obtener el mismo resultado, oliva algo
de la ansiedad asociada con el resto del mundo, que está en un estado
constante de cambio.

Debido a los problemas de procesamiento visual experimentado por
muchas personas con ASD que no hablan, para granos de ellos, puede
que funcionen poco los esquemas de imágenes. En un grupo familiar, se
evitaron muchos estallidos y rabietas usando un esquema de tacto en
vez de un esquema de imágenes. Diez minutos antes de desayunar, les
daban una cuchara para que la sujetasen y diez minutos antes de tomar
una ducha, les daban un reloj sumergible. El objeto tangible comunicaba
lo que iba a pasar y el periodo de diez minutos les daba a sus cerebros el
tiempo para procesar la información sensorial.

La investigación está demostrando ahora de forma muy clara que el
ejercicio reduce la ansiedad y el comportamiento estereotipado. En otro
grupo familiar, un programa de ejercicio vigoroso reducía los problemas
de comportamiento.

Algunos adolescentes y adultos en el espectro, que no hablan, pueden necesitar medicación para aliviar el estrés y la ansiedad, de forma que pudieran usarse otras formas de modificación del comportamiento de forma satisfactoria. A menudo, una combinación de enfoques es lo mejor. A veces una dosis pequeña de medicación convencional combinada con dieta u otro tratamiento biomédico es más eficaz que uno de los dos métodos usados solos.

Referencias

Ankenman, R. 2014. *Hope for the Violently Aggressive Child.* Future Horizons, Arlington, TX.

Aull, E. 2014. *The Parents' Guide to the Medical World of Autism.* Future Horizons, Arlington, TX.

Coleman, R.S. et al. 1976. The effects of fluorescent and incandescent illumination upon repetitive behaviors in autistic children. *Journal of Autism and Developmental Disorders* 6: 157-162.

Hollander, E. et al. 2010. Divalproex sodium vs placebo for the treatment of irritability in children and adolescents with autism spectrum disorders. *Neuropharmacology* 35: 990-998.

Parkin, M. S. et al. 2010. Psychopharmacology of aggressions in children and adolescents with autism: A critical review of efficacy and tolerability. *Journal of Child and Adolescent Psychopharmacology* 18: 157-178.

Strohle, A. et al. 2005. The acute antipanic activity of exercise. *American Journal of Psychiatry* 162: 2376-2378.

Walters, R.G. and W.E. Walters. 1980. Decreasing self-stimulatory behaviors with physical exercise in a group of autistic boys. *Journal of Autism and Developmental Disorders* 10: 379-387.

Enseñar a Terminar Tareas para Personas con Autismo Grave

E l método estándar para enseñar a una persona autista que no habla, tareas como vestirse o cocinar es darles un esquema de imágenes que muestren los pasos de la tarea. Esto funciona bien para muchas personas, pero algunas tienen dificultades para unir todos los pasos. Para aprender una tarea simple como hacerse un sándwich, tienen que ver a una persona que haga la tarea *entera*, desde el principio al final sin dejarse un solo paso. Si no ven cómo la segunda rebanada de pan va encima de la mantequilla de cacahuete, quizá no intentarán hacer los pasos individuales porque, en conjunto, no tienen sentido para la persona. Hacer un sándwich es fácil de enseñar porque cuando la tarea se puede demostrar, se observa toda la tarea, y el producto final, el sándwich, es concreto y tiene significado para la persona.

Esta idea de "enseñar a terminar una tarea" es particularmente relevante en el ámbito de enseñar a ir al lavabo. Uno de los desafíos para enseñar a ir al lavabo a personas que están en el extremo grave del espectro, es que estas personas puede que no sepan cómo entran la orina o las heces en el inodoro. El esquema de imágenes muestra cómo se vacía el inodoro, pero no muestra cómo llegan a él. A menudo existen problemas para enseñar a una persona a defecar en el inodoro, comparado con orinar. Esto es porque la persona ha podido observar más directamente cómo la orina sale de la persona y entra en el inodoro.

Esto es especialmente cierto en los niños, pero incluso las niñas pueden observarlo. No es una acción obvia, para ambos sexos, cuando se trata de defecar. Si ven cómo las heces van desde la persona al inodoro, enseñándoles la secuencia, puede que estas personas sepan cómo hacerlo.

Además, las personas normales asumen que una imagen es todo lo que el niño o el adulto necesita para ayudar al niño a unir la eliminación de residuos corporales en el lugar dónde debería ir, es decir, el inodoro. Pero para muchas personas, esa unión es demasiado grande y no "computa" en su cerebro. Las personas con problemas sensoriales graves puede que no noten la sensación de tener que orinar o que entiendan cómo soportar el defecar. Estos son pasos intermitentes que quizá deben ser dirigidos para un programa de higiene satisfactoria.

A veces, incluso demostrando toda la tarea con enseñanza visual no es suficiente. Muchas personas en la parte grave del espectro tienen tantos problemas de procesamiento visual que tienen que aprender las tareas por el tacto. Un terapeuta enseñaba a un niño a usar un tobogán "caminando" con él durante toda la tarea de subir la escalera y deslizarse hacia abajo. El terapeuta se ponía detrás del niño y movía sus manos y pies durante toda la secuencia: subiendo la escalera, sentándose en el tobogán y bajando por él.

Enseñar cómo se pone un pie en un zapato puede hacerse de forma similar. El terapeuta, mano sobre mano, guía la mano de la persona sobre el tobillo y el pie, de forma que la persona note el pie, luego note el interior del zapato, para que puede unir de forma cognitiva cómo el pie podría deslizarse dentro del zapato. El paso siguiente, mano sobre mano, es deslizar el pie dentro del zapato en un movimiento continuo, de forma que la persona experimente la sensación del pie metiéndose en el zapato y hacer la conexión cognitiva mediante la información táctil que recibe.

Tito, en su libro, *¿How Can I Talk If My Lips Don't Move?* Describe aprender cómo ponerse una camiseta. Su madre, muy lentamente, le ponía la camiseta sobre él para que pudiera notar sus manos yendo a través de las mangas y su cabeza pasando lentamente a través de la apertura del cuello. Si la camiseta se la ponía demasiado rápido, no era capaz de procesar la retroalimentación sensorial que le proporcionaba el material y notar la experiencia.

A las personas en el lado del espectro más grave se les puede enseñar a hacer acciones distintas, pero no Podemos perder de vista los problemas de acompañamiento sensorial que pueden impedir su aprendizaje. En muchos casos, los problemas sensoriales son graves y roban a la persona muchos de los "datos de retroalimentación" necesarios para aprender lo que las personas normales reciben inconscientemente. Las estrategias de enseñanza basadas en lo táctil y visual para realizar una tarea entera, pueden suministrar la información extra que estas personas necesitan para aprender.

CAPÍTULO 5

Problemas de Comportamiento

*El comportamiento nunca se produce
en un vacío; es el resultado final de la
interacción entre el niño y su entorno,
y ese entorno incluye a las personas
que hay en él.*

El comportamiento es uno de los tópicos más discutidos siempre por parte de padres y profesionales dentro de la comunidad autista. Los padres quieren saber cómo gestionar el comportamiento de su hijo en casa y en la comunidad. Los educadores en la clase ven difícil gestionar los estallidos de comportamiento que pueden acompañar al autismo, y a menudo terminan en tácticas de castigo, lo que tiene poco o ningún efecto en un niño autista que está sufriendo un berrinche debido a una sobrecarga sensorial y una malinterpretación social. Entender la fuente del "mal" comportamiento y enseñar "buenos" comportamientos es un desafío para adultos normales que tienen una forma de pensar y de sentir su mundo distinta a la de los niños con ASD. Es necesario que los adultos reconsideren la forma en que interactúan con gente con ASD y la mayoría no están bien preparados para hacerlo. Los conceptos abstractos de moralidad y comportamiento no funcionan. El niño tiene que aprender mediante ejemplos específicos. Cuando yo decía algo maleducado sobre una señora en una tienda, mi madre me corregía al instante y me explicaba que comentar lo gorda que estaba la persona era de muy mala educación. Tuve que aprender el concepto de "comportamiento mal educado" siendo corregida cada vez que tenía ese comportamiento. El comportamiento debe enseñarse con un ejemplo *específico* de uno en uno.

Llámame pasada de moda, pero los adultos en el mundo de mi juventud, en los 50 y los 60, creían en un Código más estricto de comportamiento social que el del mundo de los adultos de hoy en día. Para los niños con ASD, eso era bueno. Las normas de comportamiento eran sencillas y se cumplían obligatoriamente, otra estrategia positive bien alineada con la forma de pensar del autismo.

Las consecuencias se imponían de forma uniforme y las expectativas eran altas. Mi madre y todas las demás que vivían en nuestro vecindario atendían a los comportamientos de los niños, y daban valor a enseñar a sus hijos buenas maneras y comportamientos adecuados. Para ser un miembro funcional de la sociedad, estas cosas eran necesarias, no opcionales, como parece que son hoy en día. Actualmente a los niños se les permite hacer casi todo. El comportamiento de muchos niños de cinco o seis años que he visto en tiendas u otros lugares públicos es atroz. Los padres permanecen allí, sin saber qué hacer, finalmente rindiéndose a la rabieta del niño para que se esté quieto.

El mundo actual a un ritmo tan rápido, regido por la tecnología, es más ruidoso y ajetreado que el mundo en el que yo crecí. Eso, dentro y fuera de sí mismo, crea nuevos desafíos para el niño con autismo, cuyos sistemas sensoriales normalmente están estropeados de una manera o de otra. Nuestros sentidos están bombardeados cada día, y eso puede hacer que incluso los niños y adultos normales estén exhaustos al final del día. Imagina el efecto que tiene en los sistemas sensoriales del niño con autismo, en especial aquellos con hipersensibilidad de los sentidos. Entran en el mundo con un conjunto de desafíos físicos que incapacitan gravemente su capacidad de tolerar la vida, mucho menos aprender en entornos convencionales. Tienen mucho más camino por recorrer para estar listos para aprender que cuando yo crecí en mi época.

Al averiguar cómo gestionar los problemas de comportamiento, uno se pregunta: ¿Es un problema *sensorial* o un problema de *comportamiento*? Normalmente hay que adaptarse para ayudar a un niño a gestionar problemas con hipersensibilidad sensorial. Castigar los problemas sensoriales solo hará que el comportamiento del niño *empeore*. A veces los problemas de comportamiento ocurren cuando una persona con ASD se frustra debido a un procesamiento mental más lento, que a su vez hace que la respuesta rápida sea más difícil. En la guardería, yo tuve un enorme berrinche porque el profesor no me dio tiempo suficiente a explicar los errores que yo había cometido en una tarea. La tarea era marcar unas imágenes de cosas que empezaban con la letra B. Yo marqué mal, marcando una imagen de una maleta con la letra B. En casa, a las maletas las llamábamos "bolsas".

El comportamiento no ocurre nunca en un vacío; es el resultado final de la interacción entre el niño y su entorno, y este entorno incluye a la gente que hay en él. Para obtener un cambio positivo en el comportamiento de un niño con ASD, los adultos deben ajustar sus propios comportamientos. En la serie de televisión, *Super nanny*, Jo Frost hace unos cambios tan remarcables en el comportamiento de los niños, porque primero ayuda a los padres a controlar su propio comportamiento y aprender las técnicas básicas de comportamiento esta es una lección valiosa para padres, educadores o proveedores de servicio, para tomar en serio. El comportamiento, bueno o malo, de un niño con ASD depende en gran medida de ti y de tu comportamiento. Si tú quieres cambiar el comportamiento del niño, primero mira el tuyo propio. Puede que te sorprenda lo que veas.

Al resolver problemas de comportamiento, padres y profesores tienden a generalizar demasiado. Me pedirán cómo trataría yo un problema de comportamiento en la escuela. Para desarrollar una solución eficaz, se necesita una información mucho más detallada, como la edad, la descripción del comportamiento y el nivel de habilidades verbales. Después de hacer muchas preguntas, puedo determinar que un niño tendrá una sobrecarga sensorial y otro niño se comportará mal porque se le ha forzado a hacer el mismo ejercicio de "matemáticas de bebé" una y otra vez y está aburrido. Así que, un niño necesita un libro de matemáticas más avanzado, y el otro necesita alejarse del ruido de la cafetería.

Tal La Manera En Que Yo lo Veo, muchos padres y profesores no tienen unas expectativas suficientemente elevadas para un buen comportamiento por parte de estas personas, ni se hacen responsables de sus comportamientos.

Discapacidad versus Sólo Mal Comportamiento

Durante mis viajes, he observado que muchos niños en el espectro autista necesitan más disciplina. Muchos padres y profesores parecen estar confundidos acerca de la causa de que parte del comportamiento que emana de sus hijos. ¿Es solo mal comportamiento o está causado este comportamiento por la discapacidad de la persona?

Profesores y padres necesitan diferencias entre un comportamiento problemático causado por problemas sensoriales y solo mal comportamiento a secas. Esto es especialmente verdadero para niños con Asperger y autistas que hablan perfectamente. Tal La Manera En Que Yo lo Veo, muchos padres y profesores no tienen unas expectativas suficientemente elevadas para un buen comportamiento ni se hacen responsables de sus comportamientos. El que yo hubiera sido educada durante la década de los 50 probablemente fue una ventaja. La vida era mucho más estructurada entonces. Se esperaba de mí que me comportara cuando mi familia se sentaba a cenar. La casa estaba tranquila durante la cena, así que no había problemas de sobrecarga sensorial. Actualmente, en una casa normal, la cena puede ser ruidosa, caótica y estresante para un niño en el espectro. La música está sonando en la televisión en marcha, o los hermanos están todos hablando o chillando al mismo tiempo. Para crédito de mi madre, también era buena detective sobre qué entornos me causaban estrés. Reconocía que las multitudes grandes y ruidosas o demasiado ruido y conmoción en general, era más de lo que mi sistema nervioso podía soportar. Cuando tenía un colapso, ella entendía el motivo.

Los malos comportamientos deberían tener consecuencias, y los padres deben entender que aplicar las consecuencias de forma constante les hará ganar para cambiar esos comportamientos. Yo me comportaba bien en la mesa porque había consecuencias: perdía los privilegios de la TV durante una noche si no me comportaba en la mesa. Otros malos comportamientos como blasfemar o reírme de una señora gorda, tenían consecuencias. Mi madre también sabía cómo hacer que las consecuencias tuvieran sentido. Elegía las cosas que eran importantes para mí, como mis privilegios.

Yo siempre estaba probando los límites, como hacen la mayoría de niños. Los padres no deberían pensar que, porque su hijo tenga autismo o Asperger, eso no va a ocurrir. Mi madre estaba segura de que hubiera una disciplina constante en casa, y entre mi casa y la escuela. Ella, mi niñera y mi profesor, trabajaban juntos. No había forma alguna en que yo pudiera manipular a uno contra otro. La tabla de la página siguiente muestra algunos ejemplos de "mal comportamiento a secas" y algunos de los problemas de comportamiento más comunes causados por autismo altamente funcional o síndrome de Asperger. Muchos de estos ejemplos provienen de padre y profesores que he conocido en talleres y conferencias. Los malos comportamientos necesitan disciplina. Pero los padres nunca deben castigar a un niño con autismo por actuar, o por tener un colapso. Cuando es consecuencia de una sobrecarga sensorial o de alguna otra parte del autismo, como no comprender lo que se espera de él, o no haberle enseñado nunca las habilidades sociales adecuadas. Si conoces bien a tu hijo, y entiendes cómo están afectados los distintos sistemas sociales y sensoriales por el autismo, Sabrás cuándo el comportamiento de tu hijo es ´solo "mal comportamiento" y cuando es una manifestación de su autismo.

MAL COMPORTAMIENTO que debería corregirse. El autismo, ASD o el Síndrome de Asperger NO es una excusa

- Modales descuidados en la mesa
- Vestir como un haragán; poco aseado
- Ser maleducado con un profesor, padres, otro adulto o un compañero
- Blasfemar
- Reírse de forma inapropiada de la gente (p.e., de una señora gorda, de alguien en silla de ruedas)
- Comportamiento sexual inapropiado en público
- Manipular a los adultos, lanzando ataques en casa, en la escuela o en la comunidad
- Robar un juguete y luego mentir sobre eso
- Hacer trampa en un juego de cartas o durante una actividad deportiva

Problemas causados por Autismo, ASD, o Síndrome de Asperger. Puede ser necesario ADAPTARSE

- Gritar cuando suena la alarma antiincendios porque les duelen los oídos

- Tener berrinches en unos grandes almacenes, /centros comerciales/zonas de recreo debido a sobrecarga sensorial; es más probable que ocurra cuando el niño está cansado
- Quitar ropas/rasca excesivamente/ pica: no puede tolerar ciertos tejidos, costuras, fibras contra la piel
- Hiperactividad y agitación bajo luces fluorescentes
- Escritura descuidada: a menudo debido a habilidades motrices finas defectuosas. (En su lugar, permitir que el niño use una máquina de escribir o un ordenador.)
- Dificultades con múltiples tareas debido a que la velocidad de procesamiento del cerebro es más lenta
- Problemas para seguir instrucciones verbales largas. Pueden ser necesarias instrucciones por escrito.
- Problemas con multitarea
- Necesita hacer pausas para calmarse

Mi Experiencia con las Burlas y el Bullying

En la escuela elemental, tenía amigos porque los otros niños disfrutaban haciendo proyectos artesanales conmigo. Yo era buena haciendo cosas en las que otros niños estaban interesados, proyectos como cometas o casas en los árboles. Tenía amigos gracias a intereses compartidos. Otra razón por la que tuve una buena experiencia en la escuela primaria sin que me hicieran bullying fue que mi profesora de tercer grado, la Srta. Dietsch, les explicó a los demás niños que yo tenía una discapacidad no visible, como llevar muletas o ir en una silla de ruedas. Ella animó a los otros niños a ayudarme a aprender las normas sociales. Actualmente a este enfoque se le llama "intervención mediada por un compañero." Mis problemas con el bullying sucedieron en la escuela superior.

En la escuela superior, los adolescentes se vuelven seres totalmente sociables. Ser buena en proyectos manuales o de ciencia no otorgaba ningún punto en la escena social. La cancioncilla de los niños dice, "Palos y piedras te romperán los huesos, pero las palabras nunca de harán daño." Esto no es cierto, las palabras duelen mucho.

Al principio, mi respuesta ante las burlas era la ira, me expulsaron de un gran colegio de niñas por tirarle un libro a una niña que me llamó "retrasada." En novena grado, fui a un internado más pequeño para estudiantes inteligentes pero problemáticos. Durante la primera semana, empezaron las burlas. Me llamaban "huesos" porque era delgada,

y "grabadora". Yo respondía con los puños. Después de una gran pelea en la cafetería, me quitaron los privilegios de montar a caballo. Como realmente quería
montar a caballo, dejé de luchar. Las consecuencias de pelear con los puños tuvieron un impacto en mí. Entonces desarrollé amistades gracias a intereses compartidos sobre montar a caballo y modelos de cohetes.

No obstante, las fuertes emociones que sentí no se desvanecieron de forma simple. Tuve que buscar una salida para esas emociones porque no podían apagarse simplemente. Empecé a llorar cuando se burlaban de mí. Incluso hoy, apaciguó mi ira llorando. Los estallidos de ira no se tolerarían en el trabajo, pero si tenía que llorar, podía buscar un lugar privado.

Cuando me fui a la Universidad en el Franklin Pierce Collage de New Hampshire, encontré muchos buenos profesores que me ayudaron. Sin embargo, las burlas seguían siendo un problema. Me llamaban "mujer busardo". El punto en que giro fue, y cesó la burla, cuando los demás estudiantes descubrieron que tenía talentos y habilidades útiles que les interesaron. Me ví involucrada en la demostración de talentos de la escuela, trabajando muchas horas haciendo el decorado y actuando en algunos de las parodias. Hice un emblema para el Old Palace Theatre, cubierto con brillo plateado. También canté algunas canciones divertidas con voz chirriante.

Hasta que una persona participa en actividades compartidas con otras personas, el bullying continúa. Recomiendo encarecidamente que los estudiantes con autismo/AS se ve involucrado en clubs de interés especial sobre algunas áreas en las que sobresalen, como ordenadores, arte, matemáticas, kárate, etc. Algunas otras actividades buenas eran la exploración, mostrar animales en la organización 4-H o Futuros Agricultores de America, y Talleres Makerspace. Talleres Makerspace hacen cosas interesantes con impresoras de tres dimensiones. Estos clubs ayudarán a refugiarse de las burlas y mejorarán la autoestima de la persona. Estar con personas que comparten tus intereses hace más fácil la socialización.

Tal como he dicho muchas veces antes, los talentos necesitan desarrollarse. Padres y profesores necesitan trabajar para expandir el rango de intereses del niño en áreas que puedan compartir con otros estudiantes. Por ejemplo, el estudiante con autismo puede tener buenas habilidades artísticas, pero todo lo que dibuja son pomos de puerta. Habilidades como dibujar, necesitan ser ampliadas. Un buen primer paso puede ser apuntar al estudiante a una clase de arte, donde se requiera dibujar otras cosas. Puedo recordar cuando hice una clase de dibujo a lápiz y tuve que pasar las dos horas enteras dibujando mi propio pie. En la Universidad, los otros estudiantes no estaban interesados en mis talentos artísticos hasta que hice el decorado para la demostración de la escuela. Todos compartimos un objetivo común, la demostración, y yo formé parte de su "grupo".

Mientras yo hacía el decorado para algunas de las obras de mi escuela superior, los adolescentes jóvenes estaban hipersocializados para apreciar mis habilidades. Algunos estudiantes muy listos autistas o con Asperger puede que necesiten ser apartados de la escena de la escuela hipersocializada. Apúntales a una universidad o a un curso en la escuela comunitaria donde puedan estar con sus compañeros intelectuales. Los estudiantes universitarios son un poco más maduros y reconocen y aprecian los talentos y no se burlan tanto. En la escuela superior, me desapunté de la escena social adolescente porque era demasiado duro para mí estar allí. No fue hasta que llegué a la demostración de talentos de la universidad, que fui capaz de volver a participar.

Referencias y Lecturas Adicionales

Charlop, M.H. et al. (2018) Want to play? Peer medicated intervention of young children with autism spectrum disorder, In: Play and Social Skills for Children with Autism Spectrum Disorder, *Evidence Based Practices in Behavioral Health*, Springer, pp. 107-127.

Daniel, L.S. et al. (2010) What boys with autism have to say about establishing and maintaining friendships, *Focus on Autism and Other Developmental Disabilities*, 25:220-229.

Grandin, T. (2018) *Calling All Minds: How to Think and Create Like an Inventor*, Penguin Random House, New York NY.

Hong, E.R. et al. (2015) Addressing bullying of students with autism: Suggestions for parents and educators, *Intervention in School and Clinic*, 50:157-162.

Koenig, K.P. et al. (2017) Characterization and utilization of preferred special interests: A survey of adults on the autism spectrum, *Occupational Therapy and Mental Health*, 33:129-140.

Pierce, K. and Schreibman, L. (1995) Increasing complex social behavior in children with autism: Effects of peer implemented pivotal response training, *Journal of Applied Behavior Analysis*, 28:285-295.

Watkins, L. et al. (2015) Review of peer mediated social interaction for students with autism in inclusive settings, *Journal of Autism and Developmental Disorders*, 45:1070-1083.

La ira y el resentimiento que mucha gente con AS siente son comprensibles y justificados. No obstante, lo que no lo es, es el "comportamiento de actuar" grosero como respuesta a estos sentimientos.

La Mala Educación es Inexcusable

Recientemente fui a una reunión sobre el autismo aquí en los EE, UU. y me quedé horrorizada del comportamiento grosero que mostraban algunas personas adultas con Síndrome de Asperger (AS), que estaban presentes. Una de ellas vino hacia mí y dijo, "¿Quién narices es usted?". También me interrumpió durante las dos sesiones principales de la conferencia porque se oponía rotundamente a la noción de encontrar una cura para el autismo. Más tarde ese día, la misma persona dirigió un panel de discusión en la que las personas con AS hablaban de sus vidas. Durante esa sesión, sus modales y comportamientos fueron educados y perfectos, lo que demostraba que era capaz de comportarse adecuadamente cuando quería.

Lo que más me disgustó fue que esas personas sentían que porque tenían Asperger, la gente a su alrededor debía aceptar su mal comportamiento, que su "discapacidad" les eximía en cierta forma de los estándares sociales en los que todos vivimos. Les guste o no, las barreras sociales existen, y se espera de nosotros que nos atengamos a ellas, tanto si somos miembros de una "minoría" o de la corriente principal de la sociedad americana. Para ser miembros de un grupo, debemos aprender les normas y actuar de la manera adecuada socialmente.

Las personas con autismo y AS pueden encontrarlo más difícil de hacer, pero estar dentro del espectro no les exime de hacerlo.

Yo no me oponía totalmente a algunos de los puntos de vista que esas personas con ASI compartían con otras personas que asistían a la conferencia, pero no podía evitar pensar que sería mucho más eficaz que pudieran haber dado su mensaje, de forma que otras personas en la conferencia deseasen escuchar y tener en cuenta lo que tenían que decir. El comportamiento grosero tiene consecuencias, y en la mayoría de los casos, son negativas. En general, el comportamiento grosero o abiertamente antisocial:

- Es un desvío instantáneo; a la mayoría de personas no les gustan los groseros.
- Hace a la gente sentirse incómoda, intranquila.
- Cierra canales de comunicación.
- Hace que la gente se forme una rápida opinión negativa de ti, sea o no válida o basada en hechos.
- Te aparta de los demás. Reduce la oportunidad de posteriores contactos.
- Se ve como una debilidad individual, como una incapacidad de la persona para "controlar" sus emociones.

Los que padecemos autismo /AS vivimos en una Sociedad que puede ignorar seriamente nuestras necesidades, las dificultades a la que nos enfrentamos en el día a día intentando "encajar" en un mundo que a menudos es duro, estresante y está cribando nuestra neurología. La ira y el resentimiento que sienten muchas personas con AS, es comprensible y justificado. No obstante, lo que no lo es, es el "comportamiento de actuar" grosero, como respuesta a esos sentimientos, y llamar a ese comportamiento aceptable en nombre del autismo.

El autismo y las culturas neurotípicas permanecen divididas, aunque la brecha se está cerrando lentamente con la educación, la vigilancia y las experiencias. Le ocurre a una persona a la vez, y cada uno de nosotros jugamos un papel en lo rápido podemos cerrar esa brecha. Cuando las personas con AS pregonan una creencia rígida de que se les debería permitir actuar de la forma que quisieran, ajenos a las normas sociales que piden respeto para las personas que están alrededor, ensanchan el abismo que existe todavía. Perpetúa una mentalidad de nosotros contra los demás: "Tú estás equivocado; Nosotros tenemos razón." También perpetúa los estereotipos muy negativos que algunos de los que estamos en el espectro trabajamos para anular: que las personas con AS son tozudas, resistentes al cambio y que no desean el compromiso. Mientras que éstas pueden ser características de trastornos en el espectro autista, presenta la noción de que son aspectos de la personalidad inmutables, y que no se pueden cambiar, sólo da más soporte a la "incapacidad" de las personas en el espectro.

La mejor manera de enseñar al niño es utilizar momentos "para enseñar". Cuando un niño comete un error social, no grites "NO." En su lugar, da instrucciones. Por ejemplo, si un niño se levanta para alcanzar la comida en la mesa, dile que le pida a su madre o hermana que le ayude a pasársela. Si un niño empuja en la cola de un cine dile, "Tienes que esperar a tu turno para comprar el billete." Si hace un comentario grosero acerca de una persona en la tienda, llévatelo a un lado y dile, "Es grosero discutir sobre la apariencia de otras personas en público." La clave es dar instrucciones de forma calmada y no empezar a chillarle al niño.

*He hablado con muchos padres que me han dicho que
su hijo es bueno dibujando o alguna otra habilidad,
pero sigue destruyendo su trabajo porque tiene alguna
pequeña imperfección.*

La Necesidad de Ser Perfecto

Algunas personas en el espectro autista que son Buenos dibujando o tienen otras habilidades, a menudo destruirán un trabajo excelente porque no es absolutamente perfecto. Sean Barron, una persona muy conocida en el espectro, describió cómo destruyó un hermoso avión que había fabricado, uno que le costó muchas, muchas horas de crear, porque tenía un pequeño defecto. En su mente, si el avión no era perfecto, no tenía ningún valor. Otras personas borran buenas obras de arte de sus ordenadores porque piensan que es inferior. Algunos niños romperán las páginas de sus deberes por una pequeña corrección de ortografía o porque borrar demasiado hace que la página parezca sucia.

Otras personas en el espectro autista ocultan su habilidad. Una madre descubrió que su hijo que no hablaba, quien, a su entender, no podía leer, estaba tecleando palabras como "depresión" en Google. Esto es muy distinto a que un niño o adulto teclee un nombre de un dibujo animado memorizado en YouTube ya que puede ver videos. Memorizar el nombre de un dibujo animado no requiere habilidades de lectura, sino que teclear palabras como "depresión" o "Iraq" pueden indicar que una persona tiene una habilidad escondida de lectura.

Le dije a mi madre que descargara la memoria cache del ordenador para ver el historial de búsqueda de su hijo para determinar si era posible leer acerca de "Iraq" o "depresión". Ninguna de esas dos palabras formaba parte de los deberes escolares del niño. No obstante, estaba expuesto a ellas por parte de la gente que tenía a su alrededor. Viendo su historial de búsqueda, la madre pudo determinar si su hijo podía estar ocultando su capacidad de leer.

Incluso los expertos no son perfectos

La gente con autismo y Síndrome de Asperger, tienden a pensar en blanco y negro. Se ven a sí mismos y al mundo que los rodea en polos opuestos, y esta tendencia alimenta su necesidad de ser perfectos. Para ellas, incluso el más mínimo error y contratiempo puede sentirse como fallos, provocando altos niveles de ansiedad cuando sus esfuerzos o los acontecimientos a su alrededor no están a la altura de esta escala de todo o nada.

He hablado con muchos padres que me han dicho que su hijo es bueno dibujando u otra habilidad, pero continúa destruyendo su trabajo porque tiene alguna imperfección leve. Es importante para los padres enseñarle al niño formas concretas que 1) existen habilidades que son continuas, y 2) hay distintos niveles de cualidad necesarios para distintos niveles de trabajo. Para empezar, explicarle al niño que, incluso los grandes expertos en un campo pueden cometer alguna imperfección en su trabajo. Por ejemplo, ser un fotógrafo para *National Geographic* requiere que una persona sea la mejor. Un fotógrafo para el *TIME* o *Newsweek* tiene que ser bueno, pero no tan bueno como un fotógrafo para el *National Geographic*. En otras palabras, existen distintos niveles de calidad para un trabajo de fotografía. Pueden estar en una lista como esta:

- Fotógrafo experto—Trabaja en *National Geographic*

- Fotógrafo muy bueno—Trabaja en *New York Times*, *Newsweek*, o *Wall Street Journal*
- Buen fotógrafo—Trabaja haciendo bodas locales, retratos o fotografía comercial
- Aficionado bueno—Toma fotos bonitas de panoramas de vacaciones
- Tomador de fotos Snapshot—Hace snapshots de calidad normal
- Fotógrafo terrible—Hace fotos muy malas: corta cabezas, hace fotos sobreexpuestas, fotos borrosas o hace otros errores obvios inmediatamente.

A medida que las categorías de la calidad disminuyen, las fotos tendrán más y más errores. Es igualmente importante que una persona vea ejemplos concretos del mejor Y del peor, para desarrollar la perspectiva. Si miras bien, incluso es posible hallar errores en fotos de la revista del *National Geographic*; no todas sus fotos son absolutamente perfectas. Una persona puede tener una buena carrera en fotografía, si sus fotos entran dentro de las categorías 1, 2, o 3.

Darle a la persona una representación visual y concreta de los distintos niveles de fotografía, puede ayudarles a entender mejor el concepto de continuo en las habilidades. Un mentor o un profesor pueden reforzar estas ideas, enseñándole a la persona muchos ejemplos de fotos de cada categoría e incluso ayudando a esas personas a clasificar las fotografías en distintas categorías. Entonces, la persona puede esforzarse para la calidad del *National Geographic* o del *TIME Magazine*, en vez de la perfección.

Cuando el estudiante ve una de sus propias fotografías, se puede reforzar preguntándose, ¿Es suficientemente buena para las categorías 1, 2, o 3?" en vez de enfadarse y destruir su trabajo porque no es perfecto.

Cuando estaba empezando, tuve el problema opuesto. A veces hacía un trabajo basto en tareas que no me interesaban. Cuando estaba en la década de los veinte, hice un trabajo muy mal hecho haciendo copias de folletos de ventas. Una Buena forma de enseñarme habría sido mostrarme un ejemplo de un trabajo de copia de calidad y contrastarlo con un ejemplo de un trabajo de copia basto, al tiempo que explicasen lo que hace que uno sea bueno y el otro malo. Por ejemplo, copias torcidas no se aceptan. Las copias a las que les faltan páginas no se aceptan. La calidad del trabajo puede medirse desde un nivel de excelente (aunque no totalmente perfecto) hasta terrible. Estas categorías son parecidas a las escalas de los termómetros que se usan en personas con autismo/AS para enseñar distintos niveles de emociones.

Una escala de calidad puede utilizarse en muchas aplicaciones distintas, desde escribir a programar ordenadores. Para la escritura, las categorías podrían ir desde trabajos literarios especializados a trabajos en periódicos locales hasta documentos escolares muy pobres. Asegúrate de que los estudiantes vean ejemplos específicos de cada categoría.

Ensenar amor y bondad a tu hijo de una forma concreta, con muchos ejemplos específicos.

Autismo y Religión: Enseñar la Bondad

Muchos padres comparten conmigo su deseo de educar a su hijo con autismo o Asperger sobre la religión practicada por el resto de la familia. Algunos se preguntan si su hijo es capaz de entender el concepto de Dios, o un poder más alto, de un ser espiritual, o incluso entender los mensajes básicos de la Biblia u otros textos religiosos.

Con los años, he aprendido que hay una barrera total superior de pensamiento abstracto, aunque mezclado con emociones que yo no tengo. Pensamientos y emociones están separados en mi mente, no están interconectados y no afectan los unos a los otros. Pensar es algo concreto, sucede en imágenes en mi mente. Así, para mí, los problemas de inspiración no tienen significado, excepto para los aspectos muy concretos que me han enseñado.

Yo tuve una educación religiosa adecuada. Mi familia iba a la iglesia episcopal cada domingo. Estas salidas semanales tenían poco valor para mí, y yo no estaba interesada en lo que sucedía. Las enaguas rasposas que tenía que llevar a la iglesia eran horribles. De hecho, lo peor de ir a la iglesia el domingo eran las mejores ropas. La escuela dominical era aburrida para mí y a menudo me pasaba toda la clase llenando los O y P del programa de la iglesia.

No obstante, sentarse quieto durante una actividad que era aburrida era una buena disciplina. Me enseñó que a veces tenía que participar en actividades que eran aburridas porque eso es lo que el resto de la familia quería hacer. A menudo, uno tiene que hacer actividades que otra gente quiere hacer. Esto es una versión más abstracta de aprender cómo turnarse.

Lo que yo entendía eran enseñanzas concretas. Por ejemplo, nuestro servicio de Navidad me provocó una impresión tan duradera que retuve ese día. Cada Navidad, cada niño de la congregación tenía que coger uno de sus juguetes buenos y dárselo a un niño pobre. Un año, yo ofrecí mi yo-yo y mi madre me dijo que tenía que ofrecer un regalo mejor. Durante el servicio de Navidad, el párroco estaba de pie al lado del pesebre, lleno de juguetes ofrecidos, y dijo "es mejor dar que recibir". Esa clase de aprendizaje concreto lo entendí.

La mente autista/Asperger tiende a detenerse en lo negativo y eso es algo que padres y profesionales deberían estar alerta y encontrar formas de contraatacar. Es beneficioso para un joven autista o un niño con Asperger estar escolarizado con enseñanzas positivas. Una forma de hacer eso es a través de la enseñanza religiosa. Ayudar al niño a entender qué hacer, de forma concreta, demostrar acciones que son de donación y positivas y para ayudar a los demás puede contrarrestar esa tendencia hacia el pensamiento negativo. Si un niño pregunta algo negativo, por ejemplo, como lapidar, que se menciona en la Biblia, recomendaría a los padres decirle al niño que, en tiempos modernos, esto ya no se hace. Hazlo concreto y simple.

Una aproximación bonita y positive para una educación cristiana sería darle a un niño un collar o un llavero WWJD (¿qué haría Jesus?, Traducción de las siglas WWJD). Luego, enseñarle al niño ejemplos concretos de lo que hizo, o haría Jesús en varias situaciones. Por ejemplo, Jesús no haría trampa en los juegos. No diría mentiras, no robaría los juguetes de otros niños. Cuando yo era pequeña, robe un camión de bomberos de juguete de otro niño y mi madre me hizo devolverlo.

La educación moral debe ser concreta. Una buena persona es considerada con los demás. Un ejemplo que yo recuerdo de mi infancia era que me decía mi madre muy adormecida, que pedirle que le abriera una botella de cola mientras estaba durmiendo era no ser considerada. El juego limpio y la buena deportividad son importantes cosas a enseñar. Jesús jugaría limpio y no sería un pobre perdedor. No gritaría ni se quejaría si perdía un juego. Es una pena que, en nuestra sociedad de hoy en día, tantos héroes deportivos se comporten mal en televisión y no haya consecuencias a sus acciones. Da una lección errónea de moral para un niño con autismo o Asperger (o para cualquier niño) ver a un famoso jugador de baloncesto no ser castigado por golpear a un cámara de televisión. Si un niño ve cosas como éstas, es importante que sus padres le digan que Jesús nunca lo haría.

Enseña a tu hijo amor y bondad de una forma concreta, con ejemplos muy específicos. Por ejemplo, un ejemplo de bondad sería traer flores a una señora mayor en una residencia de ancianos. Hay cientos de formas en las que los padres pueden compartir la esencia real de su fe con su hijo con autismo o Asperger, durante las demostraciones diarias de bondad que serán un fundamento de su religión. Esto es más importante, y ayudará más al niño en el futuro que aprender a recitar pasajes de un texto, o intentar enseñarles conceptos de nivel más elevado que tendrán dificultad para comprender.

CAPÍTULO 6

Funcionamiento Social

Tal como lo veo, un error enorme de muchos profesores y padres es intentar hacer que las personas con autismo se conviertan en algo que no son: convertir al geek en uno no geek, por ejemplo.

Existen cientos de documentos en la literatura científica acerca de los problemas que tiene la gente en el espectro autista con el pensamiento social y la Teoría de la Mente (ToM, por sus siglas en inglés). La Teoría de la Mente es la capacidad de entender lo que otras personas pueden estar pensando. En su forma más elemental, es la capacidad de entender que distintas personas tienen pensamientos distintos. Incluido dentro del ToM está el tomar perspectiva, ser capaz de pensar acerca de algo y comprender un evento o situación "a través de la mirada de otro". Estas son las habilidades de pensamiento social que desarrollamos sin instrucción formal las personas normales desde muy temprana edad. Estas son también habilidades que la mayoría de la gente, incluidos educadores, asumen que existen en todas las personas, en un grado mayor o menor de desarrollo. Este no es el caso dentro de la población autista.

Sin un Sistema de pensamiento totalmente funcional, las personas con un autismo altamente funcional o con Síndrome de Asperger ((HFA/AS) tropiezan en situaciones académicas y sociales, pierden trozos valiosos de matices verbales o mensajes no verbales que están tejidos dentro de una conversación típica. La discapacidad puede ser penetrante, incluso entre aquellas personas con mayor inteligencia. Por ejemplo, un niño de escuela secundaria que puede hablar elocuentemente sobre las diferencias anatómicas entre las distintas variedades de caimanes, puede que no entiendan la convención social simple de girar su cuerpo hacia el compañero de conversación para indicar interés en lo que tiene que decir. En el mundo del autismo de mayor funcionamiento, si la capacidad de verbalizar ni el CI son indicadores de aptitud social equivalente y de habilidades de pensamiento social/razonamiento. Lo más básico de las habilidades sociales puede estar perdido.

Las personas en el lado más grave del espectro tienen dificultad con los niveles elementales de ToM y tomar perspectiva. Yo siempre he sido capaz de pasar una simple prueba de Teoría de la Mente. Un ejemplo de esa clase de prueba sería algo así. Yo estoy en una habitación con Jim y Bob. Bob pone una golosina en una caja y Jim se va de la habitación. Mientras Jim está fuera de la habitación, Bob mueve la golosina desde la caja a una estantería. Cuando Jim Vuelve, sé que piensa que la golosina está todavía en la caja. Si yo hubiera deteriorado la Teoría de la Mente, habría creído que Jim también sabría que la golosina se habría movido a la estantería, porque yo le vi mover la golosina, y, si yo lo sabía, todos los tenían que saber.

Yo proceso esta prueba puramente con mi pensamiento visual fotorrealista. Hago una imagen de Jim fuera con la puerta cerrada, posiblemente él no podía ver que la golosina se había movido. Cuando me hicieron una prueba más compleja de la Teoría de la Mente, lo hice mal porque requería recordar una secuencia de varios acontecimientos en los que había niños y un carrito de helados. Además, la prueba se presentaba de forma oral, lo que hacía que recordarlo fuera más difícil para mi mente de pensamiento visual. Mi capacidad para recordar la secuencia de palabras es absolutamente terrible. Cuando pregunto por una dirección, tengo que escribirla para recordar la secuencia. Con la segunda prueba de ToM, mi problema no fue entender el punto de vista de otra persona, fue debido a mis habilidades con la secuencia. Las instrucciones escritas para mí son mejores, como lo son para la mayoría de los niños y adultos con ASD.

Teoría de la Mente Visual

Cuando era muy joven, mi madre me enseñó, de nuevo usando ejemplos visuales, la importancia de entender cómo se siente otra persona. Cuando tenía ocho años, yo comía con la boca abierta y mi madre no paraba de decirme que la mantuviera cerrada mientras masticaba la comida. Seguía diciéndome que cerrara la boca, pero yo seguía masticando con la boca abierta porque para tenía sentido para mí la causa del porqué era tan importante. Entonces, un día que volví del colegio, le dije a mi madre que viendo a Billy comer con la boca abierta me hizo vomitar, que parecía el interior de un camión de la basura. Mi madre contesta suavemente, "Tu boca parece el interior de un camión de la basura cuando está abierta y a mí me dan ganas de vomitar." Ahora entendí lo que mi madre experimentaba cuando yo veía a Billy masticar con la boca abierta. Para comprender como se siente otra persona ante la situación, yo tuve que experimentar por mí misma lo que el otro niño estaba experimentando. Para niños que son menos aprendices visuales y responden bien al lenguaje verbal, puede funcionar bien decirles que la norma es masticar con la boca cerrada.

Evitar ser abstracto

A la inversa, también es difícil para la gente que piensa de forma abstracta, comprender situaciones en las que es necesario un pensamiento no abstracto. Esto puede presentar oportunidades de carrera para personas con ASD. En mi trabajo diseñando instalaciones ganaderas, nada es abstracto. No es necesario el pensamiento abstracto para diseñar y construir cosas. Este es el motivo por el que me gusta tanto mi carrera. Tengo una gran sensación de éxito mejorando las condiciones para los animales, y ahora la mitad del ganado de Estados

Unidos y Canadá están en equipamientos que yo he diseñado. Puedo ver resultados tangibles de mi trabajo; no es abstracto. También siento una gran satisfacción cuando puedo ayudar a un padre o profesor a resolver un problema con un niño. Cuando los padres me dicen que uno de mis libros les ha ayudado a entender a su hijo y les ha permitido trabajar con él de forma más eficaz, me siento muy feliz.

Para ser un profesor eficaz con un niño con HFA/AS, hay que explicar las normas de vida de forma no abstracta. No le digas a un niño, "Bien, tienes que ser Bueno porque es lo correcto." Las palabras "bueno" y "correcto" son mucho más abstractas para la mente pensante concreta de niños en el espectro. En su lugar, se especificó y di, "Deberías turnarte jugando a ese juego porque, si otro niño estaba jugando, querrás que él te deje jugar a ti en otro turno." Otro ejemplo concreto sería algo como, "No robes los juguetes de otro niño, porque no te gustaría que él te cogiera tus cosas." Enseña la Regla de Oro, un ejemplo específico cada vez.

Yo soy lo que hago

Otro motivo por el cual tener una buena carrera es tan importante para mí es que yo soy lo que hago en vez de lo que siento. Para mí, la complejidad emocional es sustituida por la complejidad intelectual. Mi gran satisfacción en la vida proviene de hacer cosas. Mis mejores interacciones sociales siempre implican actividades con otras personas con las que comparto un interés común, como construir cosas o comportamiento animal. Muchos de mis amigos están relacionados con el comportamiento animal o involucrados construyendo proyectos o trabajando en el tema del bienestar animal. También tengo muchos Buenos amigos en la comunidad autista. Mi carrera le da significado a la vida. Esta es la forma como se siente muchos "técnicos". Para mí, la razón intelectual y el conocimiento son extremadamente valiosos. Este es el motivo por el que estaba tan preocupada hace diez años cuando se inundó la biblioteca de nuestra universidad. Estaba preocupada por si se destruían los libros y el conocimiento.

Durante varias décadas estuve involucrada en la comunidad del autismo/Asperger, he aprendido que algunas personas en el espectro comparten mi forma de relacionarme con la vida y el mundo, y otros no. Hay personas con HFA/AS que tienen unos cuantos más circuitos emocionales conectados con su cerebro, y para ellos, las conexiones emocionales y las sensaciones con los demás es una parte mayor de su funcionamiento, Sin embargo, esto también produce un mayor nivel de frustración en muchos ámbitos de sus vidas, como la amistad y las citas. La vida de celibato que yo llevo no sería adecuada para ellos. Este espectro de diferencias emocionales en personas con HFA/AS es más ilustrativo trabajando con Sean Barron en nuestro libro de 2005, *Unwritten Rules of Social Relationships*. Me abrió los ojos al aprendizaje de que dos adultos de éxito con AS pueden relacionarse con el mundo de forma tan distinta, y ver donde coincidíamos casi siempre en muchas formas y donde éramos tan distintos. Mientras yo soy realmente feliz viendo que Sean tenía una novia y una buena relación romántica en su vida, es una elección que no funcionaría conmigo. Las relaciones románticas son demasiado abstractas para mi forma de pensar. En este capítulo se incluye un artículo acerca de nuestras diferencias.

Empatía basada en lo sensorial

Puedo empatizar con mis sentidos en vez de con una forma abstracta más emocional. Cuando veo al Ganado en el barro, puedo empatizar con lo fríos y miserables que deben sentirse. Una de las cosas con las que puedo empatizar es con las dificultades físicas. Cuando hubo el problema de la crisis hipotecaria de 2007, que causó que mucha gente perdiera su casa, me enfureció. La lustrabotas del aeropuerto de Denver, perdió su casa después de sacar una hipoteca ajustable que no entendió, y luego no pudo hacer frente a los pagos escalonados.

Cuando el negocio se aprovecha del pobre y menos educado de nuestra sociedad, me pone enferma.

A menudo, la gente en el espectro tiene un fuerte sentido de justicia social. Este sentido probablemente se encuentra en una corriente del cerebro separada de los circuitos que son responsables de la relación emocional entre la gente. Este sentido de justiciar social también está conmigo.

Cada vez que leo otro artículo en el periódico sobre gente que pierde su casa debido a prácticas de negocio no éticas, me enfurezco.

Cuando asistí a clases de psicología en la Universidad, estudié la Pirámide de Necesidades de Maslow. En la parte inferior estaba la comida, el refugio y la seguridad, y en la parte superior los ideales abstractos de autoactualización, un concepto que permanece oscuro para mí. Yo estoy mucho más preocupada por la parte inferior de la pirámide, por esas cosas que afectan a la vida de las personas a nivel concreto, más que por la ideología. Entiendo los resultados concretos. La única ideología que me interesa es aquella en la que los resultados son reales, ocurren mejoras tangibles al nivel más bajo. En el mundo del autismo/Asperger, eso sería una ideología que conduce a un buen final para un niño. Un niño que no habla debería tener la oportunidad de crecer y tener una vida con sentido en un grupo familiar y posiblemente tener un trabajo, según su grado de funcionamiento. La gente en el final más elevado del espectro debería ser capaz de vivir de forma independiente, trabajar y contribuir a la sociedad tal como dictasen sus propios intereses y puntos de vista. Para las personas con Asperger, realmente inteligentes, una educación universitaria y una carrera es un objetivo razonable.

Algunas personas con HFA/AS que sienten conexión emocional, que buscan no solo justiciar social sino relaciones románticas, pueden encontrar el éxito teniendo citas o casándose con otra persona que comparta sus rasgos. Socializar por un interés compartido, como la ciencia ficción o la historia del club, a menudo son lugares donde se producen las primeras citas, he hablado con muchas esposas normales que no entienden a un marido que tenga Asperger. Están preocupadas por su falta de relación emocional social. Yo les explico que las habilidades sociales se pueden aprender, como actuar en una obra. Los circuitos del cerebro puede que no estén conectados para las relaciones emocionales, pero puede ser un buen contribuyente, un buen padre y muy leal. Estas personas a menudo poseen muchos rasgos Buenos, como la honestidad, la dedicación, la constancia y un sentido de justicia social, que puede ser bueno en un matrimonio.

Soy un "Nerd"

Tal la manera en que yo lo veo, un gran error que cometen muchos profesores y padres es tratar de hacer que la gente con autismo o Asperger haga algo en lo que no sean "nerds o geeks", convertir el "nerd o geek" en una persona que no lo sea, por ejemplo. Eso no va a funcionar. Enseñarles a ser socialmente funcionales es un objetivo meritorio y uno que no se haya pasado por alto. No obstante, en interés de todos, sería interesante recordar que el mundo se compone de toda clase de personas, y los "nerds y geeks" y la gente con un Asperger moderado, a menudo son uno y la misma cosa. Yo puedo aprender normas sociales, pero nunca aprenderé la tendencia subyacente de las relaciones emocionales que existen en algunas personas. Los circuitos neuronales que conectan esas partes del cerebro, no están bien conectados en el mío.

He escuchado historias tristes en las que una madre sacó a su hijo de clases de ordenador en las que realmente disfrutaba, y lo colocó en situaciones más sociales. Fue un error total por dos motivos. Primero, le quita la oportunidad de desarrollar un talento y un interés que podría conducirle a un empleo en el futuro. Segundo, las experiencias sociales de los adolescentes se desplegarán de forma más natural y progresiva con los otros estudiantes de informática, aquellos con los que tiene intereses compartidos. Los geeks contentos sobresalen en sus trabajos y trabajan en Silicon Valley donde son apreciados por su inteligencia. Los geeks tristes terminan sin actividades que los continúen estimulando intelectualmente, y en vez de ello, se ven forzados a situaciones sociales incómodas que, más pronto o más tarde, no consiguen llegar al objetivo de ser más sociales. La gente en el mundo que piensa que la conexión social es la meta última de la vida, se olvida de los teléfonos, los sitios web de coworking social, Mensajes de texto, y todos los demás vehículos electrónicos que alimentan su pasión para socializar están formados por personas con un cierto grado de autismo. Los geeks se quedan con la boca abierta por la nueva tecnología que crean; los adictos sociales se quedan con la boca abierta por comunicarse con la tecnología y haciendo alarde como símbolo de estatus social. ¿Uno es mejor que el otro? Yo creo que no.

La Dra. Nancy Minshew me hizo un escáner cerebral funcional MRI que indicaba que de forma innata estaba más interesada en ver videos de cosas que ver videos de personas. Cuando hice el escáner, no tenía idea de su propósito. Me mostraron una serie de videoclips cortos de gente y cosas como puentes, edificios y fruta. Inmediatamente note que los vídeos eran viejos y borrosos y parecían más como de los años 70. Esto disparó mi mente en modo resolución de problemas para averiguar dónde habían conseguido esas viejas cintas los investigadores. Cuando las cosas aparecieron en la pantalla, busqué coches porque quería saber cuántos años tenían los videos. Mi cerebro reaccionó dando más actividad neurológica a las imágenes de cosas que de personas.

No existe verdadero o falso en los intereses y formas de ser entre personas con HFA/AS—a menos que puedan funcionar Razonablemente bien en la Sociedad. Si no es así, necesitan claramente más aprendizaje social. Cuando todo lo demás es relativamente igual, La manera mn que yo lo veo, padres y educadores deberían respetar los intereses innatos del niño y fomentar su expresión. No todos en el mundo somos altamente sociales, y eso es Bueno. Pasa lo mismo en el espectro autista. En otro caso del que tuve noticia, un niño con un autismo más grave era un gran artista. Su madre estaba muy molesta porque nunca se casaría (el sueño para su hijo), dudaba si ayudarle a desarrollar su capacidad artística. Para este niño, el arte era su vida. Por suerte, la convencieron para que empezase un negocio para vender el arte de su hijo. Él está contento dibujando todo el día, y eso da sentido a su vida.

El espectro autista/Asperger es Amplio. Muchas personas son bendecidas con una única capacidad, mientras que otros no tienen habilidades especiales. Pero cada persona, no importa el nivel de habilidades o de CI o de habilidades sociales, puede llegar a ser un miembro contribuyente de la comunidad. Eso es lo que dará sentido a sus vidas. Por lo tanto, nuestro objetivo no es hacer que estas personas encuentren sentido a sus vidas, sino que nosotros ayudemos a personas con autismo/Asperger a encontrar significado en las suyas.

Una Visión Sobre los Problemas Sociales Autistas

U n estudio interesante por parte del Dr. Ami Klin y asociados del Yale Child Study Center está ayudando a explicar algunos de los problemas de la gente con autismo. Tanto los adultos normales como los autistas eran portadores de un dispositivo que rastreaba el movimiento de sus ojos, permitiendo a los investigadores determinar qué es lo que estaba mirando la persona. Las personas que usaban el dispositivo de rastreo de los ojos, estaban viendo clips digitalizados de *Who's Afraid of Virginia Wolf*, una película que contiene un número elevado de momentos de interacción social entre personas en una sala de estar (es la clase de película que yo encuentro aburrida debido a su naturaleza social.)

El primer hallazgo fue que las personas autistas se fijan en la boca en vez de los ojos. Creo que una de las razones por la que lo hacen es por sus poblemas para oír los detalles auditivos. sus problemas para oír los detalles auditivos. Yo tengo problemas para escuchas el sonido de las consonantes Fuertes. Si alguien dice "arroyo" (brook, en inglés), yo sé que la palabra no es "ladrón" (crook, en inglés) si se habla en el contexto de un picnic. Mirar a la boca de la persona que habla hace que se escuche la palabra correcta más fácilmente. Creo que cuando estoy en una habitación ruidosa, escuchar es más difícil si miro a los ojos de la persona. Tiendo a orientar mi oído hacia la persona, para escucharla mejor.

El estudio de Amy Klin también mostró que la vista de una persona normal se mueve rápidamente hacia adelante y atrás entre los ojos de dos personas conversando en la película. Esto sucede con menos frecuencia en una persona con autismo

En una prueba en especial, las personas miraban a tres personas conversando. La vista de la persona autista cambió sólo una vez, mientras que la vista de la persona normal se movió seis veces entre las tres personas de la pantalla. Esto puede explicarse por los retrasos en el cambio de atención que a menudo están presentes en el autismo. La investigación llevada a cabo por Eric Courchesne, en San Diego, ha demostrado que los autistas tardan más tiempo en cambiar la atención entre dos estímulos distintos que sus compañeros normales. La incapacidad de cambiar la atención rápidamente, puede explicar algunos de los déficits sociales que se desarrollan entre esta población. Incluso si una persona con autismo estuviera más atenta a los signos sociales que se producen entre las personas, su incapacidad de cambiar el foco rápidamente les impediría recoger esos mensajes cortos, silenciosos que frecuentemente usan las personas para comunicarse de forma no verbal.

Procesar el significado de los movimientos de los ojos requiere muchos cambios rápidos de atención. Esto puede explicar parcialmente el por qué la gente con autismo puede no darse cuenta de movimientos sutiles de los ojos que a menudo se producen durante las conversaciones. Yo no sabía que la gente se comunicaba con movimientos oculares hasta que leí un libro cuando tenía unos cincuenta años. Toda mi vida estuve sin darme cuenta de esta parte de la comunicación. De niña, yo entendía que, si la cabeza de una persona apuntaba hacia mí, me podía ver. Pero no notaba los movimientos más pequeños de los ojos. Muchos adultos con autismo han comentado que finalmente lo descubrieron, a mayor edad, que las personas normales tienen un lenguaje ocular; no obstante, nunca podían entenderlo. Puede que la razón fuera que no podían cambiar la atención rápidamente.

Para ayudar a las personas autistas a participar en conversaciones, la gente puede hablar más despacio, decir sus pensamientos en voz alta con más detalle en vez de usar el lenguaje visual y corporal, y comprobar que la persona autista los entiende, repitiendo las cosas si es necesario.

Aprender Normas Sociales

Los niños y adultos en el espectro autista son pensadores concretos, literales. Las ideas no pueden entenderse por lógica o que impliquen emociones y relaciones sociales, ya que son difíciles de captar, y aún más difíciles de incorporar en sus vidas diarias. Cuando yo estaba en la escuela superior, descubrir las normas sociales fue un desafío mayor. No era fácil notar las similitudes en las acciones sociales de la gente y las respuestas, porque a menudo no eran consecuentes de persona a persona y de situación en situación. Con el tiempo, observe que algunas normas podían romperse con consecuencias menores y que otras, cuando se rompían, tenían serias consecuencias. Me dejaba perpleja que otros niños parecieran saber qué normas podían romperse y cuáles no. Tenían una flexibilidad de pensamiento que yo no tenía. Sabía que tenía que aprender esas normas si quería funcionar en situaciones sociales. Si tenía que aprenderlas, de alguna forma tenía que tener sentido para mí, tener sentido para mi dentro de mi propia manera de pensar y ver el mundo. Empecé observando a los demás como lo haría un científico y descubrí que podía agrupar las normas en un formato de organización que podía relacionar: en categorías mayores y menores. Para cuando fui más mayor en la escuela superior, tenía un sistema para categorizar algunas de las normas sociales de la vida. Todavía uso el mismo sistema hoy en día.

Desarrollé cuatro categorías de normas: 1) Cosas realmente malas; 2) Normas de cortesía; 3) Ilegal pero no malo; y 4) Pecados del sistema.

Cosas realmente malas

Hice el razonamiento que, para mantener una sociedad civilizada, debían existir prohibiciones contra cosas realmente malas como crimen, incendio provocado, violación, robo, saqueo y herir a otras personas. Si las cosas realmente malas no están controladas, no puede existir una sociedad civilizada en la que tengamos trabajos, comida en las tiendas y electricidad.

La prohibición contra cosas realmente malas es universal en todas las sociedades civilizadas. Los niños necesitan que se les enseñe que mentir, en todas las formas, no sólo en pruebas, es malo. Aprender a "jugar limpio" ayudará al niño a crecer como adulto que no cometerá cosas realmente malas. Se le puede enseñar al niño el concepto de juego limpio con muchos ejemplos específicos.

Normas de cortesía

Todas las sociedades civilizadas tienen normas de cortesía, como decir "por favor" y "gracias". Esas normas son importantes porque ayudan a impedir la ira que puede derivar en cosas realmente malas. Sociedades distintas tienen normas de cortesía distintas, pero todas sirven para la misma función. En la mayoría de países, algunas de las normas de cortesía son: estar de pie y esperar el turno en una fila, tener buenas maneras en la mesa, ser pulidos y limpios, ceder el asiento en el autobús a una persona mayor, o levantar la mano y esperar para que el profesor te señale antes de hablar en clase.

Ilegal pero no malo

A veces esas normas pueden romperse según las circunstancias. Las normas de esta categoría varían mucho de una sociedad a otra y según vea estas normas una persona quedará influenciada por su propio conjunto de creencias morales y personales. Ten cuidado: las consecuencias de romperlas son menores; para otras, puede haber una multa. Incluida en esta categoría es correr ligeramente con el coche. Otra norma que yo recomiendo a menudo romper, es el requisito de la edad para asistir a un colegio comunitario. Les digo a los padres que apunten al niño, para que no pueda ser molestado en la escuela superior. No obstante, los padres deben apuntar al niño para que se libre de ser molestado en la escuela superior. No obstante, los padres deben inculcarle al niño que es un privilegio de mayores y debe obedecer todas las normas de cortesía. Un ejemplo de una norma que no entra en esta categoría sería traspasar una línea roja. Hacer eso conlleva la posibilidad de herir o matar a alguien, lo que es algo realmente malo.

Pecados del sistema

Hay normas que nunca deben romperse, aunque pueda parecer que tengan poca o ninguna lógica. Simplemente, deben aceptarse en nuestro país y en nuestra cultura. Por ejemplo, una pequeña agresión sexual que puede tener como consecuencia que se añada tu nombre a la lista de agresores sexuales de los EE.UU., puede que no tenga consecuencias en otro país. En los Estados Unidos, los cuatro pecados mayores del sistema son agresiones sexuales, delitos por drogas, suplantar identidad y jugar con explosivos. Hay padres que me han dicho que su adolescente ha estado viendo porno. Primero, debe estar al corriente de las leyes. El sexo forzado (violación), todo sexo con niñas menores, o ver porno infantil tiene pena de prisión y que entres en la lista de agresores sexuales.

En un mundo posterior a los atentados en Estados Unidos del 11 de septiembre de 2001, también llamado 911, las bromas que antes eran consideradas como de niños traviesos, ahora se persiguen como delitos graves. Nunca cometas un "pecado del sistema" porque la pena normalmente es muy grave.

Este método de categorizar las normas sociales me ha funcionado bien. No obstante, cada persona con autismo puede necesitar categorías de normas distintas que tengan sentido para él. El número de pecados del sistema está aumentando. NUNCA haga amenazas en línea para dañar o matar personas. Las amenazas NUNCA son una broma. Puedes ir a la cárcel.

Mis emociones están todas en el presente. Puedo estar
enfadada, pero se me pasa rápido.

Diferencias Emocionales Entre Personas con Autismo o Asperger

Gané algo de enfoque valioso tanto en mí misma como en los demás en el espectro autista cuando trabajé con Sean Barrón en nuestro libro, *Unwritten Rules of Social Relationships: Decoding Social Mysteries Through the Unique Perspectives of Autism.* Había áreas en las que Sean y yo compartimos emociones similares y otras áreas donde la relación emocional se experimentaba casi de forma opuesta el uno con el otro. Ambos éramos independientes, adultos que funcionábamos bien, con intereses diversos y relaciones sociales, y, aun así, nuestro desarrollo emocional tomó caminos muy diferentes.

Nos parecíamos en dos áreas principales: pensamiento rígido en blanco y negó y obsesiones singulares. En la escuela elemental, Sean se obsesionó con el ángulo exacto de los autobuses aparcados en la escuela. Mi obsesión fue recoger posters de elecciones y lucha. Ambos aburríamos a la gente hablando tontamente de nuestras cosas favoritas.

También compartíamos un estilo de pensar rígido. Sean describe cómo construyó un avión a partir de Tinker Toys y yo me enfadé cuando se había dejado o una parte muy pequeña, sin consecuencias, en vez de estar orgullosa de su logro y darme cuenta de lo pequeña que era la parte, él rompió el avión en trozos. En su mente, o construía el modelo correctamente, o había fallado. Yo tuve una experiencia similar cuando empecé a diseñar corrales para el ganado. Uno de mis primeros clientes no estaba del todo satisfecho con mi trabajo. No me di cuenta de que es imposible satisfacer a todo el mundo. En mi mente, su desaprobación significaba que tendría que dejar de diseñar corrales para el ganado para siempre. Por suerte, mi buen amigo Jim Uhl, el contratista que diseñaba corrales, me dijo que continuara mi trabajo de diseño.

Emocionalmente, Sean y yo somos muy distintos. Yo resuelvo los problemas con lógica y "respuestas al instante" sobre los errores que cometo, usando mi gran imaginación visual. Analizo las reposiciones fotorrealistas de los pasos en falso sociales como un entrenador de futbol analizaría las maniobras de su equipo. Mi satisfacción en la vida proviene de los intereses que puedo compartir con otras personas y de una carrera desafiante. Sean es un pensador verbal; tiene que ver las cosas en palabras y emociones. Se siente conectado con la gente a través de sus emociones. Donde yo sustituía la complejidad emocional por complejidad intelectual, Sean se esforzaba para ganar una relación socioemocional.

Mis emociones están todas en el presente. Puedo enfadarme, pero se me pasa muy rápido. Cuando rebobino escenas, las emociones ya no están unidas a ellas. Sean tenía una ira persistente que yo no tengo. Más como las llamadas personas "normales", puede enfadarse y estar a punto de explotar como una olla en una estufa. En nuestro libro, Sean describe sentirse celoso de las habilidades sociales de su perro. Se ponía celoso de que sus padres y su hermana respondieran de forma más positiva con el perro que con él. A mí nunca se me habría pasado por la cabeza estar celosa de las habilidades sociales de un perro.

No obstante, Sean percibía más señales sociales que yo. Si la gente me toleraba y no me molestaba o gritaba, estaba satisfecha.

La primera vez que empecé a visitar comederos, los vaqueros pensaban que era totalmente extraña. Mientras me permitieron ayudar trabajando con el ganado, era feliz. Sus impresiones sobre mí no me causaron sentimientos de tristeza o apuro Para encajar en mi entorno de trabajo, tenía que probar mi valía siendo realmente buena en lo que hacía. Vendía mis habilidades y mi trabajo, no mi personalidad. Con Sean, el sentimiento de "estar conectado" era más importante.

Unwritten Rules contiene muchos ejemplos de similitudes y diferencias socioemocionales entre Sean y yo. No obstante, la diferencia básica en cómo Sean y yo percibimos el mundo es esta: Yo soy lo que hago y el sentido de ser de Sean es lo que siente. En el futuro, los escáneres cerebrales podrán identificar las diferencias entre el funcionamiento socioemocional de las personas. Yo especulaba que Sean, y personas en el espectro como él, tenían más conexiones neuronales socioemocionales en su cerebro que yo, o personas como yo, con estilos de procesamiento lógico, visual más fuertes.

(*Unwritten Rules of Social Relationships: Decoding Social Mysteries Through the Unique Perspectives of Autism* by Temple Grandin, Sean Barron and Veronica Zysk ganó un prestigioso Premio de Plata en la *ForeWord Magazine* de 2005, en la competición de Libro del Año.)

Estudios europeos están demostrando que enseñar atención plena es útil tanto para la ansiedad como para la depresión. Hay disponibles muchos libros y clases. Un estudio llevado a cabo por Esther deBruin en los Países Bajos, Willem Kuyken en la Universidad de Oxford, junto con otros médicos, condujo a una prueba aleatoria satisfactoria enseñando a usar la atención plena para la depresión.

Antiguamente, el diagnostico estaba dotado, no discapacitado. Las actitudes tienen una fuerte influencia en como percibimos actualmente los identificadores del espectro.

Sana Autoestima

Una de las razones que considero más esencial. En las que fui capaz de tener éxito en el mundo normal como adulta fue porque mi madre fomentó en mi un fuerte y sano sentido de autoestima cuando era una niña. No era una cosa que ella quisiera hacer en especial que otros padres no hicieran. De hecho, en los años 50 y 60, el inculcar autoestima a tu hijo de forma consciente no formaba parte de la psicología de paternidad. En aquel entonces, los niños hacían cosas juntos, de forma natural, en especial actividades al aire libre, porque no existían los videojuegos, DVD, ni ordenadores para captar la atención solitaria en el interior, como sucede hoy en día.

Aun así, creo que mi madre, de forma inconsciente, se dio cuenta de dos cosas importantes acerca de la autoestima:

- La autoestima se construye poco a poco, a través de logros reales. Por ejemplo, cuando hice un bordado bonito, este Proyecto me tomó tiempo, esfuerzo y paciencia para terminarlo y me hizo sentir bien conmigo misma.
- La mente concreta, literal del niño autista, necesita que la autoestima este construida a base de logros tangibles junto con el halago verbal.

La mentalidad "arréglalo" que parece prevalecer más hoy en día, no formaba parte de mi infancia. Cuando iba a terapia del habla en la escuela elemental y visitaba a un psiquiatra una vez al mes, ambas actividades se llevaban a cabo de forma que para mí no parecían como algo malo que necesitase "arreglarse". Actualmente, a los niños se les lleva de una evaluación a otra y van de programa de terapia en programa de terapia, unos cinco días a la semana o más. ¿Qué clase de mensaje es enviar al niño, sino que algunas partes de él son de algún modo inaceptables, o que su autismo es malo? Creo que el niño intelectualmente dotado es el que sufre más. Los niños que sufren Asperger con un CI de 140+, están siendo retenidos por demasiada psicología "discapacitada". Les he dicho a varios padres de niños brillantes con Asperger, que antiguamente el diagnóstico estaba dotado, no discapacitado. Hoy en día, las actitudes influyen mucho en como percibimos a los niños en el espectro.

Durante toda la escuela elemental, me sentí bastante bien conmigo misma. Crecí rápidamente con los muchos proyectos que creé, los halagos que recibí de mi familia y profesores, las amistades que compartí y las nuevas experiencias que dominé. Cuando gané un trofeo en el carnaval de invierno, eso me hizo feliz. Cuando mi madre me hizo cantar en un concierto de adultos cuando estaba en sexto grado, me sentí bien por ello. Incluso durante los difíciles años de escuela superior, mis intereses especiales me hicieron progresar. Podía volver a mis aficiones cuando las cosas se ponían difíciles socialmente. Me ayudaron a pasar esos años.

Actualmente, los niños están siendo reforzado por las cosas pequeñas. Estableciendo un ciclo de necesidad de aprobación por cada pequeña cosa que hacen. *The Wall Street Journal* ha publicado muchos artículos últimamente acerca de niños que entran en el mundo laboral, que necesitan halagos constantes de sus jefes o no pueden hacer su trabajo. Padres y profesores necesitan tener una visión de cómo están reforzando a los niños. A medida que un niño crece, la cantidad de halagos que reciben de los demás cae drásticamente. Un niño que constantemente recibe halagos por esforzarse en el campo social, va a tener que enfrentarse a un rudo despertar más adelante en la vida, que puede afectar negativamente a su motivación para estar socialmente involucrado. Es un Catch-22 (jugada de baseball), y el que necesita más atención que la que se le está prestando.

Yo no estaba siendo halagada todo el tiempo por mi madre ni por mis profesores. Nada más lejos. Tampoco lo estaban los demás niños. Nos halagaban cuando hacíamos algo importante, con lo que el halago realmente tenía significado y era una fuerte motivación. Las cosas diarias, como comportarse en la mesa, en la iglesia o cuando visitábamos a la tía Bella, no se halagaban. Se esperaba que me comportase. Pero cuando hice un bonito caballo de arcilla en tercer grado, mi madre realmente me halagó por ello.

Los padres pueden encarrilar a sus hijos en el camino hacia una sana autoestima, ofreciéndole el halago asociado con algo concreto que puedan ver, tocar u oler. Esto da sentido real a la mente de un niño con ASS, con un pensamiento concreto o literal. Especialmente, cuando los niños son jóvenes, animarlos a comprometerse en actividades con resultados visibles, tangibles, ayuda a que aprendan la conexión directa entre sus acciones y sus capacidades, su sentido de maestría y control sobre su mundo. No puedes construir cosas o pintar cuadros o crear algo concreto sin hacer elecciones, aprender habilidades secuenciales, ver como las partes se relacionan con el todo, aprendiendo conceptos y categorías. Esto, a su vez, pone los cimientos para que se forme habilidades más avanzadas, habilidades autóctonas al mundo menos concreto de las interacciones sociales.

Intenta construir la autoestima en tu hijo de fuera a adentro, empezando con proyectos tangibles y tu hijo encontrará su propia autoestima floreciendo desde el interior hacia afuera.

Para mi, las habilidades del pensamiento social se desarrollaron principalmente con el tiempo y gracias a repetidas experiencias.

Cuatro Piedras Angulares de la Conciencia Social

Lograr el éxito social depende de ciertos atributos de la persona con ASD. En nuestro libro, *Unwritten Rules of Social Relationships*, mi coautor, Sean Barron y yo, introducimos cuatro aspectos de pensamiento y funcionamiento que pensamos que son los que más contribuyen al éxito de la conciencia social y de las interacciones sociales. Estas cuatro piedras angulares de la conciencia social son:

- *Tomar perspectiva:* la capacidad de ponernos en la piel del otro, para comprender que la gente puede tener puntos de vista, emociones y respuestas similares o distintas a las nuestras. A un nivel aún más básico, está el reconocer que existe la gente y que son la fuente de información que nos ayudan a que el mundo tenga sentido.

- *Pensamiento flexible:* La capacidad de aceptar el cambio y ser responsable de cambiar las condiciones y el entorno; la capacidad mental de observar y procesar alternativas de pensamiento y acciones; la capacidad de comparar, contrastar, evaluar.

- **Autoestima positiva:** una actitud de "se puede hacer" que se desarrolla a través del éxito en experiencias anteriores y sirve de base para que el niño y el adulto asuman riesgos.
  La autoestima se construye sobre logros repetidos que empiezan siendo pequeños y concretos y se convierten en menos tangibles y más complejos.

- **Motivación:** un interés continuo por explorar el mundo y trabajar hacia objetivos internos y externos, a pesar de contratiempos y retrasos.

A menudo, es necesario animar la motivación en niños con ASD, en especial en el campo social. Dejar que el niño sienta los beneficios de la motivación primero gracias a usar los tópicos favoritos o los intereses especiales del niño, y luego, poco a poco, ampliarlo hacia otras actividades. Si al niño le gustan los trenes, enseñarle a leer, matemáticas y escribir, con libros, ejemplos, y actividades centrados en trenes. Jugar a juegos de temática de trenes para motivar la interacción social.

Basado en el entendimiento social, Sean y yo lo hemos logrado en nuestras vidas, de forma enfática estamos de acuerdo en que tomar perspectiva, ser capaces de mirar más allá de nosotros mismos y en la mente de otra persona, es el ***único aspecto más importante del funcionamiento que determina el nivel de éxito social*** que un niño o un adulto con ASD puede lograr. A través de él, aprendemos que lo que hacemos afecta a los demás, de forma positiva y negativa. Es la unión que nos permite sentirnos conectados con los demás. Nos da la capacidad de considerar nuestros propios pensamientos en relación con la información que procesamos acerca de una situación social, y luego desarrollamos una respuesta que contribuye a la experiencia social, en vez de restarle valor.

En nuestro libro, Sean describe cómo "la terapia de hablar", como él la llama, le ayudó a desarrollar mejores habilidades de pensamiento social y apreciar las diversas perspectivas de otra gente en su vida. Durante los años de escuela secundaria y superior, él y sus padres se sentaban horas, a veces hasta la 1:00 o 2:00 a.m., discutiendo los conceptos más básicos de cómo funcionaban las relaciones. Por ejemplo, Sean explica que incluso a finales de su adolescencia, todavía no entendía por qué no estaba bien "absorber" a gente que tuviera un interés genuino hacia él y que mostraban que se preocupaban por él, es decir, por qué no era aceptable pasar todo el rato que quisiera con alguien mucho mayor y que tenía familia y otras obligaciones personales. No podía entender por qué no era el centro de sus vidas, como hacían sus padres.

Para mí, las habilidades de pensamiento social se desarrollaron ampliamente con el tiempo y gracias a experiencias repetitivas. Cuantos más datos sociales ponía en mi disco duro mental, más capaz era de ver las conexiones entre mis propios pensamientos y acciones y los de los demás. Para mí, estas ecuaciones sociales nacieron de mi mente lógica: "Si hago X, entonces la mayoría de gente responderá con Y." A medida que adquiría más y más datos por mi propia experiencia, formaba categorías y subcategorías y subcategorías más refinadas de mi pensamiento social. Esta es la razón del porqué es tan importante que los padres apunten a sus hijos a toda clase de actividades y experiencias. Sin ese aprendizaje directo, y mucho, los niños no tendrán la información que necesitan para hacer esas conexiones en su pensamiento.

Tomar perspectiva trabaja mano a mano con el pensamiento flexible; proporciona oportunidades para experimentar el éxito en las interacciones sociales, que a su vez alientan la autoestima positive. También puede actuar como Fuente interna de motivación, en especial a medida que los niños crecen y se convierten en adultos y el tipo y calidad de interacción social se expande.

Las habilidades de *pensamiento* social deben enseñarse directamente a los niños y adultos con ASD. Los padres, profesores y proveedores de servicios están empezando lentamente a darse cuenta de la importancia de incorporar esas lecciones en el plan general de educación del niño. Con ello, abren la puerta al entendimiento social en todas las áreas de la vida.

Preguntas sobre el Tirador de Conneticut, Adam Lanza, Síndrome de Asperger y SPD

Mucha gente de la comunidad de personas con necesidades especiales están preocupadas acerca de informes de noticias que indican que Adam Lanza, el tirador que asesinó a niños y profesores de la escuela en Connecticut, sufría Síndrome de Asperger y quizá un Trastorno de Procesamiento Sensorial (SPD, por sus siglas en inglés). Temen que esta información haga creer al público que personas con estos trastornos son violentos de forma inherente.

Existe un amplio rango de personas en el espectro autista.

Van desde prodigios, como Einstein, Mozart y Steve Jobs, a personas que nunca hablan. La mitad de los programadores informáticos de Silicon Valley puede que tengan algún signo de autismo. No obstante, la amplia mayoría de personas en el espectro son pacíficas y no violentas.

El SPD afecta a un rango de personas aún más amplio. Las personas que sufren SPD y muchos diagnósticos distintos o etiquetas pueden tener problemas sensoriales como sensibilidad auditiva, dificultad para detectar ruidos de fondo, o sensibilidad visual a las luces fluorescentes. El SPD puede afectar junto con el autismo, dislexia, trastorno de déficit de atención/hiperactividad, retrasos del habla y problemas de aprendizaje.

He leído extensos artículos acerca de Adam Lanza en internet. He aquí parte de su historia, que puede ser pertinente para su estallido violento.

Cuando Adam iba a la escuela local, era super tímido y no dejaba que su foto estuviera en el anuario escolar. Durante sus años allí, no mostró tendencias violentas, y era realmente Bueno con los ordenadores. Su vida fue cayendo rápidamente en picado tras el divorcio de sus padres.

Adam dejó de ir a la escuela y se recluyó en el sótano de su madre. Se pasaba todo el día jugando a videojuegos violentos y no participaba en ninguna actividad, excepto para ir a disparar a un campo de tiro local. No tenía otros intereses.

La pistola que disparó en el campo era la misma pistola que disparaba en los videojuegos a los que jugaba. En mi opinión, probablemente estaba visitando algunos sitios web realmente horribles puesto que antes de los disparos, destruyó completamente el disco duro de su ordenador para que los investigadores no pudieran averiguar qué había estado haciendo en su ordenador o qué sitios había estado visitando antes del tiroteo escolar.

¿Qué se podría haber hecho para ayudar a Adam antes de que ocurriera el tiroteo?

Lo primero y más importante, los padres de Adam Lanza deberían haberle forzado a salir de casa y encontrar un trabajo. Tanto si le gustaba como si no, debería haber estado trabajando para desarrollar otros intereses. Era buen con los ordenadores, y podía haber estado trabajando en una tienda local de ordenadores. Hay una tendencia para algunas personas en el espectro a recluirse. Deben salir al mundo. Es necesario restringir jugar a videojuegos a 1 hora al día, ya que aleja a la gente de la realidad.

Segundo, los niños necesitan un buen modelo de masculinidad. Un buen modelo de masculinidad habría sacado al niño del sótano antes de que se adentrara en su mundo enfermo y empezara a disparar a la gente.

Tercero, la gente en el espectro se obsesiona con sus cosas favoritas. Padres y profesores deben conducir r las obsesiones hacia cosas positivas que pueden traducirse en construir carreras y vidas gratificantes.

Hay algunas personas, como yo, que tienen problemas extremos con la ansiedad y los ataques de pánico. Tomar una pequeña dosis de antidepresivos hacía maravillas en mí. Existe más información sobre eso en mi libro, *Thinking in Pictures*.

Cuando estaba en la escuela superior, tenía ansiedad y tendía a recluirme. Tanto mi madre como mi profesor NO lo permitieron. Me hicieron salir, estar con otra gente, y desarrollar mis propios intereses y talentos.

Por sí mismo, el autismo y los problemas sensoriales que se juntan con SED, no hacen que una persona sea violenta. Si a Adam Lanza se le hubiera animado a desarrollar sus talentos e intereses, a socializar con otros y a convertir sus habilidades en ser capaz de ganarse la vida honestamente, quizá habría podido hacer su propia vida, que habría terminado de forma muy distinta.

Este artículo apareció por primera vez en *Sensory Focus Magazine*, revista de Primavera de 2013.

Referencias y Lecturas Adicionales

Solomon, A. 2014. The reckoning: the father of the Sandy Hook killer searches for answers, *The New Yorker*, March 17, 2014.

Nagourney, A, et.al. 2014. Before brief, deadly spree, trouble since age 8. *New York Times*, June 1, 2014. *http://nytimes/1jl9ndt*

CAPÍTULO 7

Medicaciones y Tratamientos Biomédicos

Existe poca investigación sobre el uso
a largo plazo de la medicación en
niños. Médicos y padres necesitan ser
doblemente cuidadosos y considerar
la medicación sólo después de
que hayan fallado otras opciones
educativas/de comportamiento para
aliviar los síntomas.

A principios del siglo XIX existían terapias muy limitadas disponibles para personas con trastornos del espectro autista. Actualmente, el panorama es muy distinto. El autismo ha captado la atención dentro de la corriente principal de la medicina (empresas farmacéuticas) y dentro del campo de la medicina alternativa y complementaria. Uno podría creer que son buenas noticias, y hasta cierto punto, lo son. A medida que conocemos mejor el espectro del autismo y las personas que se encuentran en él, se han desarrollado opciones de tratamiento eficaces y válidas. No obstante, no todas las empresas, en el seno de sus negocios, tienen los mejores intereses para las personas con ASD y sus familias. Los motivos de ganancias son profundos, y los vendedores de aceite de serpiente nunca desaparecen. Nuevas intervenciones con relaciones públicas manchadas y campañas de marketing asociadas a ellas atraen a padres susceptibles con promesas de éxito de la noche a la mañana y, en algunos casos, una cura para el autismo. Mientras que algunas intervenciones están promocionadas como basadas en investigación, una inspección más detallada puede revelar que la "investigación" se ha efectuado a un puñado de personas, a veces elegidas cuidadosamente para conseguir los resultados pretendidos. No toda investigación es una buena investigación. Ahora más que nunca, padres y cuidadores necesitan ser consumidores educados sobre tratamientos para el autismo y valorar cuidadosamente todas las opciones de tratamiento, en especial aquellas que suenan demasiado bien para ser verdad.

Los cinco artículos de esta sección te servirán de guía para tomar una buena decisión médica y biomédica. Debes pensar de forma *lógica* acerca del uso de medicación convencional y tratamientos biomédicos alternativos como dietas especiales. En 2006, puse completamente al día la sección médica de mi popular libro, *Thinking in Pictures*. En vez de repetir aquí la información, me gustaría explicar mi propia experiencia personal con la medicación y las intervenciones biomédicas, junto con una actualización de nuevas investigaciones desde 2006.

En esta quinta revisión de esta sección, no habrá grandes nuevos descubrimientos médicos. La mayoría de nuevos fármacos son ligeras modificaciones de viejos fármacos genéricos. No tienen otras ventajas y son mucho más caros.

Yo soy una de las muchas personas de la comunidad autista que se salvó gracias a la medicación antidepresiva. Durante mis veinte años, los problemas de ansiedad constante y ataques de pánico fueron yendo cada vez a peor. Me despertaba en medio de la noche con el corazón desbocado. Ir a un sitio nuevo a veces me daba oleadas de pánico y casi me ahogaba cuando comía. Si no hubiese empezado con la medicación antidepresiva a principios de mi treintena, habría estado incapacitada por una ansiedad constante y problemas de estrés relacionados con la salud. Mi vida profesional, la parte de mi mundo que me da tanta felicidad habría sufrido enormemente.

Después de consultar y discutir acerca de las opciones de medicación con mi médico, empecé a tomar Tofranil (Imipramina) en 1980. En una semana, la ansiedad y el pánico habían desaparecido en un 90%. Ningún fármaco puede controlar los síntomas al 100% y yo evité la tentación de tomar más fármaco cada vez que sufría un episodio menor de ansiedad. Tres años más tarde, cambié a Norpramin (desipramina) y ha funcionado constantemente bien en la misma dosis baja durante más de 30 años. Otro beneficio fue que mis problemas de estrés relacionado con la salud cesaron. Los ataques de colitis y los dolores de cabeza que me golpeaban, cesaron. Actualmente, sería una mejor elección una segunda generación de SSRI (inhibidor de la recaptación selectiva de serotonina), antidepresivos tipo Prozac (fluoxetina), Zoloft (sertralina) o Lexapro (escitalopram). (El uso de tipos más novedosos de antidepresivos se discuten en uno de los artículos de esta sección). Puesto que mi viejo fármaco todavía funciona, no voy a arriesgarme a cambiar.

Para que mi medicación siga funcionando, también puse mi atención en las terapias suplementarias que mejoran el funcionamiento físico. Empecé a incorporar cantidades de ejercicio en mi régimen diario. Hago 100 sentadillas cada noche. Numerosos estudios científicos demuestran claramente los beneficios del ejercicio en el cerebro. El ejercicio físico también puede ayudar a reducir la ansiedad, un problema común entre los niños y adultos en el espectro. Viviendo en Colorado, y viajando tanto como lo hago, una terapia suave durante los meses de invierno también es útil. Compré una lámpara de espectro completo tamaño viaje de *www. Litebook.com.* Realmente ayuda a prevenir la "tristeza" del invierno oscuro. Durante los meses de Noviembre, Diciembre, Enero y Febrero, me levanto a las 6 de la mañana, cuando aún es de noche, y uso la terapia de luz al menos durante treinta minutos. Esto extiende mi fotoperiodo para que se parezca más al verano, lo que aumenta mi energía durante el invierno. Me siento mucho mejor.

Si tengo problemas para dormir, una o dos pastillas de magnesio me calman. No es una dosis muy alta. Cada pastilla de 250 mg proporciona el 67% de la dosis diaria necesaria.

¿Puedo dejar de tomar medicación algún día? Incontable número de personas se causan problemas tremendos cuando recaen después de dejar una medicación eficaz que controlaba su trastorno. A veces, una medicación que previamente era eficaz deja de funcionar cuando se vuelve a tomar. La persona puede terminar peor que antes de empezar a tomar la medicación. Ahora, hay una falta de investigación en gestión a largo plazo del trastorno bipolar de depresión, y muchos otros trastornos. Los fondos de empresas farmacéuticas pagan principalmente para estudios de corta duración sobre uso de medicación. No hay investigación que me diga si puedo dejar de tomar desipramina de forma segura ahora que tengo sesenta y siete años. Puesto que mi trastorno está estable, no quiero correr el riesgo de experimentar cuando no existe una investigación que me sirva de guía. Tomo un único fármaco y funciona. Quiero seguir tomándolo.

Quiero poner énfasis en que el espectro autista es muy variable. Algunas personas con un autismo y Asperger altamente funcional nunca experimentan una ansiedad suficientemente grave, pánico o depresión para garantizar medicación. Su naturaleza física, su química corporal, es tal que pueden permanecer calmados y funcionar bien. Hay otros que necesitan algo de medicación para pasar la pubertad y entonces pueden dejar de tomarla. La gente con depresión leve a menudo puede quitarse la medicación por sí mismos, en especial si están recibiendo asesoramiento o terapia cognitiva junto con el uso del fármaco. Pero la gente con depresión grave, ataques constantes de pánico, trastorno bipolar y gente como yo, cuya química corporal está desfasada, pueden experimentar recaídas Fuertes si dejan de tomar la medicación súbitamente.

Evitar problemas de medicación

Un error frecuente que ocurre con el uso de la medicación es aumentar la dosis o añadir nuevas medicaciones cada vez que la persona sufre un episodio de agresión o ansiedad. Repito un pequeño consejo: el uso de medicación es un tema serio y personas—médicos y pacientes—deberían enfocar esto de forma lógica y metódica. Si un fármaco ya no hace efecto, subir la dosis no siempre es la respuesta. Igualmente, cada nuevo síntoma no justifica una medicación distinta. Una persona con ocho fármacos distintos probablemente debería retirársele muchos de ellos. Si han estado medicándose durante muchos años, debería reducirse un fármaco cada vez durante un periodo de meses.

Para agravar más el problema está el que ahora hay muchos fármacos similares disponibles. Por ejemplo, Prozac (fluoxetina) y Lexapro (escitalopram) son ambos antidepresivos de segunda generación de SSRI (inhibidor de la recaptación selectiva de serotonina). Existen varias medicaciones separadas pero similares en esta amplia gama de fármacos. La ventaja de esto es que, si no te gusta un fármaco, otros que pueden tratar los mismos síntomas están allí para probarlos. El gran error que cometen los médicos con los antidepresivos atípicos como Risperdal (risperidona), Abilify (aripiprazol), y Seroquel (ketiapina) es dar una dosis demasiado elevada. Más de cincuenta padres me han dicho que su hijo se encontraba bien con una dosis pequeña de un fármaco, pero se volvía muy agitado y no podía dormir con una dosis más elevada. Para muchas personas en el espectro autista, la dosis más eficaz de antidepresivos y medicaciones atípicas es muy *inferior* a la dosis recomendada en el prospecto.

Un buen medico tiene cuidado prescribiendo un fármaco, cambiando la dosis o añadiendo nueva medicación a a la mezcla. Los padres también necesitan estar educados para comprender los posibles efectos adversos, cambios de comportamiento, que señalan problemas, una adecuada administración del fármaco, etc. Esto es especialmente cierto cuando se utiliza medicaciones con niños. La mayoría de ensayos médicos se hacen con adultos, y mientras los síntomas en niños pueden reflejar los de los adultos, su sistema corporal es distinto Existe poca investigación sobre el uso de fármacos en niños. Los médicos y padres deben ser doblemente cuidadosos y considerar las medicaciones sólo después de que hayan fallado otras opciones educativas/de comportamiento para aliviar los síntomas. Cuando la medicación está justificada, a veces una combinación rara de fármacos funciona. (Encontrarás más información en *Thinking in Pictures* y en los otros capítulos de esta sección.) Una buena regla de oro es que, para la mayoría de las personas, generalmente funcionan tres fármacos o menos. Esto se aplica solo a la medicación que se usa para tratar problemas de comportamiento, como ansiedad, depresión o pánico grave, y no para medicaciones necesarias para epilepsia y otros trastornos físicos/biomédicos.

Suplementos e interacción con fármacos

Muchos padres creen que las vitaminas, hierbas, suplementos y tratamientos alternativos tomados de forma oral son seguros porque no son "fármacos". Esto no es verdad, y debería tenerse precaución también al usar esas formulaciones. Las vitaminas son solubles en agua o en grasa. Las vitaminas que son solubles en agua no se almacenan en el cuerpo, el cuerpo metaboliza lo que necesitan cuando lo toma, y excreta el resto en la orina. Necesitan volver a tomarse de forma regular. Por otra parte, las vitaminas solubles en grasa se almacenan en el hígado y tejido graso del cuerpo, y se eliminan mucho más despacio. Las vitaminas A, D, E, y K son solubles en grasa. Debería tenerse cuidado al usar éstas, puesto que pueden dar lugar a sistemas y causar reacciones tóxicas. Los sistemas corporales de personas con ASD a menudo están cableados de forma distinta. Su sistema inmunológico puede estar dañado. Los padres y médicos no deberían pensar automáticamente que la dosis recomendada en la botella es adecuada. Deberían consultar a profesionales entrenados al utilizar cualquier suplemento en un niño o adulto con ASD. Las hierbas merecen también medidas de precaución. Aunque se han utilizado durante cientos de años, se ha hecho poca investigación sobre las distintas combinaciones de hierbas o diferentes dosis utilizadas en las personas de la sociedad actual. En especial cuando se junta con otra medicación.

Cuantas más cosas se utilicen con un niño, sean convencionales o alternativas, o una combinación de ambas, más probabilidades hay de que ocurra una mala interacción en algún momento. Esta es la razón principal para probar solo una medicación o un suplemento a la vez, para que puedas observar sus efectos antes de añadir otro. Algunas interacciones son muy peligrosas, ajustar las dosis puede compensar en otras. Un fármaco puede bloquear el metabolismo de otro. Cuando esto ocurre, puede tener el mismo efecto que una dosis doble del fármaco, porque éste se ha retirado más lentamente del cuerpo. Eso puede dar lugar a distintas reacciones, que van desde insomnio a agitación en distintas personas. Incluso los productos alimenticios normales pueden afectar a la forma en que el cuerpo procesa la medicación, las vitaminas o los suplementos. Por contra, el zumo de pomelo aumenta los efectos de muchos fármacos de forma rara, mientras que el zumo de naranja no lo hace. Algunos suplementos actúan como anticoagulantes y una dosis demasiado elevada puede causar una hemorragia. La hierba de San Juan acelera el metabolismo y puede hacer que fármacos vitales como los antibióticos sean totalmente ineficaces. Tomé un suplemento de calcio con un recubrimiento a base de gelatina de soja que tuvo unos efectos hormonales extraños e hicieron que mis pechos postmenopáusicos me dolieran. Ahora me aseguro de que mis suplementos de calcio no contengan soja.

La medicación convencional también puede tener efectos secundarios serios, entre ellos diabetes o erupciones cutáneas. El efecto secundario mayor de un fármaco atípico es ganar peso, y a veces es significativo. Ganar cuatro kilos y medio mientras estás bajo medicación no es efecto secundario aceptable. Para algunas personas ganar peso puede controlarse cambiando a un fármaco distinto o quitando los carbohidratos de alto contenido glicémico como bebidas azucaradas, pan blanco y patatas. Los padres deben vigilar cuidadosamente los efectos secundarios y las interacciones de fármacos. Los médicos ven a los pacientes de forma esporádica, los padres ven a sus hijos cada día. Dile a tu medico lo que está tomando tu hijo, o cada vez que le añadas algo nuevo a la mezcla, no importa lo "seguro" que creas que sea.

Tratamientos biomédicos

Para niños menores de ocho años, recomendaría empezar primero probando algún tratamiento biomédico, antes de usar la medicación convencional. Informes de padres y personas en el espectro indican que el único tratamiento biomédico más importante es probar una dieta especial. A menudo son mucho más útiles para niños con la forma regresiva de autismo, en la que pierden el habla entre los 18 y 24 meses.

Desgraciadamente, cuando se agrupan datos de muchos estudios, la dieta no muestra mejoría. El problema es que el autismo es un espectro amplio con muchos subgrupos. A partir de mis propias observaciones, las dietas pueden funcionar muy bien en alrededor de un 10% de niños que tienen ASD. Parecen ser lo más beneficioso para niños con problemas digestivos e intestinales.

Las dietas especiales parecen funcionar mejor si se empieza cuando se produce la regresión. No obstante, esas dietas pueden probarse en personas de todas las edades, no solo niños. A menudo los problemas gastrointestinales son más comunes en personas con autismo. El dolor del reflujo ácido (acidez) u otros problemas digestivos pueden acusar problemas de comportamiento. Las dietas especiales pueden aliviar esos problemas gastrointestinales.

Las dietas especiales pueden ayudar a algunos niños y adultos con ASD y no tener efectos en otros. Existen dos tipos básicos: la dieta libre de gluten, libre de caseína (GFCF) (en la que se evita el trigo y los lácteos) y la dieta específica de carbohidratos (SCD). Una dieta especial no es invasora y puede representarles unos cambios bastantes positivos. No obstante, las dietas especiales requieren tiempo y atención, y en muchos casos, necesitan aplicarse religiosamente para descubrir realmente si funcionan o no para una persona. Normalmente solo hace falta una prueba de uno a tres meses para estimar la eficacia. Algunos padres notan cambios positivos solo después de unos pocos días de dieta. Otros ven que el comportamiento de su hijo empeora durante unos pocos días antes de dar un giro y empezar a mejorar. Es necesario dedicarse fielmente a "hacer la dieta" una vez se ha empezado. Algunos padres intentarán "un poquito de dieta" y verán que no funciona, cuando en verdad si la hicieran completamente, el resultado podría haber sido más positivo.

Los críticos de las dietas especiales hablan de la falta de investigación científica para dar soporte a su uso en estas personas. Literalmente, cientos y cientos de padres han informado que funciona, y se ha efectuado un estudio científico controlado por placebo a doble ciego. Es imposible pasar por alto esta enorme (y creciente) cantidad de apoyo a base de anécdotas. Otros críticos hablan del coste de las dietas especiales, teniendo que comprar alimentos especiales que a menudo son caros y a veces difíciles de encontrar en tiendas locales. Esto no debe ser el caso, dada la poca ingenuidad por parte de la familia. Una dieta simple, barata, libre de lácteos y de trigo, podría consistir en arroz, patatas, fruta fresca, verduras, guisantes, tortas de maíz, nueces, huevos, ternera, pollo, cerdo y pescado. La cantidad de azúcar en la dieta debería controlarse y, en la mayoría de los casos, reducirse. Se puede usar aceite de oliva en vez de mantequilla que contiene caseína y deben evitarse todos los productos con soja.

En general, estas dietas especiales son una forma sana de comer. Las familias con un niño con una dieta especial verán que hacen una dieta más sana y que incorporan más fruta fresca y verdura a sus comidas. Un nuevo estudio llevado a cabo en Australia ha demostrado que había más depresión y ansiedad cuando la gente comía una dieta con elevadas cantidades de azúcar y trigo refinado, comparado con una dieta más sana a base de carne, pescado, verduras, fruta y grano entero. Algunos ejemplos de productos con trigo refinando son el pan blanco, barritas de snack, madalenas y pasta. Si la dieta GFCF funciona, el niño debe empezar a tomar un suplemento de calcio porque no toma productos lácteos.

La dieta específica de carbohidratos difiere de la del trigo en que se evita este pero los lácteos entran en el plan, a menudo se pueden añadir yogures sin azúcar y queso en este plan de dieta. Los carbohidratos de alto índice glicémico como las patatas, arroz, zumo de fruta y la mayoría de los productos con azúcar refinado se eliminan. Este plan de comida es similar al del Dr. Atkins. Puede buscarse fácilmente el índice glicémico de cada alimento en internet. La mayoría de los sustitutos del pan que pueden comerse en la dieta GFCF, deberían evitarse en la SCD, ya que el índice glicémico es demasiado elevado. Muchos de esos productos contienen cantidad de azúcar y almidón de patata refinado o almidón de arroz refinado.

Mi experiencia con la dieta especial

Ni la dieta GFCF ni la SCD tuvieron efecto positivo sobre mis problemas de ansiedad. Para mí, sólo los antidepresivos convencionales frenaban mis ataques de pánico. A los sesenta y siete, mi función inmunológica iba deteriorándose y empecé a tener infecciones de orina constantes e infecciones por hongos. Estaba constantemente tomando antibióticos y antifúngicos para controlarlas. Hoy en día estoy controlando estos problemas con dieta y suplementos probióticos acidófilos/bifidobacterias. Algunos probióticos contienen otros tipos de cultivos y evito usarlos. Las Estrategias dietéticas me han funcionado bien a mi para controlar estos problemas, y ya no tomo antibióticos. El yogurt natural me ayudó con las infecciones del tracto urinario y cuando empezaron los problemas con los hongos.

Los científicos están aprendiendo más acerca del complejo ecosistema de las bacterias en el intestino. Para mantener mis probióticos funcionando, hago rotación entre distintas marcas cada pocos meses. Esto suena de locos, pero frené varias infecciones por hongos comiendo queso Brie o Camembert. No como estos quesos siempre, porque temo que el ecosistema de mis intestinos pueda adaptarse a ellos.

Me hice mi propia versión simple de SCD. Restringí mucho el pan, las patatas, el arroz, la pasta y otros alimentos con un alto índice glicémico. Evité tomar cualquier clase de bebidas o comidas con mucho azúcar, puesto que el azúcar alimenta el crecimiento de los hongos.

Para mantener bajo el índice glicémico, como proteína animal, huevos o pescado tres veces al día y uso aceite de oliva en mis ensaladas. Mi dieta incluye mucha verdura, ensaladas, fruta y frijoles negros. La proteína animal es especialmente importante en el desayuno. Un desayudo lleno de carbohidratos bajos en grasa me provocaba un empeoramiento de las infecciones por hongos y hacía que tuviera dolor de cabeza o los mareos antes de comer. Una buena ración de carne o huevos con algo de grasa junto con fruta, me hacía sentir mucho mejor en el desayuno. Tampoco pongo comida en ni zumo de frutas una licuadora. Comer fruta es beneficioso porque la digestión es más lenta, lo que reduce el índice glicémico. Mis bebidas son, te con limón, café y escasas porciones de vino. Tomo productos lácteos en cantidades limitadas. Restringir el trigo ayuda, pero como pequeñas cantidades, de forma que no soy tan sensible al trigo como para tener que preocuparme por pequeñas cantidades. Tengo una palabra de advertencia. Evitar la mayoría de "carbohidratos enteros grandes" de mi dieta a veces, hace que me duela el estómago. Cuando esto ocurre, tomo algo de arroz con la carne, fruta, y verdura o como una manzana. Los alimentos de mi dieta no son orgánicos, y todo lo que necesito lo puedo comprar fácilmente en una tienda normal. Debo ser muy cuidadosa acerca de comer o beber demasiados carbohidratos de alto índice glicémico con el estómago vacío.

Un gran vaso de zumo con 60 gramos de carbohidrato, me causaron una gran infección por hongos. Para Volver a tener los hongos bajo control tuve que comer una dieta ultra baja en carbohidratos durante un mes.

Me gustan los dulces y el vino. Después de tener controlada la infección por hongos, descubrí que podía tomar cantidades muy pequeñas de helado, vino o chocolate negro si siempre lo comía con una comida entera. Además de vigilar lo que comía, tomaba 500 mg de vitamina C, un complejo vitamínico múltiple, un complejo de vitamina B, calcio con vitamina D y a veces Omega-3. Compro todas mis vitaminas en la farmacia, excepto el complejo vitamínico B, que es Blue Bonnet 100 de Whole Foods. Debo tener cuidado con el Omega-3 porque interacciona con mi antidepresivo y si tomo demasiado me sangra la nariz. Los suplementos de Omega-3 (aceite de pescado) tienen muchos efectos beneficiosos que ahora están documentados por estudios científicos. El aceite de pescado es más eficaz que el lino como fuente de Omega-3. Dos estudios de investigación demuestran que el Omega-3 es útil para los niños con autismo. La mayor parte de mi Omega-3 proviene de comer salmón o sardinas dos veces a la semana. Evito el atún debido a su alto contenido de mercurio.

Actualmente he sustituido el yogur por un suplemento de acidófilos y bifidobacterias. Este probiótico contiene billones de los mismos organismos que se encuentran en el yogurt. La prohibición de líquidos en los aeropuertos ha hecho que viajar con yogurt en mi equipaje de mano sea imposible. También rompo las cápsulas y me pongo algo de polvo de forma tópica en el lugar de la infección por hongos. Las infecciones de orina y de hongos se alternan. Los hongos parecen inhibir las infecciones del tracto urinario. Cuando noto que empiezo a sufrir una infección urinaria, dejo de aplicarme el cultivo de forma tópica y como algo de yogurt extra junto con un suplemento de arándanos. Una pequeña cantidad de azúcar parece que dispara los hongos un poco y frena las infecciones urinarias antes de que empiecen. Esto solo funciona cuando noto las primeras punzadas de una infección. Si la infección urinaria ya ha empezado, debo tratarla con antibióticos. También tomo Solaray Yeast Cleanse, un producto a base de hierbas para las infecciones por hongos. Si tengo que tomar antibióticos, dejo de tomar todos los suplementos a base de hierbas (basadas en plantas) porque pueden impedir que el antibiótico haga efecto.

Opciones biomédicas y convencionales

Nuestro conocimiento de los tratamientos biomédicos y su efecto en las personas con ASD está creciendo. Algunas intervenciones biomédicas son fáciles de probar son relativamente baratas. Otras son caras, y otras como la quelación, deberían enfocarse con la máxima prudencia, puesto que una administración incorrecta puede conducir a la muerte. Investigaciones recientes indican que el oxígeno hiperbárico no es un tratamiento eficaz. Las dietas y suplementos de Omega-3 (aceite de pescado) como las vitaminas B, DMG (dimetilglicina) o los probióticos no son invasores y vale la pena probarlos.

Se ha observado que el suplemento de creatina es una promesa para mejorar la depresión. A menudo, la melatonina es eficaz para ayudar a dormir. Existe una buena investigación basada en evidencias para ayudar al uso de la melatonina para los problemas de sueño asociados al autismo.

La información basada en evidencias sobre el Omega-3 es menos claro. Un meta-análisis demostró que el Omega-3 era útil para el ADHD. Mi hipótesis es que la falta de evidencia para el autismo puede ser debida a que el Omega-3 sólo ha ayudado cuando la dieta del niño es deficiente en Omega-3. Los estudios demuestran que el Omega-3 está asociado a un procesamiento emocional deficiente.

No hay necesidad de una buena investigación sobre tratamientos biomédicos, ya que funcionan de forma distinta en subtipos distintos de autismo. Hasta que esto no se revele, los padres deberían ponderar cuidadosamente los pros y contras de cualquier opción biomédica, y añadir una nueva intervención biomédica cada vez, para calibrar su eficacia.

El uso *sensato* de *ambos* tratamientos, convencional y alternativo, me ha funcionado bien. No obstante, cada niño y familia son distintos, y los padres nunca deberían utilizar opciones biomédicas o medicación convencional porque "todo el mundo lo hace". Soy una persona realmente práctica y sabía si iba a utilizar un método alternativo, como una dieta especial, tenía que averiguar cómo hacerlo sin que interfiriera con mi trabajo o ni extensa agenda de viajes, y sin que me costara una fortuna. Con alguna investigación y planificación, los padres también pueden encontrar formas de probar varias opciones en su hijo.

Trucos para encontrar información

Lo mejor es basar las decisiones de tratamiento en estudios científicos bien hechos que se hayan publicado al respecto, revistas médicas. Esto es lo que los médicos llaman "medicina basada en evidencias". Por desgracia, la mayoría de opciones disponibles ahora para tratar los retos asociados con los trastornos del espectro autista no tiene evidencia de calidad que lo ratifique, o tiene muy poca. A pesar de todo, los padres están tratando estas opciones para encontrar la forma de ayudar a sus hijos. Cuando no se ha hecho una investigación revisada sobre una opción de tratamiento en particular, ¿qué deben hacer los padres? Se puede recoger información valiosa hablando con padres, profesores y personas en el espectro autista. El truco de comer carne o huevos tres veces al día fue gracias a un amigo que tenía una infección por hongos incontrolable, que no podía remitir con la medicación convencional. Yo creo en la información de fuentes de las que no hay conflicto de intereses en los que alguien trata de venderme algo. Este principio sirve tanto para la medicina convencional como para la alternativa. Aunque un profesional sea un médico no elimina prejuicios personales ni menos comportamiento ético. Es bien sabido actualmente que los médicos aceptan toda clase de "incentivos", incluyendo bonos mensuales, por recetar ciertos fármacos antes que otros. Los padres *deben* convertirse en consumidores educados y cuestionarse, investigar y evaluar cualquier fármaco o tratamiento alternativo recomendado para su hijo.

Otro principio que utilizo para tomar una decisión es que cuanto más caro, invasor o peligroso sea un tratamiento potencial, más pruebas documentales necesito para saber que es eficaz. Probaré un simple cambio de dieta basado en una recomendación de un amigo, pero no voy a gastarme miles de dólares o hacer algo potencialmente peligroso porque un amigo diga que debería probarlo. En los años 80, cuando empecé a tomar Tofranil para controlar mi ansiedad, pocos médicos sabían que los antidepresivos funcionaban con los ataques de pánico y la ansiedad. Yo había leído acerca de unas recientes investigaciones en una conocida revista. Mi paso siguiente fue encontrar artículos de periódicos científicos antes de pedirle a mi médico que me recetase Tofranil. E incluso entonces, fue una decisión que discutimos y acordamos entre los dos.

Actualmente, encontrar información médica en internet es fácil. No todo es fiable. Hay mucha basura y vendedores ambulantes vendiendo aceite de serpiente, toda mezclada con la información realmente útil. Para evitar esto, puedes buscar artículos científicos en Pubmed, Google Scholar, o Science Direct. Para encontrar estos sitios, teclea los nombres en Google. Pubmed te dará resúmenes gratis de artículos de periódicos de la Biblioteca Nacional de Medicina. Google Scholar busca información científica y filtra la mayor parte de sitios web comerciales. Science Direct es otro sitio de búsqueda científica similar a Google Scholar. Otra gran fuente es Research Gate. Puede conducir a montones de artículos gratis. Algunos sitios web en los que padres y pacientes pueden chatear también proporcionan trucos útiles e información.

Cuando no puedo encontrar artículos de periódicos científicos, tengo la norma de evaluar algunos de los tratamientos más exóticos, caros o peligrosos. Es la norma de familia de tres o tres personas. Tengo que encontrar tres familias que puedan convencerme de que el tratamiento funciona después de treinta minutos de preguntas detalladas. La primera pregunta que hago es, "¿Empezasteis otra terapia como una dieta o ABA al mismo tiempo que empezasteis el tratamiento X?" Si me dicen que sí, no tengo forma de saber si la terapia en cuestión funcionó. La siguiente parte de mis preguntas buscan descripciones específicas de cambios de comportamiento. No acepto una respuesta vaga como "le fue bien". Quiero respuestas específicas como "en un periodo de dos semanas pasó de diez palabras a más de setenta y cinco palabras" o "las rabietas fueron de cada cinco días a la semana a un día a la semana." Si la familia no puede proporcionarme esta clase de respuestas, entonces es probable que el efecto beneficioso de la terapia sea un pensamiento de deseo o quizá porque hizo el efecto placebo (mejoró el resultado por la atención que le prestaron al niño durante el periodo de tratamiento). Al hacer esta investigación informal por mi cuenta, he encontrado no solo tres sino numerosas familias y personas que han obtenido efectos positivos usando dietas especiales y gafas Irlen y algunos suplementos. Para algunos de los tratamientos más exóticos, no he podido encontrar tres familias; todo lo que he encontrado son vendedores y a menudo tratamientos extremadamente caros. Es importante mantener la mente abierta al considerar nuevas opciones biomédicas, o al usar medicación convencional, pero al final, el dicho todavía se aplica: "Cuidado con el comprador".

Lecturas complementarias

Adams, J.B., Audhya, T., McDonough S., et al. 2011. Effects of vitamins and mineral supplements on children and adults with autism. *BMC Pediatrics* 11:111.

Ammingen, G.P. et al. 2007. Omega-3 fatty acid supplementation in children with autism: A double-blind randomized, placebo-controlled pilot study. *Biological Psychiatry* 61: 551-553.

Bloch, M.H., Qawasm, A. 2011. Omega-3 fatty acids supplementation for the children with attention deficient/hyperactivity disorders symptomatology: systematic review and meta-analysis. *Journal American Academy of Child and Adolescent Psychiatry.* 50: 991-1000.

Bock, K., and C. Stauth. 2007. *Healing the New Childhood Epidemics: Autism, AHA, Asthma, and Allergies.* New York: Ballantine Books.

Doyle, B. 2007. Prescription for success: Considerations in the use of medications to change the behavior of children or adults with ASD. *Autism Asperger's Digest*, July-August 2007: 18-23.

Gow, R.V., Sumich A., Vallea-Tourangaav F, et al. 2013. Omega-3 fatty acids are related to abnormal emotion processing in adolescent boys with attention deficit hyperactivity disorder. *Prostaglandins Leukotrienes and Essential Fatty Acids (PLEFA)* 88: 419-429.

Gow, R.V., Vallea-Tourangaav F., Crawford, M. A., et al. 2013. Omega-3 fatty acids are inversely related to callous unemotinal traits in adolescent boys with ADHD. *Prostaglandins Leukotrienes and Essential Fatty Acids (PLEFA)* 88: 411416.

Grandin, T. 2006. *Thinking in Pictures* (Expanded Edition). New York: Vintage/Random House.

Knivsberg, A.M., K.L. Reichelt, T. Hoien, and M. Nodland. 2002. A randomized, controlled study of dietary intervention in autistic syndromes. *Nutritional Neuroscience* 5: 251-261.

Lindsay, R., and M.G. Aman. 2003. Pharmacologic therapies and treatment for autism. *Pediatric Annals* 32: 671-676.

Lespérance F., Frasure-Smith N., St-André E., et al. 20112010. The efficacy of omega-3 supplementation for major depression: a randomized controlled trial. *Journal of Clinical Psychiatry.* 72: 1054-1062.

Mertz, G., and E. Bazelon. 2007. When less may be more: Searching for the optimal medication dosage. *Autism Asperger's Digest,* November-December 2007: 52-55.

Pierluigi P., Mateo R., Enzo E. et al. 2013. Randomized placebo controlled trials of Omega-3 polysaturated fatty acids for psychiatric disorder. A review of current literature. *Current Drug Discovery Technologies* 10: 245-25?

Yoon L. I., Kim T. S., Hwang J., et al. 2012. A randomized double blind placebo controlled trials of oral creatine monohydrate augmentation for enhanced response to a selective reuptake inhibitor in women with major depressive disorders. *American Journal of Psychiatry.* 169: 937-945.

Zhang, J., Mayton, M. R., Wheeler, J. J. 2013. Effectiveness of gluten-free and casein-free diets for individuals with autism spectrum disorders: an evidence-based research synthesis. *Education and Training in Autism and Developmental Disabilities.* 48: 276-287.

*Me gusta el enfoque "a la carta". Utiliza unas pocas
cosas de ambos sectores de la medicina (alternativa &
convencional] que realmente te funcionan; deja de tomar
cosas que no lo hagan.*

Medicina Alternativa Frente a la Convencional

Muchas personas cometen el error de tomar partido en el debate sobre medicación convencional frente a la alternativa, como dietas especiales o suplementos de vitaminas. Siendo como soy una persona práctica, creo que el mejor enfoque es coger cosas de ambos que funcionen mejor para ti o para tu hijo. Uno de los mayores problemas en el campo del autismo es que algunos especialistas se vuelven demasiado unidos a su teoría favorita. El debate sobre los beneficios de la medicación convencional frente a los llamados tratamientos "naturales" o "biomédicos" se ha convertido en un tema muy disputado. Mi consejo es ignorar todas las cifras retóricas y lógicas que funcionan para tu hijo. La manera en que yo lo veo, este es el enfoque verdaderamente científico para ayudar a tu hijo. Una buena norma a seguir es: si un tratamiento es muy caro o posiblemente peligroso, sólo debería usarse si va acompañado de estudios científicos rigurosos.

Aceite de CBD (Cannabidiol)

Ahora existe un gran interés por el aceite de CBD. Es un derivado de la marihuana o hachís al que se le ha retirado el THC. Esto impide que te vengas arriba con el CBD. Es legal en muchos Estados e ilegal en otros. El aceite de CBD difinitivamente es eficaz para tratar convulsiones elipépticas incontroladas graves. También hay un aumento de evidencias de que el aceite de CBD puede ser útil tanto para el autismo como para el ADHD. Algunas personas en el espectro autista fuman marihuana para aliviar la ansiedad. Eso debería evitarse en niños y adolescentes. Existen evidencias de que THC que está en la marihuana puede ser malo para el desarrollo del cerebro. El cerebro no está totalmente desarrollados hasta los 25 años. Basándonos en este conocimiento, el autor recomienda evitar la marihuana y productos que contengan altas cantidades de THC hasta los 25 años. Algo de lo que se está cultivando actualmente tiene unos niveles de THC mucho más elevados comparados con lo que se cultivaba antes de que fuera legal.

Informes en primera persona

He observado los tratamientos de medicina convencional y alternativa. El caso más famoso es el de Donna Williams, una persona con autismo que escribió un libro titulado "Nobody Nowhere and Somebody Somewhere". Con los años, he observado a Donna en algunas conferencias. Cuando era joven, no podía tolerar el ruido y los aplausos en una conferencia.

La primera vez que hablé con Donna, me dijo que las gafas Irlen y la dieta libre de glúten y de caseína (GFCF) le había ayudado a reducir sus problemas sensoriales graves. En aquel momento, Donna era una ferviente creyente del uso de métodos alternativos en vez de medicación convencional.

En la Conferencia Mundial del Autismo de 2002 en Australia, Donna contó a la audiencia que había añadido una pequeña dosis, sólo un cuarto de miligramo de Risperdal a su régimen diario. La combinación del fármaco con la dieta especial realmente le proporcionó cambios positivos para ella. Un informe sobre un caso demostró que el Risperdal (risperidona) puede reducir la sensibilidad sensorial. Eso puede explicar la razón por la cual Donna ahora puede tolerar lugares amplios y ruidosos. La pequeña dosis mejora la seguridad.

Se de otra persona a quien le ha ayudado enormemente una combinación de gafas Irlen, la dieta GFCF y Zoloft. El Zoloft lo usó al principio. Las gafas se añadieron al cabo de un año. Había otra persona que obtuvo buenos resultados con Zoloft (Sertralina) y Clonidina. Las gafas realmente le ayudaron a organizar su escritura y a aprender más en la escuela. Esto no era un efecto placebo porque, al principio, pensó que las gafas tintadas eran una "estupidez". Ahora, las adora. Hace más o menos un año después de que se introdujeran las gafas, empezó la dieta GFCF. Esto dió lugar a más mejoras. Actualmente todavía sigue una dieta muy estricta sin glúten, pero ha podido volver a añadir productos lácteos en su dieta. Como Donna, ella continúa utilizando la medicina convencional, la dieta y las gafas Irlen.

Enfoque sensato

Tomar todos los complementos de una tienda de productos naturales es realmente una locura. Me gusta el enfoque "a la carta". Utiliza unas pocas cosas de ambos sectores de la medicina que realmente te funcionen; deja de tomar lo que no lo haga. Para mí, la dieta GFCF no tiene efecto en la ansiedad, pero me previene de tener mareo, sensación de vértigo por comer proteína animal, como ternera o huevos cada día. También tomo medicación convencional antidepresiva.

He encontrado una combinación que me funciona muy bien. Con algo de experimentación, puedes encontrar lo que mejor te funcione a ti o a tu hijo, también. Vale la pena el esfuerzo. Está empezando a ser más evidente que alguna terapia alternativa, como Omega-3 o suplementos de vitaminas y minerales tiene efectos beneficiosos. La lista de referencia contiene algunos estudios nuevos.

Suplementos y dietas

La evidencia científica ha empezado a corroborar que existen condiciones específicas en las que los tratamientos naturales son eficaces. El Dr. Dienke Bos de los Países Bajos ha encontrado que las dietas de ácidos grasos Omega-3 mejoraron los síntomas de ADHD. Una revisión de algunas de las nuevas investigaciones con Omega-3 indicaban un pequeño efecto positivo sobre la hiperactividad. El problema con muchos estudios sobre suplementos y dietas es que pueden haber un subgrupo que responda realmente positivamente. La mayoría de estudios no identifican específicamente a los subgrupos. Sólo observan al grupo entero mezclado y dicen que no hay efecto. Una combinación de Omega-3 y vitamina D ha dado resultados positivos. Muchos padres han informado de que la dieta libre de glúten y caseína es útil.   En algunos niños, dejar la dieta les causó una reacción muy mala. Probablemente hay un subgrupo de personas que responden realmente bien. Un estudio demostró que una dieta cetogénica modificada con aceite MCT (coco) tuvo algunos beneficios. Un problema común para muchos niños y adultos con autismo es la dificultad para dormir. Un ensayo aleatorio de liberación continua de melatonina dió lugar a una mejora del sueño. Tres nuevos estudios demostraron que los probióticos pueden ser útiles. Es probable que sean más útiles en personas con problemas gastrointestinales. Los problemas gastrointestinales son más comunes en el autismo comparado con la población general.

Referencias y lecturas complementarias

Appleton, Katherine M, Hannah M Sallis, Rachel Perry, Andrew R Ness, and Rachel Churchill. 2015. "Omega 3 Fatty Acids for Depression in Adults." Cochrane Database of Systematic Reviews. https://doi.org/10.1002/14651858.CD004692.pub4.

Arteaga-Henriquez, G. et al. (2019) Low grade inflammation as a predictor of antidepressant and anti-inflammatory therapy response in MDD (major depressive disorder), Patients: A systematic Review of the Literature, *Frontiers in Psychiatry*, 10:458.

Baur, I. et al., 2014. Does omega-3 fatty acid supplementation enhance neural efficiency? A review of the literature, *Human Psychopharmacology*, 29:8-18.

Banchel, D.A. et al. (2019) Oral cannabidiol (CBD) use in children with autism spectrum disorder to treat co-morbiditics, *Frontiers in Pharmacology*, doi:10.3389/fphar.2018.0151.

Cheng, Y.S. et al. (2017) Supplementation with Omega 3 fatty acids may improve hyper activity, lethargy and stereotypy in children with autism spectrum disorder: A meta-analysis of randomized controlled trials, *Neuropsychiatry Disorders Treatment*, 13:2531-2543.

Cooper, R.E. et al. (2017) Cannabinoids (CBD) in attention-deficit/hyperactivity disorder: A randomized controlled trial, *European Pharmacology*, 27:795-808.

Devinsky, O. et al. (2017) Trial of cannabidiol (CBD) for drug resistant seizures in Dravet syndrome, *New England Journal of Medicine*, 376:2011-2020.

Eaton, W.E. (2015) Improvement in psychotic symptoms after a gluten-free diet in a boy with complex autoimmune illness, *American Journal of Psychiatry*, 172:219-221.

Ghanizadeh, A. (2009) Does risperidone improve hyperacusis in children with autism? *Pharmacology Bulletin* 42:108-110.

Granpeesheh, D. et al. (2010) controlled evaluation of the effects of hyperbaric oxygen therapy on the behavior of 16 children with autism spectrum disorders, *Journal of Autism and Developmental Disorders* Epub).

Infant m' et al. (2018) Omega 3-PUFAs and Vitamin D co-supplementation as a safe-effective therapeutic approach for core symptoms of autism spectrum disorder: Case report and literature review, *Nutritional Neuroscience*, December 13, 2018.

Lee, R.W. et al. (2018) A modified ketogenic gluten free diet with MCT (coconut oil) improves behavior in children with autism spectrum disorder, *Physiology and Behavior*, 188:205-211.

Lui, J. et al. (2019) Probiotic therapy for treating behavioral and gastro-intestinal symptoms in autism spectrum disorder: A systematic review of clinical trials, *Current Medical Science*, 39:173-184.

Lui, Y.W. et al. (2019) Effects of lactobacillus plantarum PS128 on children with autism spectrum disorder in Taiwan: A randomized double-blind placebo-controlled trial, *Nutrients* 11(4):820.

Maris, A. et al. (2018) Melatonin for insomnia in patients with autism, *Child Adolescent Psychopharmacology*, 28:699-710.

Mulloy, A. et al. (2010) Gluten free and casein free diets in the treatment of autism spectrum disorder, *Research in Autism Spectrum Disorders*, 4:328-339.

Navarro, F. et al. (2016) Can probiotics benefit children with autism spectrum disorder? *World Journal of Gastroenterology*, 22:10093-10102.

Orr, C. et al. (2019) Gray matter volume differences with extremely low levels of cannabis use in adolescents, *Journal of Neuroscience* doi:10.1523/jneurosci.3375-17.2018.

Polag, S. et al. (2019) Cannibidiol (CBD) as a suggested candidate for treatment of autism spectrum disorder, *Progress in Neuro-Psychopharmacology and Biological Psychiatry*, 89:90-96.

Posar, A. and Viscotti, P. (2018) Omega 3 supplementation in autism spectrum disorder: A still open question, *Journal of Pediatric Neuroscience*, 11:225-227.

Rucklidge, J.J. (2014) Vitamin-mineral treatment of attention deficit hyperactivity disorder in adults: A double blind study randomized placebo controlled trial, *BJ Psych* doi: 10.1192/bjp.bp.113.132.

Sakulchit, T. et al. (2017) Hyperbaric oxygen therapy for children with autism spectrum disorder, CFP-MFC, The official journal of the College of Family Physicians in Canada, 63:446-448 (Not recommended).

Schleider, L.B.L. et al. (2019) Real life experience of medical cannabidiol (CBD) treatment of autism: Analysis of safety and efficiency, *Scientific Reports (Nature)* 200.

Shattock, P. and P. Whiteley (2000) The Sunderland Protocol: A logical sequencing of biomedical intervention for the treatment of autism and related disorders, Autism Research Unit, University of Sunderland, UK.

Zhang, W.F. et al. (2010) Extract of gingko biloba treatment for tardive dyskinesia in schizophrenics: A randomized double blind, placebo-controlled trial, *Journal of Clinical Psychiatry*, (pub).

Antes del pedir fármacos psiquiátricos mas potentes, debe descartar de forma absoluta y positiva un problema médico que pueda ser tratado.

Problemas Médicos Escondidos Pueden Causar Problemas de Comportamiento

La Dra. Margaret Bauman y el Dr. Timothy Buie del Massachussetts General Hospital han trabajado con muchos niños autistas. Ambos advierten a médicos, padres y profesores, que *deben* descartar problemas médicos escondidos, dolorosos o agotadores antes de darle al niño fármacos psiquiátricos como el Risperdal. Algunos médicos puede que ni se molesten en buscar problemas que podrían haberse diagnosticado a un niño *normal*. Sólo asumen que todos los problemas de comportamiento están causados por el autismo. El Dr.Buie, un gastroenterólogo pediátrico, explicaba que el 24% de los niños normales tienen problemas dolorosos gastrointestinales, o GI. Un estudio de casi 3.000 niños con ASD demostró que 247 tenían problemas gastrointestinales crónicos, como estreñimiento, flatulencia, diarrea o dolor abdominal.

En la conferencia de autismo "2008 Geneva Center", en Toronto, el Dr Buie mostró videos de tres niños autista que no hablaban, con terribles comportamientos, que estaban causados por dolores de estómago que no eran obvios. En el primer video, una niña pequeña no quería sentarse bien para hacer unos deberes. Estaba moviéndose todo el rato y no paraba. También tenía posturas extrañas, y lo que es raro, no se tocaba el estómago. En un segundo video, un niño no quería tenderse plano y seguía moviendo los brazos y agitándose. En el tercer video se veía una grave autolesión y una postura rara de "saludo".

Todos estos niños sufrían de reflujo ácido (acidez), el problema GI más normal. Aunque ninguno de ellos expresó abiertamente signos de dolor GI, como estreñimiento, vómitos, diarrea o tocarse o frotarse el estómago o el pecho, sus comportamientos eran un resultado directo de su grave malestar. Al no hablar, sus comportamientos eran la única manera de comunicar su malestar. Algunos de sus movimientos corporales eran, sin duda alguna, un intento para aliviar el dolor que sentían. Todos los niños mejoraron sensiblemente después de haber sido tratados por reflujo ácido. Este puede tratarse fácilmente con medicaciones en la farmacia como Pepcid (famotidina) o Prevacid (lansoprazol). Otros remedios comunes son no dejar que el niño se tienda inmediatamente después de comer y levantarle la cabeza en la cama para mantener el ácido en el estómago e impedir que le queme en el esófago. Si se observan manchas de color marrón en la almohada del niño, eso normalmente es un signo de reflujo ácido. Otros signos incluyen masticar ropa u otros objetos, o golpearse el pecho. Los niños que tuvieron problemas gastrointestinales eran más propensos a tener hipersensibilidad sensorial y problemas de ansiedad.

Otros problemas médicos escondidos

Obviamente el reflujo ácido es solo uno de los muchos problemas físicos que pueden causar problemas de comportamiento. Otros problemas GI como estreñimiento o H pylori También causan dolor. H pylori es el insecto que causa úlceras estomacales y puede diagnosticarse con una simple muestra de heces y tratada por el médico de cabecera. También he hablado con profesores y padres que decían que el comportamiento de su hijo había mejorado mucho después de que hubiesen sido tratados por una infección de oídos o un dolor de muelas. Una infección grave por hongos también puede hacer que el niño se sienta muy mal y debería tratarse.

La Dra. Bauman describió otras observaciones útiles a partir de su práctica clínica con cientos de niños con autismo. Ha observado que el comportamiento de las niñas a menudo se acentúa en la pubertad en comparación con los niños. Yo puedo dar fe de ello. Cuando empecé la pubertad, mi ansiedad y mis ataques de pánico explotaron. La Dra. Bauman ha observado que algunas niñas con autismo sufren un desequilibrio entre las hormonas de estrógeno y progesterona. Tratar este desequilibrio mejoró el comportamiento. Este problema puede diagnosticarlo y tratarlo un ginecólogo o endocrinólogo que sea muy bueno.

Rompe el corazón tener un hijo que ya va solo al lavabo y que pierde esta capacidad. Si esto ocurre, el primer paso es descartar una infección del tracto urinario, que puede diagnosticase fácilmente con una muestra de orina. Otras posibles causas podrían ser problemas GI tales como diarrea o parásitos. La Dra. Bauman ha descubierto que algunos niños preadolescentes pierden el control de la vejiga debido a una vejiga espástica, y a veces el fármaco Ditropan puede ayudar.

Para concluir, es vital recordar que la mayoría de niños con autismo, y en especial lo que no hablan o tienen unas habilidades verbales limitadas, es la comunicación. Una actuación súbita o inexplicable de comportamiento que continúa durante días o semanas, a menudo es el resultado de problemas físicos escondidos que afectan al niño. Antes de pedir fármacos psiquiátricos cada vez más potentes, debes descartar de forma positiva y absoluta un problema médico que pueda tratarse.

Lecturas complementarias

Bauman, M. L. 2010. Medical comorbidities in autism: Challenges to diagnosis and treatment. *Neurotherapeutics* 7: 320-327.

Buie, T. et al. 2010. Evaluation, diagnosis, and treatment of gastrointestinal disorders in individuals with ASDs: A consensus report. *Pediatrics* 125 (Suppl 1) S1-S18.

De Magistris, L. et al. 2010. Alterations of the intestinal barrier in patients with autism spectrum disorders and their firstdegree relatives. *Journal of Pediatric Gastroenterology and Nutrition* 51: 418-424.

Genuis, S. J. and T. P. Bouchard. 2010. Celiac disease presenting in autism. *Journal of Child Neurology* 25: 114-119.

Mazurek M. O., Vasa R. A., Kalb L. G., et al. 2013. Anxiety, sensory over-responsivity, and gastrointestinal problems in children with autism spectrum disorders. *Journal of Abnormal Child Psychology* 41: 165-176.

He observado que la persona que enseña a menudo es una parte de la ecuación más importante que el método.

Evaluando Tratamientos

Cada persona con autismo es distinta. Una medicación o un programa educativo que funcionan para una, puede que no funcione para otra. Por ejemplo, un niño puede hacer muy buenos progresos en un programa educativo de ensayo discreto, altamente estructurado. Otro niño puede tener una sobrecarga sensorial en un programa de ensayo discreto y rígido y hacer muy pocos progresos. Ese niño necesitará un enfoque más suave.

La mayoría de especialistas en autismo están de acuerdo en que se necesitan muchas horas de intervención educativa temprana, pero no están de acuerdo en si debería ser el modelo Lovaas ABA (Análisis Aplicado del Comportamiento) o uno de relación más social, como el Greenspan (Floortime) o método de Intervención del Desarrollo de Relaciones. He observado que en realidad la persona que enseña a menudo es una parte de la ecuación más importante que el método. Los buenos profesores tienen tendencia a hacer lo mismo, independientemente de la base teórica del método de enseñanza. Tienen un instinto natural sobre qué funciona y qué no para un niño y, por lo tanto, se adaptan a cualquier método que estén usando.

Si observas que un profesor en particular no se lleva bien con tu hijo o no parece tener esa "sensación" trabajando con él, entonces prueba con otro profesor. Los dos programas de educación temprana que están basados en evidencia son ABA y el modelo Early Start Denver. El programa Denver utiliza ambos métodos, ABA basados en la relación de ensayo de enseñanza discreta. Los niños más pequeños responderán mejor.

Cambiar las cosas de una en una

Es imposible determinar si una dieta nueva, medicación o programa educativo está funcionando si se empiezan varias cosas a la vez. Empieza una cosa después de otra. Muchos padres tienen miedo de hacerlo porque quieren hacer lo mejor para su hijo y temen que "el tiempo se está acabando". En la mayoría de los casos, todo lo que se necesita es un corto periodo de ensayo de treinta días entre distintos tratamientos para observar los efectos. Otro buen método de evaluación es una evaluación a ciegas, donde la persona que hace la evaluación no sabe que se está probando un nuevo programa educativo o una nueva medicación. Por ejemplo, si un profesor en la escuela menciona que el comportamiento de tu hijo ha mejorado sensiblemente, eso sería un buen indicador de que un nuevo tratamiento que estás probando en casa está funcionando (tu no se lo dijiste de antemano al profesor).

Con la medicación, especialmente, los padres deben valorar los riesgos frente a los beneficios. Una buena regla de oro con la medicación es que debería ser una mejora bastante grande, y con una mejora obvia que mereciese la pena correr el riesgo de los efectos secundarios. Por ejemplo, si una medicación reduce los ataques de ira de diez por semana a uno por semana, eso implicaría que una medicación realmente funciona. Si una medicación hace que el niño este un poco menos hiperactivo, esto puede que no sea suficiente beneficio y que no valga la pena el riego.

Ahora están disponibles muchos tratamientos. Algunos han sido verificados por rigurosos estudios científicos y otros no.

Los ensayos discretos, los programas educativos, Denver Early Start y medicaciones antidepresivas SSRI, como Prozac o Zoloft, están respaldados por estudios científicos. Intervenciones como las gafas Irlen o las dietas especiales tienen menos respaldo científico. No obstante, hay personas a las que estos tratamientos les ha ayudado. Una de las razones por las cuales algunos estudios científicos no han demostrado resultados, puede ser debido a que sólo cierto subgrupo de gente en el espectro autista responderá a algunos tratamientos. Son necesarios estudios complementarios, en especial aquellos que iluminarán qué intervenciones son más útiles para diferentes subgrupos.

Para concluir, introduce las intervenciones de una en una, y escribe un diario de sus efectos. Evita términos vagos como "mi hijo realmente ha mejorado". Se específico acerca de los cambios observados, sean positivos o negativos, y haz entradas al menos una vez al día. Un ejemplo de una evaluación útil y bien redactada sería "mi hijo aprendió diez nuevas palabras en una semana" o "sus rabietas fueron de cinco al día a una cada cuatro días". La buena información te ayudará a tomar buenas decisiones que ayudarán a tu hijo durante mucho tiempo.

El problema con ensayos cortos con fármacos

Recientemente se han producido continuos problemas con el uso de ensayos cortos, irreales con fármacos para evaluar fármacos psiquiátricos. Los graves efectos secundarios que pueden producirse con antipsicóticos atípicos como el Risperdal (risperidone) o Seroquel (ketiapina), no van a mostrarse en un ensayo de seis a ocho semanas. Estoy preocupada por el hecho de que la FDA haya aprobado el Risperdal para niños de cinco años con autismo. Aunque esté aprobado, probablemente sería una mala elección para niños de cinco años porque el riesgo de efectos secundarios a largo plazo es demasiado Elevado. En niños muy pequeños, primero deberían probarse otros tratamientos más seguros como dietas especiales o suplementos de aceite de pescado Omega-3.

Existen demasiados fármacos potentes que se están prescribiendo a niños. No obstante, en niños más mayores y adultos, hay algunos casos en los que el Risperdal podría ser una buena elección.

Referencias

Dawson G., Rogers S., Munson J., et al. 2010. Randomized controlled trial of an intervention for toddlers with autism: The Early Start Denver Model. *Pediatrics.* 125:17-23.

Eikeseth S. and Klintwall L. 2014. Educational Interventions for Young Children with Autism Spectrum Disorders *Comprehensive Guide to Autism.* Springer Science, New York.

Goldstien S. and Naglieri J. A. 2013. Early Start Denver Model, *Interventions for Autism Spectrum Disorders.* Springer Science, New York, 59-73.

Todas las medicaciones tienen riesgo. Al tomar decisiones acerca del uso de medicamentos, los beneficios deberían ser mayores que los riesgos, de forma clara y no marginales.

Uso de Medicación: Riesgos Frente a Decisiones

Ultimamente ha habido mucha publicidad acerca de los peligros asociados con ciertas medicaciones, como fármacos antidepresivos y para el dolor a causa de la artritis. Ha aumentado la preocupación entre los padres cuyos hijos ya toman medicación y los ha hecho todavía más escépticos a aquellos que ya dudan de usar fármacos con sus hijos.

Todas las medicaciones tienen riesgo. Al tomar decisiones acerca del uso de medicamentos, los beneficios deberían ser mayores que los riesgos, de forma clara y no marginales. El sentido común dicta que los fármacos con un mayor riesgo de efectos secundarios deberían usarse con más cuidado que los fármacos con un riesgo menor. Un enfoque razonable es probar primero con fármacos que tengan menos riesgo de efectos secundarios.

Para enfocar la toma de decisiones sobre la medicación de una forma lógica, lo mejor es atenerse a los tres principios siguientes. Estos principios asumen que los enfoques se han probado *primero* y se ha demostrado que no han tenido éxito en aliviar los síntomas. *No* debería darse medicación a un niño como el primer recurso de tratamiento cuando presenta problemas de comportamiento. Primero hay que agotar los demás tratamientos.

Una revisión de los artículos indicaba que los niños sufren más reacciones adversas a los fármacos en comparación con los adultos.

- Prueba la medicación de una en una, para que puedas juzgar su efecto. No cambies los programas educativos o la dieta al mismo tiempo que pruebas un fármaco nuevo. Dale desde unas semanas a un mes entre que empieza la medicación y que cambias cualquier otra cosa del programa de la persona. Llevar un diario del comportamiento del niño y de sus niveles de actividad puede ser útil para buscar posibles efectos secundarios y/o valorar el grado de mejora, si hay alguno.

- Una medicación eficaz debería tener un *efecto beneficioso evidente*. Darle a un niño un fármaco potente que lo deje solo un poco menos hiperactivo probablemente no compense el riesgo. Un fármaco que elimine el límite de su hiperactividad, pero lo deje en estado letárgico, sería igualmente malo. Estoy realmente preocupada acerca del creciente número de fármacos potentes que se recetan a niños. En niños pequeños, recomiendo probar primero una de las dietas especiales y suplementos de Omega-3 (aceite de pescado), antes de darle al niño fármacos potentes.

- Si una persona toma una medicación que le funciona realmente bien, normalmente no vale la pena arriesgarse a cambiar a una de nueva. Que sea nueva no quiere decir que siempre sea mejor. Las empresas farmacéuticas promocionan sus nuevos fármacos, mientras aún están por patentar. Después que un fármaco ya es un genérico, dejan de promocionarlo. Muchos de los antiguos fármacos genéricos son muy eficaces y baratos. No obstante, hay que tener cuidado al cambiar de marca o de genérico. Busca una marca que te vaya bien y quédate con ella. La forma en que se fabrican las píldoras puede afectar en lo rápido que se disuelven, lo que puede cambiar la forma en que funciona el fármaco. Esto es un problema, en especial, con los fármacos de liberación lenta.

Para tomar buenas decisiones los padres deben conocer *todos* los riesgos implicados con las principales clases de medicación. La sección siguiente resume los usos y riesgos asociados con las seis medicaciones de uso más común.

1. *Antidepresivos* (tanto SSRI—inhibidores de la recaptación de serotonina como el Prozac, como los antiguos tricíclicos) cuando se utilizan para tratar la ansiedad, deberían darse a dosis menores a las personas en el espectro que a la población en general. Algunas personas con ASD necesitan solo de un cuarto a media dosis de la dosis de inicio. Dar una dosis demasiado elevada de un antidepresivo causa muchos problemas, como insomnio y agitación. La dosis baja correcta puede tener efectos muy positivos. Las reacciones a una dosis demasiado elevada pueden ser graves, y empezarían al cabo de una semana de empezar a tomar el fármaco. Si se producen, hay que dejarlo inmediatamente o dar una dosis mucho más pequeña. Investigadores del University of Kansas Medical Center descubrieron que dosis menores del viejo genérico amitriptilina resultaban útiles. Se de muchos profesionales del diseño que toman Prozac y han hecho algunos de sus mejores trabajos mientras lo tomaban.

Sin embargo, he oído varias quejas acerca de problemas de memoria con Paxil (paroxetina). Prozac (fluoxetina), Zoloft (sertralina), o Lexapro (escitalopram) probablemente serían alternativas mejores. En un metaanálisis, Prozac resultó tener la mejor evidencia para usar en personas con autismo comparado con otros SSRI. No obstante, si estás tomando Paxil y te va bien, probablemente es mejor seguir con éste. Existen muchos nuevos antidepresivos en el mercado. Normalmente, no tienen ventajas en comparación con los antiguos. Tendrán la desventaja de ser mucho más caros.

Los antidepresivos funcionan realmente bien para la ansiedad, ataques de pánico, trastorno obsesivo-compulsivo (OCD, por sus siglas en inglés), ansiedad social y pensamientos acelerados. La mayoría de antidepresivos tienen una "caja negra" que advierte sobre un ligero aumento de riesgo de pensamiento suicida al principio del tratamiento, las ocho primeras semanas de tomar el fármaco. Normalmente, los médicos prefieren probar primero con los SSRI porque son más seguros. Los tricíclicos pueden causar problemas cardíacos en algunas personas sensibles. El Prozac es más probable que no desencadene pensamientos suicidas.

2. *Atípicos*. Algunos ejemplos son: Risperdal (risperidona), Seroquel (ketiapina), y Abilify (aripiprazol). La FDA es muy específica y dice que están aprobados para la irritabilidad asociada al autismo. El autor especula que la irritabilidad puede tener una base sensorial parcial. Los efectos secundarios de estos fármacos son elevados. Incluyen ganancia de peso, aumento de riesgo de diabetes y disquinesia tardía (movimientos de Parkinson). La disquinesia tardía a veces causa daño permanente que puede continuar una

vez se haya retirado la medicación. Un estudio demostró que
un 15% de los niños tratados con Abilify tuvo temblores u otros
problemas neurológicos. Las discusiones con las familias indican
que, en niños, la disquinesia tardía puede ocurrir después de un
año de tratamiento. No hay una caja negra de advertencia en las
etiquetas de estos fármacos, pero los riesgos a largo plazo son
realmente superiores a los asociados con los antidepresivos. Ganar
4 kilos puede comprometer seriamente la salud, perjudicar a la
movilidad y contribuir al ostracismo social y a la baja autoestima.
Estos riesgos continúan y tiende a empeorar cuanto más tiempo se
tome el fármaco. Deberían utilizarse dosis bajas de atípicos.

Estos fármacos son eficaces para controlar agresiones muy
graves en niños mayores y adultos. Primero deberían utilizarse
las intervenciones del comportamiento antes de emplear atípicos
para controlar las agresiones. El equilibrio entre el riesgo y los
beneficios se inclina en favor del uso de atípicos para personas con
síntomas graves. Para los que sufren síntomas más moderados,
los riesgos son demasiado elevados. De forma similar, los
fármacos potentes de la clase atípica no deberían utilizarse como
ayudas para dormir o para problemas de atención, ya que tienen
demasiados efectos secundarios graves.

3. **Estimulantes.** Algunos ejemplos son: Ritalin (Metilfenidato) y
Adderall (combinación de Dextroanfetamina y Anfetamina). Estos
fármacos normalmente se recetan a los niños y adultos con ADHD.
Generalmente los estimulantes hacen que los niños con autismo
que antes hablaban, empeoren. No obstante, a menudo mejoran
en personas con autismo moderado o Asperger, en los que no hay
retraso en el habla. Comparados con los estimulantes atípicos,

tienen menos efectos secundarios, pero deberían evitarse en personas diagnosticadas o con sospecha de problemas de corazón. Los efectos de los estimulantes son inmediatos y serán más evidentes después de una o dos dosis. Otros tipos de medicinas requieren varias semanas o más para poder ser evaluadas.

4. *Anticonvulsivos*. En un principio, estos fármacos fueron desarrollados para tratar la epilepsia como para las convulsiones. También son eficaces para controlar las agresiones y estabilizar el humor. Los anticonvulsivos también parecen ser eficaces si se produce una agresión súbita, casi como encender una lámpara. La ira parece surgir inesperadamente, sin ninguna o escasa provocación. Puede estar provocada por una pequeña actividad convulsiva que es difícil de detector a menos que se efectúe un electroencefalograma durmiendo sin sedantes. Esta prueba es muy difícil de efectuar en muchos niños o adultos con autismo. Así pues, una prueba cuidadosa con un anticonvulsivo es una buena elección, en especial si sospechamos de actividad de tipo epiléptico. El Risperdal es uno de los otros atípicos que puede ir mejor para las agresiones que van dirigidas a ciertas personas. Mark Goodman, un psico farmacólogo de Kansas, informa de que el Lamictal (lamotrigine), a menudo es muy eficaz en adolescentes autistas. En este estadio del desarrollo, es cuando a veces se presentan convulsiones en el autismo. Otro anticonvulsivo que a menudo va bien es el Topamax (topiramato) y el Depakote (divalproex sódico).

La principal desventaja de los anticonvulsivos es que tienen que hacerse análisis de sangre para estar seguros de que no estén dañando el hígado, en personas sensibles. Si se produce una erupción cutánea dentro de los seis meses después de empezar a tomar un anticonvulsivo, hay que dejar el fármaco inmediatamente. La mayoría de problemas con las erupciones suceden entre las dos a ocho semanas. Si la persona continúa tomando el fármaco, la erupción puede ser mortal. Muchas personas toleran los anticonvulsivos realmente bien, siempre que no hayan tenido problemas de hígado o erupciones dentro del primer año de tomar esos fármacos. Una observación cuidadosa impedirá efectos secundarios peligrosos porque la persona puede dejar de tomar el fármaco antes de que le cause daños permanentes.

En un metaanálisis de anticonvulsivos, los investigadores concluyeron que no funcionaban para el autismo. El problema para diagnosticar el autismo es que no es exacto, como un diagnóstico para tuberculosis. No obstante, pueden irles bien si las personas también tienen alguna forma de actividad epiléptica en el cerebro, además del diagnóstico de autismo. Los anticonvulsivos están aprobados por la FDA para tratar la epilepsia y estabilizar el humor. Sugiero que muchas familias que tienen un hijo con un historial de agresiones graves consulten con un neurólogo que tenga mucha práctica en tratar casos atípicos de epilepsia. A veces eso da buenos resultados.

5. ***Medicación para la presión arterial.*** Esta clase de fármacos se desarrolló en principio para tratar la hipertensión. Tienen fuertes propiedades ansiolíticas y calmantes. Conozco profesionales del diseño que han tenido problemas terribles de ansiedad y drogadicción, que cambiaron sus vidas totalmente tomando una pequeña dosis de Prozac junto con el betabloqueante

Propanolol. Este último es un antiguo genérico que se ha redescubierto. Los militares están haciendo investigaciones con el Propanolol y prazosin como tratamiento del trastorno de estrés postraumático. Bloquean la enorme respuesta al miedo que los veteranos experimentan durante un "flashback" y les ayudan a frenar las pesadillas. El Propanolol puede ayudar a controlar la ira en personas que no hablan, que son calurosas y sudorosas y a menudo parece como si se quedaran sin aliento. El Dr. Ralph Ankenman tiene un libro titulado *Hope for the Violently Aggressive Child*. Este libro describe el uso tanto de la medicación a base de betabloqueantes como de alfabloqueantes para controlar la ira. Existen otros medicamentos para la tensión arterial que pueden ayudar a calmar al niño o ayudarle a dormir. Catapres (clonidina) funciona muy bien como ayuda para dormir. Los medicamentos para la tensión arterial tienen menos efectos secundarios a largo plazo comparados con los atípicos como el Risperdal o Abilify. Como son píldoras para la presión arterial, podrían hacer que la presión arterial de la persona fuera demasiado baja. Cuando se empieza a tomar una medicación para la tensión arterial, las personas deberían evitar conducir hasta que sepan cómo reaccionarán a la medicación.

6. **Benzodiacepinas.** Estos medicamentos se usan para la ansiedad, pero tienen muchas desventajas. Tienen un enorme potencial de abuso y retirar el medicamento puede ser muy difícil una vez se ha empezado. Algunos de los más comunes son Xanax (alprazolam), Valium (diazepam), y Klonopin (clonazepam). Normalmente un antidepresivo como el Prozac (fluoxetina) o Zoloft (sertralina), o una medicación para la presión arterial

es mejor para gestionar la ansiedad a largo plazo. El Dr. John Ratey de la Universidad de Harvard normalmente Evita las benzodiacepinas cuando trata personas en el espectro autista.

Antiguo frente a nuevo

Están saliendo muchos antidepresivos nuevos al mercado cada día. Algunos de ellos tienen ventajas menores comparados con los antiguos. Muchos de ellos son ligeras modificaciones químicas de los antiguos. A menudo los anteriores fármacos funcionarán tan bien y están disponibles como genéricos baratos. En el momento de la segunda revisión de este capítulo, no existían tipos totalmente nuevos de fármacos convencionales en el mercado o en la línea de investigación que esperaba la aprobación de la FDA. Actualmente existen fármacos genéricos eficaces disponibles para toda clase de tratamientos para personas con autismo. En términos de riesgo real, la medicación antidepresiva y la que es para la presión arterial son más seguros para la salud a largo plazo. No obstante, existen algunas situaciones en las que los beneficios del Risperdal sobrepasan con mucho el riesgo. Es un fármaco muy eficaz para controlar la ira. Si consigue que un adolescente vaya a la escuela, vive en un grupo familiar o tiene suficiente autocontrol para aprender otras formas cognitivas de gestión de comportamiento, valdría la pena el riesgo.

Los padres, lógicamente, deben valorar el índice de riesgo-beneficio cuando piensen en utilizar algún tipo de medicación para su hijo. Discute la medicación extensamente con el médico del niño. Pregunta al médico que te proporcione

Lista de posibles efectos secundarios sobre la medicación. Haz alguna investigación por tu cuenta en internet para determinar si la medicación se ha utilizado ampliamente y/o de forma eficaz con personas con ASD.

Esto es especialmente cierto, cuando se sugiere la medicación para que la tomen niños. Tanto los médicos como los padres deben evitar aumentar las dosis o añadir medicación cada vez que se produce una crisis. He hablado con padres cuyos hijos habían tomado ocho clases distintas de medicación y el niño quedó sedado como un zombi.

Cuando la medicación se utiliza con cuidado y de forma conservadora, puede ayudar a normalizar las funciones. Cuando la medicación se utiliza cuando hay problemas sin usar el pensamiento lógico, el niño puede quedar tan drogado que pueda que no sea capaz de funcionar.

Usos eficaces novedosos para medicaciones antiguas

El Dr. Alexander Kolevzon del Mount Sinai Hospital de Nueva York usa Prozac o Zoloft para la ansiedad, y tiene pacientes a los Guanfacine (Tenex, Intuniv) o Atomoxetine (Strattera) de liberación prolongada también han sido eficaces para la ansiedad. Ambos fármacos se usan de forma normal para el ADHD. El Guanfacine es un fármaco para la presión arterial y el Atomoxitine es similar a los antidepresivos. El primero está etiquetado como medicamento para la presión arterial o para tratar el ADHD, bajo nombres distintos. Existen fármacos antiguos, seguros, que se están usando para cosas nuevas. El Dr. Theodore Henderson, otro médico que trata el autismo, está usando el fármaco que yo tomo para la ansiedad, Desipramina. Funcionaba en un 80% de sus pacientes.

Lecturas complementarias

Ankenman, R. 2011. *Hope for the Violently Aggressive Child*. Future Horizons, Arlington, TX

Arnold, L.E. et al. 2010. Moderators, mediators, and other predictors of risperidone response in children with autistic disorder and irritability. *Journal of Child and Adolescent Psychopharmacology* 20: 83-93.

Aull E. 2014. *The Parent's Guide to the Medical World of Autism*, Future Horizons, Inc., Arlington, TX

Beversdorf, D.Q. et al. 2008. Effect of propranolol on verbal problem solving in autism spectrum disorder. *Neurocase* 14: 378-383.

Bhatti, L., Thome, A., Smith, P.O., et al. 2013. A retrospective study of Amitriptyline with autism spectrum disorders. *Journal of Autism and Developmental Disorders* 43: 1017–1027.

Brunssen, W.L., and Waldrop, J. 2009. Review of the evidence for treatment of children with autism with selective serotonin reuptake inhibitors. *Journal of Specialist Pediatric Nursing* 14: 183-191.

Chavez, B., Chavez-Brown, M., Sopko, M.A., and Rey, J.A. 2007. Atypical antipsychotics in children with pervasive developmental disorders. *Pediatric Drugs* 9: 249-166.

Ducrocq, V.G. 2003. Immediate treatment with propranolol decreases post traumatic stress disorder two months after trauma. *Biological Psychiatry* 54: 947-949.

Fung, L.K., Chanal, L., Libove, R.A., et al. 2012. A retrospective review of effectiveness of aripiprazole in the treatment of sensory abnormalities in autism. *Journal of Child and Adolescent Psychopharmacology* 22: 245-248.

Haspel, T. 1995. Beta-blockers and the treatment of aggression. *Harvard Review of Psychiatry* 2: 274-281.

Lohr, D.W., Honaker, J. 2013. Atypical antipsychotics for treatment of disruptive behavior. *Pediatric Annals* 42:72-77.

McDougle, J., Sigler, K.A., Erickson, C.A., and Posey, D.J. 2008. Atypical antipsychotics in children and adolescents with autism and other developmental disorders. *Journal of Clinical Psychiatry* 67, Supplement 4: 15-20.

Mehi-Madona, L. et al. 2010. Micronutrients versus standard medication management in autism: A naturalistic case-control study. *Journal of Child and Adolescent Psychopharmacology* 20: 95-103.

Owen, M.R., Manos, R., Mankoski, R., et al. 2011. Safety and tolerability ofaripiprazole for irritability in pediatric patients with autistic disorder. *Journal of Clinical Psychiatry* 72: 1270-1276.

Parikh, M.S., Kolevzon, A., and Hollander, E. 2008. Psychopharmacology of aggression in children and adults with autism: A critical review of efficacy and tolerability. *Journal of Child and Adolescent Psychopharmacology* 18: 157-178.

Possy, D. J. et al. 2008. Antipsychotics and the treatment of autism. *Journal of Clinical Investigation* 118: 6-14.

Stachnik, J.M. and Nunn-Thompson, C. 2007. Use of atypical antipsychotics in the treatment of autistic disorder. *Annals of Pharmacotherapy* 41: 626-634.

Cuando salgo a cenar con gente mayor de cuarenta años y hablo sobre el zumbido en los oídos, he descubierto que lo padece mucha gente, y que no está diagnosticado. O tienen zumbidos en los oídos o mareos.

Mi Tratamiento para el Zumbido de los Oídos

A finales de mis cincuenta años, contraje la enfermedad de Ménière. Se trata de un trastorno autoinmune que puede causar tinitos (zumbidos en los oídos), sordera y mareos. Era realmente alarmante porque me iba quedando sorda de un oído muy rápido y los zumbidos en los oídos me estaban volviendo loca. Por suerte, nunca tuve problemas de mareos. Mis primeros síntomas fueron los zumbidos en los oídos y, en meses, había perdido tanta audición en un oído que ya no podía usar el teléfono. Estaba aterrorizada por el hecho de que mi oído se volviera sordo. El primer especialista al que consulté vendía montones de ayudas auditivas y me iba a dejar sorda. Un médico distinto frenó la fase aguda con el fármaco esteroideo Prednisona. Por suerte, algo de mi audición en el oído afectado ha vuelto.

El zumbido en mis oídos era tan grave que no podía dormir. Sonaba como cigarras y una continua sirena de cuando hay niebla baja. Buscando en internet encontré algunas claves para entrenar mi cerebro a ignorar los zumbidos, que provenían de la cóclea (oído interno), que se habían dañado por el ataque autoinmune.

(Un trastorno autoinmune es una condición que se produce cuando el sistema inmunitario, por error, ataca y destruye tejido sano del cuerpo). Un sitio web decía que los sonidos naturales ayudan así que me fui a Barnes and Noble y compré cada CD de new-age que tuvieran. Intenté poner muchos CD distintos por la noche para enmascarar el terrible estruendo de mi oído, pero seguía teniendo problemas para dormir. Obtuve otra clave importante de otro sitio web que decía, "utilizar la música y otros sonidos para aliviar los zumbidos es habituarse, no enmascararlos", así que empecé a poner los CD por la noche muy flojitos de forma que tenía que esforzarme para oírlos. Esta técnica pareció que funcionaba mejor porque tenía que concentrarme en oírlos. Encontré un CD que funcionaba realmente bien. Cuando ponía ese CD muy flojito, podía anular los zumbidos.

El cerebro no puede escuchar tres cosas a la vez

Tuve que averiguar por qué ese CD funcionaba. Era un CD que tenía una combinación de murmullos de arroyo con música y pájaros gorjeando de forma intermitente. Era la combinación de los ruidos intermitentes Fuertes junto con los sonidos continuos flojos del agua lo que lo hacía eficaz. Este funcionaba porque mi cerebro no puede prestar atención a tres cosas a la vez. Las tres cosas eran los zumbidos, los pájaros gorjeando y los sonidos de las olas. Otras combinaciones de ruidos que funcionaban eran una máquina de olas y un CD de música clásica a la vez, y una máquina de olas y distintos tipos de música en la radio. Me entrené para utilizar una variedad de música y descubrí que la música no vocalizada era la mejor. También he utilizado con éxito el rock clásico y la música española, que tiene letra pero que no la entiendo. La única música que no funcionó fue el jazz o el rap que tenían un latido fuerte y constante. En las habitaciones de hotel, también conseguí usar la música de la radio más la televisión en el canal del tiempo o los créditos antes de las películas. Tenía que ser algo que no fuera interesante. Actualmente mi Ménière está remitiendo y puedo dormir sin ruidos añadidos.

El Síndrome de Maniere es normal

Cuando salgo a cenar con gente de más de cuarenta años y hablo acerca de los zumbidos, estoy descubriendo que mucha gente lo sufre y no está diagnosticada. Tienen zumbidos o mareos. Varios de mis amigos empezaron a hacer una dieta baja en sal y los zumbidos se redujeron. Eso era todo lo que tenían que hacer, y funcionó también para otras personas. Yo tuve que tomar una dosis alta de Prednisona durante una semana y luego, cuidadosamente, retirar los esteroides por un periodo de seis meses. Actualmente mi terapia de mantenimiento es una dieta baja en sal y una dosis baja de una píldora diurética de agua llamada Triamterene. Si como algo demasiado salado o me olvido de tomar la píldora de agua, noto una presión en los oídos y los zumbidos empeoran. También tuve de dejar de tomar estrógeno para los sofocos porque las hormonas femeninas agravan los problemas autoinmunes. Cuando tengo problemas de audición, tomo bajas cantidades de vitamina B en mi dieta, debido a que está libre de gluten. Actualmente tomo un suplemento del complejo B.

El autismo y los problemas autoinmunes están relacionados. Mucha de la gente que no está diagnosticada de Síndrome de Ménière, he descubierto que fueron también padres de niños con autismo. En muchos casos, la gente había ido a su médico de cabecera y éste no sabía lo que les sucedía. Cuando discutí este Síndrome con una señora, me dijo, "Eso explica por qué me mareo después de comer patatas fritas saladas". Cualquiera que experimente estos síntomas, zumbidos, mareos y sordera en aumento, debería consultar a médicos calificados para discutir sobre el Síndrome de Ménière. Si se diagnostica el trastorno, intentar una de las sugerencias que he mencionado anteriormente puede ayudar a aliviarle algunos de los síntomas.

Actualización Médica
del Autismo

L a nueva información sobre suplementos y CBD es sobre p. 278. En esta sección, cubriré alguna de las informaciones más recientes sobre otros tópicos relacionados medicamente. La ansiedad es uno de los problemas principales para muchos adolescentes y adultos con autismo. Los informes, tanto de padres como de consejeros, indican que la ansiedad y a veces ataques de pánico, impide a la persona involucrarse en actividades. Durante mis veinte años, estaba aterrorizada de hablar en público y de los aviones. Para hablar con facilidad en público, solo tenía que hacerlo. Tener unas buenas diapositivas para ilustrar mis charlas era extremadamente útil. Para perder el miedo a volar, me interesé por la aviación. Volar en la cabina de un gran avión de transporte de ganado cambió mi visión de los aviones, de "espantosos" a "interesantes".

En muchos de mis escritos, como en mi libro *Thinking in Pictures*, discutí cómo una dosis baja de antidepresivos me salvo de ataques de pánico paralizantes. Hay una excelente revista de medicaciones para la ansiedad en el Kennedy Krieger Institute (*www.iamcommunity.org*). En esta revista, discuten problemas con sobre activación causada por los antidepresivos. Por desgracia, no discuten el uso de dosis bajas. Si pruebas un antidepresivo y causa agitación o insomnio, debe reducirse la dosis También descubrí un buen artículo científico de acceso abierto sobre terapias farmacológicas para el autismo escrito por el Dr. D.W. Coleman en *Journal of Child and Adolescent Psychopharmacology* (ver lista de referencia). Algunas personas están tomando demasiada medicación. El cincuenta por ciento de los adultos con ASD del programa Medicaid tomaban seis fármacos o más. Lo más probable es que estén sobremedicados. En un escrito de Rini Votira de la West Virginia University, existe una Buena discusión sobre los efectos secundarios graves de fármacos atípicos como Risperidan y Abilify. También hay alguna nueva investigación interesante sobre tratamientos resistentes a la depresión. Existen algunos casos en los que una de las razones puede ser unos niveles subclínicos de hormona tiroidea bajos. Padres, profesores y médicos necesitan pensar de forma lógica sobre el uso de las medicaciones. Se prescriben demasiados fármacos a jóvenes y pueden tener efectos desconocidos en el cerebro en desarrollo. Cuando se introduce una medicación, debería tener un efecto beneficioso obvio.

Factores de convulsiones epilépticas y autismo

Existen varias razones distintas por las que las personas con autismo u otros problemas de desarrollo sufren colapsos:

- *De comportamiento* – El niño tiene una rabieta cuando no consigue lo que quiere.
- *De comportamiento* – Frustración porque no puede comunicarse. Dale al niño un método para comunicar sus necesidades.
- *De comportamiento* – Un intento por dejar de hacer algo que no quiere hacer.
- *Médico* – Hipersensibilidad sensorial extrema, colapsos o comportamiento violento en adolescentes y adultos como respuesta a ruidos fuertes o sobrecarga sensorial. Intenta darle

una dosis baja de un antipsicótico atípico como la Risperidona, aprobada por la FDA para la irritabilidad asociada al autismo. Debido a los graves efectos secundarios, intenta evitar el uso en niños.

- **Médico** – Epilepsia psicomotora – Puede ser eficaz un fármaco para las convulsiones epilépticas cuando se produce una rabieta súbita sin ninguna razón. La persona puede chillar o golpear sin advertencia. Sospecha de epilepsia psicomotora si se produce un colapso cuando la persona está en un lugar tranquilo, relajado. Estas convulsiones son extremadamente difíciles de diagnosticar. Puede funcionar una prueba con un fármaco anticonvulsivo. Si funciona, será obvio. Un estudio grande sobre medicaciones para el autismo dio como resultado que grandes dosis de lamotrignina (Lamictal) y oxicarbazepina (Trileptal) eran buenos anticonvulsivos (fármacos epilépticos).

- **Médico** – Ira encendida y sudorosa – Hay algunos niños y adultos en los que la medicación para la presión sanguínea puede serles realmente útil. Un libro titulado *Hope for the Violently Aggressive Child* puede dar recomendaciones útiles.

Nuevos hallazgos interesantes

Un ensayo aleatorio controlado demostró que la melatonina es eficaz para ayudar a las personas con autismo que tienen problemas para dormir. Algunos padres prefieren utilizar suplementos naturales porque están preocupados acerca de los efectos secundarios de la medicación convencional. Es una preocupación real y legítima. No obstante, en algunas situaciones, la medicación puede ser beneficiosa para el cerebro. El uso a largo plazo de citalopram (Celexa), un antidepresivo SSRI, puede ayudar a prevenir el Alzheimer. A menudo esta medicación se utiliza para tratar la ansiedad.

Causas del autismo

Hay mucha especulación sobre las causas del autismo. El factor principal de la causa del mismo es la genética. Muchos genes distintos se ven involucrados en el Desarrollo del cerebro, que pueden contribuir al autismo. Las pruebas del genoma indican que los genes que contribuyen al autismo se dan tanto en humanos como en animales. Una pregunta que a menudo me hacen es: ¿el autismo ha aumentado?

Parte del aumento, creo, se debe a pasar demasiado tiempo frente a una pantalla y la falta de entrenamiento de habilidades sociales formales. La mayoría de niños de mi generación recibimos cantidades de entrenamiento en habilidades sociales como una práctica normal de los padres. Si una persona solo tiene una ligera tendencia a ser socialmente distante, esta tendencia aumentará si sus actividades se vuelven más solitarias. Tanto el entorno como la genética son importantes. Muchos niños de hoy en día no tienen valor ni perseverancia, porque son se les permite descubrir cosas por sí mismos. Un experimento interesante con ratones demostró que eran más perseverantes y tenían más éxito para conseguir sacar la comida de una caja rompecabezas, si tenían que buscar su comida en vez de sólo recibirla. Los ratones que tenían que excavar en montones de serrín para obtener pistas, resolvían mejor los problemas que los ratones a quien se les ponían esparcidas por el suelo. Los niños necesitan que se les dé más tiempo para explorar y averiguar cosas por sí mismos.

Más lecturas

Ankenman, R. (2014) *Hope for the Violently Aggressive Child: New Diagnoses and Treatments that Work*, Fugure Horizons, Arlington, Texas.

Bardi, M. et al. (2012) Behavioral training and predisposed coping strategies interact to influence resilience in male Long-Evans rats: Implications for depression, *Stress*, 15(3):306-317.

Bartels, C. et al. (2018) Impact of SSRI therapy on risk of conversion from mild cognitive impairment to Alzheimer's Dementia in individuals with previous depression, *American Journal of Psychiatry*, 175(3):232-241.

Cohen, B.M. et al. (2018) Antidepressant resistant depression in patients with co-morbid subclinical hypothyroidism or near normal TSH levels, *American Journal of Psychiatry*, 175(7):598-604.

Coleman, D.M. et al. (2019) Rating of the effectiveness of 26 psychiatric medications and seizure medications for Autism Spectrum Disorder: Results of National Survey, *Journal of Child and Adolescent Psychopharmacology*, 29(2).

LeCleve, S. et al. (2015) Pharmacological treatments for autism spectrum disorder: A review, P&T 40(6):389-397.

Maras, A. et al. (2018) Melatonin for insomnia in patients with autism, *Child and Adolescent Psychopharmacology* 28(10): 699-710.

Reser, J.E. (2014) Solitary mammals as a model for autism, *Journal of Comparative Psychology*, 128(1):99-113.

Shpigler, H.Y. et al. (2017) Deep evolutionary conservation of autism-related genes, *PNAS* 114(36): 9653-9658.

Sikela, J.M. et al. (2014) Genomic Trade-offs - Are autism and schizophrenia the steep price of the human brain? *Human Genetics* 137(1):1-13.

Vohra, R. et al. (2016) Prescription drug use and polypharmacy among Medicaid-enrolled adults with autism: A retrospective cross-sectional analysis, Drugs Real World Outcomes, *Springer* 3(4):409-425.

VonHoldt, B.W. et al. (2017) Structural variants in genes associated with human Williams-Beuren Syndrome underlie stereotypical hyper sociability in domestic dogs, *Science Advances* 3(7)@1700398.

CAPÍTULO 8

Cognición e Investigación Cerebral

Me imagino el córtex frontal
como el Director General de una
torre de oficinas de negocios.
Cada oficina del edificio está
conectada con él.

C ognición y cómo piensa la gente es uno de mis temas favoritos. Estoy fascinada por cómo mis procesos de pensamiento difieren a los de otras personas. Me gusta trabajar mi mente para averiguar cosas y resolver problemas porque soy una pura geek tecnológica. Algunas personas comparten mi fascinación, mientras que otras están fascinadas con la parte emocional/social del pensamiento y el funcionamiento. Existen cuatro centros de investigación en los Estados Unidos que han hecho los trabajos más importantes sobre como difieren los cerebros autistas de los normales. Ellos son el grupo de San Diego del Dr. Eric Courchesne, la Dra. Nancy Minshew, y el Dr. Walter Schieder y sus colegas de la Universidad de Pittsburgh, el Dr. Manuel Casanova de la Universidad de Louisville, y el grupo de la Universidad de Utah. En mi reciente libro *The Autistic Brain: Helping Different Kinds of Minds to Succeed*, he cubierto las últimas investigaciones sobre cognición e investigación cerebral. En esta sección, no intentaré duplicar esa información. En su lugar, quiero que el lector aprenda que el autismo en sus formas más moderadas forma parte de la variación humana normal.

Probablemente no existe una línea divisoria en blanco y negro entre un cerebro normal y el cerebro de personas en el extremo más moderado del espectro autista. Todos los cerebros están compuestos de materia gris, de igual forma que circuitos integrados que procesan información, y la materia blanca que conecta el procesador los junta.

Por eso, la mitad del cerebro es materia blanca, "cables de ordenador" que conectan distintas regiones del cerebro entre ellas. En el cerebro normal, cada región del cerebro tiene cables que convergen en el córtex frontal. Esto permite márgenes sin costuras de emociones con información almacenada en distintas regiones. El Dr. Minshew explica que el autismo de los "cables" que conectan los sentimientos con la información puedan estar ausentes o subdesarrolladas.

Visualización de la organización del cerebro

Para mí, para conceptualizar cómo funciona el cerebro, tengo que usar imágenes fotorrealistas. A menos que tenga una imagen fotorrealista, me es imposible pensar. Después de leer cantidades de números de brillantes documentos de investigación, tengo que resumirlos haciendo una imagen dibujada acerca del funcionamiento de cerebro. Imagino el córtex frontal como el Director General de una torre de oficinas de negocios. Cada oficina del edificio está conectada con él. Los cerebros son altamente variables. Pueden ir desde una con un Director General altamente conectado, que supervise todo lo que funciona en el edificio, a un Director General con conexiones débiles que dejan que los distintos departamentos hagan lo que quieran. Para ponerlo en términos de redes informáticas, el cerebro es un sistema masivamente interconectado.

Los investigadores se refieren a los trastornos del córtex frontal como problemas de "función ejecutiva", debilitando la capacidad de una persona para procesar y organizar información, crear planes y secuencias y ser flexible en su ejecución para autorregular respuestas y conseguir objetivos. Dos importantes factores determinan cómo funcionará la red cerebral. Son los "cables informáticos" a larga distancia de materia blanca, que interconectan los distintos departamentos cerebrales y cables locales más pequeños que interconectan en un departamento o entre departamentos cercanos. Tanto Nancy Minshew como Eric Courchesne han hecho muchos estudios de escáneres cerebrales que apoyan este modelo. En el autismo, existen menos conexiones de materia blanca de larga distancia y más conexiones locales. Los documentos recientes de 2014 continúan apoyando este modelo. Los distintos departamentos cerebrales están menos interconectados que en un cerebro normal. A medida que el autismo se hace más grave, las conexiones a larga distancia entre departamentos más alejados unos de otros se vuelven más pobres.

El trabajo de Manuel Casanova ha demostrado que los circuitos procesadores de la materia gris también se ven afectados. El circuito procesador básico del cerebro se llama mini columna. En las personas con autismo, las mini columnas son más pequeñas. Hizo alguna investigación interesante que demostraba que los cerebros de tres científicos muertos también tenían mini columnas más pequeñas, similares al cerebro de una persona con autismo. Un cerebro con mini columnas más pequeño tiene más procesadores por centímetro cuadrado, y será más eficaz al procesar información detallada.

Cerebro cognitivo frente a cerebro social

Las mini columnas están conectadas a cables de materia blanca que cablean la comunicación local "Inter oficinas". Las mini columnas más grandes están conectadas a cables grandes, de materia blanca, que conectan a oficinas remotas en distintos pisos del edificio. Un cerebro puede estar cableado para sobresalir en interacciones sociales con conexiones de alta velocidad a los centros de emoción, al Director General, y a los jefes de departamentos, o puede estar conectado para favorecer a los técnicos en el departamento de matemáticas o gráficos. En el cerebro que favorece las conexiones locales, habría una cantidad masiva de cables envueltos sobre las partes superiores de un grupo pequeño de cubículos para cablear juntos una serie de ordenadores que están apilados en el techo. Eso proporcionaría a los técnicos los ordenadores que necesitarían para tener unas fantásticas habilidades de genios en las matemáticas o gráficos.

Así, una red del cerebro está conectada para manejar información social a alta velocidad, perdiendo los detalles y la otra está cableada para concentrarse en los detalles.

Necesitamos personas detallistas en este mundo o no existiría la electricidad, los coches o los ordenadores, o bellas piezas de música. Los ingenieros detallistas se aseguran de que las luces sobre los puentes no se apaguen.

La gente en el espectro tiende a tener habilidades desiguales. Los departamentos locales del edificio de oficinas no están cableados de forma uniforme porque existe falta de buenos cables informáticos. Un departamento está cableado realmente bien para crear la capacidad de arte y otro departamento solo tiene línea telefónica. Yo soy una geek pura y tengo una buena carrera que da sentido a mi vida. He aprendido a hacer la mayoría de las cosas en las que mi cerebro está bien conectado y no siento remordimientos por haberme perdido cables de las partes sociales de mi cerebro. Aun así, hay otras personas en el espectro que tienen unos cuantos circuitos emocionales más que yo conectados, y están frustrados y deprimidos por sus pocas capacidades de relacionarse a nivel social. Cada uno en la vida tiene un conjunto de fortalezas y retos dentro de una única personalidad. Utilizando una analogía popular, algunos ven el vaso medio vacío y son pesimistas y otros lo ven medio lleno y son optimistas. No hay diferencias entre personas con autismo y Asperger. Continuamos compartiendo trazos aparte de las distintas formas en que están cableados nuestros cerebros. No todos los "problemas" en el autismo provienen del autismo mismo. Algunos salen solo por quienes somos y la personalidad de cada uno tenemos. Michelle Dawson, una mujer con autismo, ha formado equipo con Laurent Mottron, en la Universidad de Montreal, con resultados de investigación que demuestran claramente que la inteligencia de la gente con autismo está subestimada. Los niños normales a los que se les ha hecho una prueba con el WISC (o Escala Wechsler de Inteligencia para Niños) pero no "Wisc" y el de Matrices Progresivas, darán resultados similares en ambas pruebas. Los niños autistas a quienes se les hace ambas pruebas, obtendrán resultados mucho más altos en la prueba de Ravens, un promedio de un treinta por ciento más elevado. Las pruebas de Ravens prueban la capacidad de ver diferencias y similitudes en una serie de patrones abstractos.

Autismo No Verbal

Tanto las personas que no hablan como las que sí lo hacen, con problemas graves de percepción sensorial tienen experiencias similares. La percepción está fragmentada o pueden ver colores sin formas claras. A veces dicen que las imágenes se descomponen en piezas como un mosaico. En el sistema visual, existen circuitos separados para el color, la forma y el movimiento que deben trabajar juntos para formar imágenes. Es probable que, en el autismo grave, incluso algunos de los circuitos locales no están totalmente conectados. Problemas en los circuitos de la materia blanca del cerebro que conectan entre sí las partes del pensamiento y el movimiento, pueden explicar porque algunas personas con autismo se describen a sí mismos como teniendo pensamiento propio y actuando por si mismos que no siempre pueden coordinar.

Nancy Minshew y sus colegas dicen que, en el autismo grave, hay una enorme falta de conexiones funcionales entre el córtex sensorial primario y las zonas de asociación. Para utilizar mi analogía del edificio de oficinas, los empleados de menor nivel pueden recibir información desde fuera del edificio en teléfonos u ordenadores, pero o no están bien conectados o no lo están para transmitir esa información a muchos departamentos distintos. Los profesores y cuidadores de personas con autismo muy grave a menudo informan de que la persona tiene algunas zonas de inteligencia real, incluso aunque no estén agitándose constantemente. Estos cerebros pueden ser como un edificio de oficinas entero en el que la mayoría de las conexiones de la red interdepartamental y exteriores no están funcionando, pero fuera en una esquina hay unos pocos cubículos de empleados normales con una línea de teléfono móvil estático conectado con el mundo exterior.

Con los años he observado que la gente en el extremo más grave del espectro a menudo es más normal en su procesamiento emocional y social. Esto puede verse en los escritos de Tito Mukhopadhyay (discutido en el Capítulo 4, Entender el Autismo No Verbal) y otros que pueden teclear de forma independiente y describir el mundo interior. Para utilizar mi analogía del edificio, hay algunos pocos empleados en las partes más emocionales y sociales del edificio de oficinas en los departamentos de ventas y recursos humanos, que todavía tienen líneas de teléfono intactas y funcionando. No obstante, todo en el departamento de tecnología está roto.

Esta idea de problemas de interconexión entre los distintos departamentos cerebrales explica porque el espectro autista es tan variable y dos personas no son iguales en su funcionamiento y comprensión. Todo depende de donde están conectados los pocos cables informáticos buenos. El trabajo de Courchesne muestra que existe un crecimiento anormal de materia blanca en el autismo. A medida que la gravedad del autismo aumenta, la materia blanca aumenta. Esto puede dejar menos cables informáticos buenos para formar conexiones a larga distancia entre los departamentos, y estas conexiones son necesarias para que la oficina como un todo funcione de forma eficaz y recoger información de todas las fuentes.

¿Es el autismo el precio de un cerebro humano?

Los mecanismos genéticos que hacen que los humanos tengan un cerebro grande pueden ser los mismos genes que causan el autismo y otros trastornos. Los investigadores J.M. Sikela en la Escuela de Medicina de Colorado y V.B. Los investigadores de la Universidad de California descubrieron que la variación del número de copias en el locus cromosómico 1q21 puede causar autismo y esquizofrenia. Los números de copias del código genético son como controles de volumen para diferentes rasgos. Una parte particular del código genético puede duplicarse muchas veces o eliminarse copias. Copias adicionales pueden causar autismo y una cabeza más grande, y muy pocas copias pueden causar esquizofrenia. La cantidad justa de copias creará un cerebro humano llamado "normal".

Durante años, he sostenido que el cerebro de una persona puede ser más cognitivo (pensamiento) o más socioemocional. Una cierta cantidad de variación en el número de copias probablemente sería parte de la variación normal de la personalidad humana. Demasiada variación en el número de copias (agregar demasiadas copias adicionales o eliminar demasiadas copias) puede causar una anormalidad obvia, como retraso en el habla o alucinaciones.

El autismo y la esquizofrenia son opuestos al desarrollo del cerebro. El autismo puede hacer que el cerebro desarrolle un poder de procesamiento adicional en la parte posterior del cerebro para la memoria, las matemáticas, el arte o la música; un cerebro con esquizofrenia puede no desarrollar suficientes conexiones. Esto podría explicar por qué los síntomas esquizofrénicos se desarrollan al final de la adolescencia. En este momento, un proceso llamado poda sináptica recorta y afina las conexiones neuronales. Como la red es escasa, la poda sináptica normal puede hacer que la red comience a fallar. Cuando la red pierde demasiadas conexiones, pueden comenzar síntomas como alucinaciones y delirios.

El desarrollo del cerebro humano es inestable

Los sistemas genéticos que han creado el cerebro humano pueden carecer de estabilidad. El locus genético 1q21.1 contiene un gen llamado NOTCH2NL. Para crear un cerebro humano grande, permite que las células madre indiferenciadas se multipliquen enormemente. Esto proporciona más células que pueden convertirse en células cerebrales. Dr. I.T. Fidder y sus asociados afirman que "los genes NOTCH2NL pueden haber contribuido a la rápida evolución de la neocorteza humana más grande, acompañada por la pérdida de la estabilidad genómica del locus 1q21.1 y dando como resultado trastornos recurrentes del neurodesarrollo".

Más evidencia de rasgos autistas son parte de la variación normal de la personalidad

En el reino animal, hay animales que son sociales y animales que son más solitarios. Los leones, por ejemplo, son más mamíferos sociales que tigres, leopardos, osos polares y ardillas. El Dr. Jared Reser de la Universidad de California realizó una extensa revisión de la literatura y descubrió que los mamíferos solitarios comparten muchas de las características que se encuentran en el autismo. Los mamíferos solitarios tienen menos oxitocina (hormonas sociales) que los que viven en grupos sociales, lo que provoca una mayor respuesta al estrés durante los encuentros sociales. También tienen una reacción reducida a la separación social de los compañeros de rebaño. En otras palabras, tienen una mayor tolerancia a estar solos. El autismo en sus formas más suaves es simplemente una variación normal de la personalidad. Leer estos documentos fue una experiencia reveladora. En primer lugar, indican que la genética del autismo también es la genética de la variación cerebral normal en el comportamiento social humano y animal. En segundo lugar, los mecanismos genéticos que causan el autismo son los mismos mecanismos genéticos que dieron a los humanos un cerebro muy expandido.

Lecturas complementarias

Casanova, M.E., A.E. Switala, J. Tripp, and M. Fitzgerald. 2007. *Comparative Minicolumnar Morphometry of Three Distinguished Scientists*. Autism National Autistic Society, UK (in press).

Casanova, M.E. et al. 2006. Minicolumnar abnormalities in autism. *Acta Neuropathologica* 112: 187-303.

Davis, J.M. et al. (2019) A third linear association between Olduvai (DUF1220) copy number and severity of the classic symptoms of inherited autism, *American Journal of Psychiatry*, 8.

FIddes, I.T. et al. (2018) Human specific NOTCH2NL genes affect notch signaling and cortical neurogenesis, *Cell* 31:1356-1369.

Pennisi, E. (2018) New copies of old gene drove brain expansion, *Science*, 360:951.

Reser, J.E. (2014) Solitary mammals provide an animal model for autism spectrum disorders, *Journal of Comparative Psychology,* 128(1):99-113.

Sikela, J.M. (2018) Genomic tradeoffs: Are autism and schizophrenia a steep price for the human brain, *Human Genetics,* 137(1):1-13.

Courchesne, E., and K. Pierce. 2005. Brain overgrowth in autism during a critical time in development: Implications for frontal pyramidal neuron and interneuron development and connectivity. *International Journal of Developmental Neuroscience* 23: 153-170.

Davis, J.M. et al. 2019. A third linear association between Olduvai (DUF1220) copy number and severity of the classic symptoms of inherited autism, *American Journal of Psuychiatry,* 8.

Dawson, M., I. Soulieres, M.A. Gernsbacher, and L. Mottron. 2007. The level and nature of autistic intelligences. *Psychological Science* 18: 657-662.

Fiddes, I.T. et al. (2018) Human specific NOTCH2NL genes affect notch signaling and cortical neurogenesis, *Cell* 31:1356-1369.

Hughes, J. 2007. Autism: The first firm finding underconnectivity? *Epilepsy and Behavior* 11(1): 20-24.

Miller, B.L. et al. 1998. Emergence of art talent in frontal temporal dementia. *Neurology* 51: 978-981.

Minshew, N.J. and D.L. Williams. 2007. The new neurology of autism. *Archives of Neurology* 64: 945-950.

Maximo, J.O., et.al. 2014. The implications of brain connectivity in the neuropsychology of autism. *Neuropsychology Review* 24:16-31.

Pennisi, E. 2018. New copies if old gene drove brain expansion, *Science*, 360:951.

Reser, J.E. (2014) Solitary mammals provide an animal model for autism spectrum disorders, *Journal of Comparative Psychology*, 128(1):99-113.

Sikela, J.M. (2018) Genomic tradeoffs: Are autism and schizophrenia a steep price for the human brain, *Human Genetics*, 137(1):1-13.

Silk, T.J. et al. 2006. Visuospatial processing and the function of prefrontal-parietal networks in autism spectrum disorders: A functional MRI study. *American Journal of Psychiatry* 163: 14401443.

Wicker, I. 2005. Autistic brains out of sync. *Science* 308: 1856-1858.

CAPÍTULO 9

Problemas de Adulto y Trabajo

La principal responsabilidad
de los padres es asegurarse
de que sus hijos aprendan
las habilidades básicas que
les permitirá funcionar en la
sociedad como adultos.

Cuando una persona con ASD se gradúa en la escuela superior o en la universidad, encontrar un trabajo a menudo es un problema grande. Muchos estudios han demostrado que un porcentaje desalentadoramente bajo de personas en el espectro, continúan teniendo un trabajo remunerado.

Para resolver este problema, deberían empezar a tener experiencias de trabajo antes de graduarse. En la siguiente sección describiré mis propias experiencias de trabajo, que empezaron cuando yo tenía trece años.

Un ensayo clínico aleatorio basado en evidencias conducido por Paul H. Wehman en la Virginia Commonwealth University demuestra que trabajar durante un año antes de graduarse, aumenta mucho la posibilidad de encontrar trabajo, de un 6.25% a un 87.5%. Para tener éxito, el programa necesita un gerente que coopere, combinado con los padres, profesores y agencias estatales vocacionales que trabajen juntos. Cada estudiante del ensayo participaba en un internado intensivo de nueve meses en un gran hospital. Las personas aprendían a hacer un trabajo que requería capacidad para prestar atención al detalle. Ejemplos de trabajo era preparar el instrumental quirúrgico para procedimientos complejos o limpiar equipo especializado. A veces, se necesitaba más tiempo para aprender el trabajo, pero cuando se dominaba éste, la ejecución era excelente. Los estudiantes que eran lentos para aprender necesitaban que se les diera una oportunidad para desarrollar sus habilidades. El nombre del programa es Proyecto SEARCH, y el estudiante ahora está trabajando en trabajos con un salario de un 24% por encima del salario mínimo.

Hay ciertos tipos de trabajo en la que la gente con autismo sería realmente buena. Laurent Mottron de la Universidad de Montreal explica que las personas en el espectro sobresalen en trabajos que implican analizar grandes conjuntos de datos de investigación y prestar atención a detalles. Ponía énfasis en cómo capitalizar las capacidades únicas de la gente en el espectro autista.

La manera en que yo lo veo, muchos de los retos en esta gente surgen del estilo menos rígido de educar al niño, que es el que prevalece actualmente. Durante la década de los 50, a todos los niños se les enseñaban maneras y normas sociales y "comportamiento". Las madres se aseguraban de que sus hijos aprendieran a decir "por favor" y "gracias", sabían cómo jugar con otros niños y entendían el comportamiento apropiado y el que no lo era. Existían normas rápidas y duras para comportarse y las consecuencias de actuar se cumplían a rajatabla. Además, la mayoría de madres no trabajaban fuera de casa; tenían más horas para estar educando al niño y suavizar problemas.

Esto contrasta con unas estructuras familiares más laxas y el énfasis diluido en sutilezas sociales que prevalece en la sociedad actual. En muchas familias, ambos padres trabajan. La etiqueta adecuada ya no se ve como educación "esencial" que era anteriormente. Las normas sociales se han relajado y "La Señorita Modales" ha sido sustituida por expresiones de tolerancia individual, sean o no expresiones adecuadas socialmente. No veo muchos de estos cambios como positivos, pero el científico que hay en mi reconoce que son fuerzas muy reales que afectan a nuestra población. Estas normas sociales cambiantes (o la falta de ellas) hace más difícil que la mayoría de las personas con ASD entiendan el clima social a su alrededor y aprender a encajar. Muchos llegan a la edad adulta sin las capacidades diarias básicas, incluso niños en el extremo del espectro altamente funcionales. No pueden hacerse un bocadillo o usar el transporte público. Se han descuidado las habilidades funcionales de la vida. Porque ocurre eso, sino cada familia individual puede decirlo con seguridad. Pero en general, esta falta de atención para enseñar habilidades básicas de la vida cuando los niños son pequeños y están creciendo, tendrá unas repercusiones cada vez más negativas en las personas con ASD. Los amigos raros que tenía en la Universidad, que hoy en día habrían sido diagnosticados de ASD moderado, todos tenía y conservaban trabajos decentes porque se les había enseñado habilidades sociales durante su crecimiento. Puede que todavía fueran peculiares, considerados excéntricos o incluso raros por algunos, pero podían funcionar en la sociedad. Un graduado universitario que conozco está sin trabajo, pero ha conservado trabajos a tiempo completo con todos los beneficios para su salud durante toda su vida.

En la industria cárnica donde trabajo, hay gente más mayor no diagnosticada con ASD moderado, que tienen buenos trabajos, con un buen salario, trabajan como dibujantes, ingenieros y mecánicos. Su educación temprana les dio la base de las habilidades básicas, así que sabían cómo actuar de forma social, formar parte de un grupo, llevarse bien con los demás, etc. Actualmente veo personas más jóvenes con Asperge que son intelectualmente brillantes, y que les despiden por llegar tarde de forma regular o decirles a sus jefes que no harán algo necesario en su puesto. Cuando yo era pequeña, se esperaba de mí que llegara a tiempo y estuviera lista para ir a la escuela, y lo estaba.

Si no conseguía vivir según las expectativas de mis padres, perdía privilegios y mi madre era buena para que las consecuencias tuvieran el suficiente significado como para que yo me comportara. Tal como lo veo, algunos de los problemas que tienen los adolescentes y adultos, desafiando constantemente y no haciendo lo que sus jefes les piden, hace que no aprendan como lo que se requiere de ellos en ciertas situaciones. Cuando tenían cinco o seis años no aprendieron que a veces tienes que hacer cosas que tus padres quieren que hagas, como ir a la iglesia o tener buenas maneras en la mesa. Quizá no te guste, pero igualmente tienes que hacerlo.

A la vista de esta cambiante marea de habilidades sociales y expectativas sociales, ¿cómo pueden padres y educadores preparar mejor a los niños para ser independientes funcionando como adultos viviendo en la sociedad actual? Y ¿Qué Podemos hacer nosotros para ayudar a adultos con autismo o Asperger, que tienen las habilidades técnicas adecuadas, pero no pueden ser empleados desde una perspectiva social? Empezamos reconociendo que se necesita hacer cambios. Necesitamos ser realistas con estas personas y con nuestros propios roles para modelar sus vidas. Necesitamos centrarnos en talentos, en vez de centrarnos en deficiencias.

Los padres son los principales responsables de asegurarse de que sus hijos aprenden las habilidades básicas que les permitirá funcionar en la sociedad como adultos. Esto puede sonar duro, pero no es una excusa para que los niños crezcan como adultos que no pueden hacer cosas tan básicas como poner la mesa, lavarse la ropa o manejar dinero. Todos hacemos elecciones en nuestra vida, y elegir hacer que el tiempo para que cada niño con trastorno del espectro autista aprenda habilidades funcionales debería ser la máxima prioridad de la lista de todos los padres. El futuro de un niño está en juego, y eso no debería ser algo a negociar. Aun así, por alguna razón, con un número creciente de padres, esta elección no se hace.

Nuestro sistema público de educación también tiene la
responsabilidad de preparar a los niños para que sean adultos
independientes. Las necesidades de estudiantes con ASD van más allá
de aprender asignaturas. Necesitan que se les enseñe a ser pensadores
flexibles, a ser pensadores sociales, a entender la dinámica de grupo y a
estar preparados para su transición a la vida adulta, aunque esto incluya
o no la universidad o una escuela técnica con habilidades funcionales
de la vida que las personas normales aprenden casi por osmosis. La
educación de las personas con ASD va más allá de aprender de un libro.
También necesitan "aprender de la vida".

Desarrollar capacidades en habilidades para trabajar

Padres, educadores y profesores necesitan trabajar usando áreas
individuales de capacidad e interés y convirtiéndolas en habilidades que
otra gente quiera y aprecie. Cuando yo tenía dieciocho años, hablaba
constantemente de rampas de ganado. Otras personas no querían
escucharme una y otra vez sobre el tema, pero había una necesidad real
de personas que diseñaran esas rampas para el ganado. Los adultos de
mi vida convirtieron mi obsesión en motivación para que trabajase duro,
obtuviera mi graduado e hiciera una carrera en la industria del ganado.

Los adolescentes con ASD necesitan aprender cómo usar sus
capacidades para hacer trabajos que otra gente valore y necesite. Cuando
yo tenía quince años me hice cargo de nueve caballos y construyo
proyectos de carpintería, como la Puerta que se ve en la película de HBO,
Temple Grandin. La puerta de la granja de mi tía era manual e incómoda.
Si que me lo pidieran, diseñé y construí una Puerta que pudiera abrirse
desde un coche. Los adolescentes deben aprender habilidades de trabajo
que les ayude a tener éxito, como usar sus capacidades artísticas o

capacidades musicales para hacer tareas que se les ha pedido y fabricar algo de valor para otra persona. Un adolescente con buenas habilidades de escritura podría practicar estas habilidades de trabajo escribiendo un periódico para la iglesia o actualizando un sitio web de una iglesia. Una persona que es Buena en arte, podría hacer dibujos gráficos para un negocio local u ofrecerse a pintar con niños en un centro u hospital local de la comunidad.

En el capítulo sobre Educación, de este libro, hay un artículo sobre las tres clases distintas de cognición. Los *pensadores* visuales, como yo, que piensan en imágenes fotorrealistas, son Buenos en trabajos como diseñadores industriales, de gráficos, fotografía, arte, arquitectura, mecánica automovilística y trabajar con animales. Yo era terrible en algebra y veo cada vez más estudiantes pensadores visuales con retos similares. muchos de estos niños fallan en álgebra, pero las matemáticas avanzadas las encuentran fáciles. Necesitan saltase el algebra e ir directamente a geometría o trigonometría. Yo nunca aprendí geometría porque fallé en algebra.

Las mentes musicales y matemáticas son *pensadores en patrones* que a menudo son Buenos en música, ingeniería, programación informática y estadísticas. La lectura a menudo es su punto flaco. Los *pensadores verbales* a quienes les gusta la historia, a menudo son Buenos en trabajos tales como investigadores jurídicos, ciencia bibliotecaria, periodismo y cualquier otro trabajo que requiera guardar bien registros. Tienden a ser realmente males en habilidades visuales y en dibujo. La mayoría de niños estarían bien en una de estas tres categorías, pero hay algunos que no. Algunos niños tienen estilos de aprendizaje mezclados, a medio camino entre las categorías. Una señora que conozco que entra en la categoría de pensador de patrones matemáticos y musicales, entiende la música desde un punto de vista cognitivo, pero tiene demasiada falta de coordinación para tocar un instrumento. Muchos pensadores de patrones, ven los patrones visuales como una relación entre números, pero ella lo hace todo con patrones de sonido porque casi no tiene capacidad para pensar en imágenes fotorrealistas como yo lo hago. Ha estado trabajando durante años como programadora informática.

También quiero poner énfasis en que, si un alumno de novena grado es capaz de estudiar matemáticas de nivel Universitario, se le debería animar a estudiarlas. Una persona con este Avanzado nivel de pensamiento académico que se ve forzada a estudiar "matemáticas de bebé" con sus compañeros, pronto se aburrirá y no cooperará. Centrarse en las áreas de Fortaleza y desarrollarlas a su máxima expresión. Un niño puede ser capaz de estar en un nivel en una asignatura, pero necesitar educación especial en otra. El autismo no es nada si no es variable.

Entrar por la puerta trasera

Con los años, he observado que alguna de la gente en el espectro que tiene más éxito, los que encontraron y conservaron su trabajo, entraron por la puerta trasera. Tenían padres o amigos que reconocieron su talento y su perfil de aprendizaje y entonces capitalizaron sus fortalezas enseñándoles una habilidad comercial, como programar ordenadores o mecánica de coches. Yo entré por la puerta trasera mostrándoles a mis clientes potenciales imágenes y dibujos de instalaciones de manejo de ganado que había diseñado. Fui directamente a la gente que apreciaría mi trabajo. Si hubiera empezado mi trabajo buscando de la manera tradicional, con el personal de la oficina, quizá nunca hubiera conseguido un trabajo. De nuevo en mi puesto de trabajo, las habilidades sociales estaban subdesarrolladas, mi higiene personal era escasa y mi humor cambiaba regularmente.

La gente respeta el verdadero talento y capacidad demostrada. Un arquitecto en ciernes que trae un fantástico modelo de un edificio o que tiene un buen portafolio de proyectos que ha terminado, atraerá la atención. Los que ofrecen trabajo estarán interesados en trabajar con personas que tengan capacidad, incluso cuando exhiben algunas habilidades sociales que son inferiores a o iguales a las de sus compañeros. Cuanto más especializado es el talento, más deseará el potencial gerente amoldarse a algunas diferencias. No obstante, este no es el caso para personas que solo tienen talentos marginales. Por esta razón, padres y educadores necesitan centrarse en desarrollar los talentos emergentes hasta su máximo potencial. Esto les da a las personas la mejor oportunidad de asegurarse un buen trabajo en su campo, a pesar de sus desafíos sociales.

El mismo principio se aplica a las personas que están en el extremo inferior del espectro. Se han creado muchos lugares de trabajo en negocios locales que reconocen el beneficio de tener a una persona que sea un trabajador sólido, digno de confianza. La gente que no habla sabe la diferencia entre hacer un trabajo útil que otras personas realmente necesiten y aprecien, y un estúpido "trabajo pesado". Un terapeuta no podría averiguar porque su cliente que no hablaba seguía teniendo rabietas cuando le enseñaba a poner la mesa. Lanzaba un ataque porque se le pedía que pusiera la mesa una y otra vez y luego quitarla, sin comer nunca. El terapeuta antepuso el enseñar a adquirir habilidades más que enseñar funcionalidad. Una forma mejor de enseñar a poner la mesa es prepararla, comer y luego recogerla. Todas las personas desean sentir que sus esfuerzos importan, y las personas con ASD no son distintos.

Estamos aprendiendo que una falta de comunicación verbal no siempre equivale a un funcionamiento deficitario. Incluso si es así, se puede enseñar a las personas a ser miembros contribuyentes de la sociedad. Algunos de los trabajos adecuados para personas que no hablan son reponer el stock de las estanterías, trabajos que impliquen clasificar cosas, trabajos de jardinería y paisajismo y algunos trabajos en la cadena de montaje de fábricas.

Todas las personas en el espectro, desde el científico más brillante a la persona que repone las estanterías, encuentra la multitarea difícil sino imposible. Si yo tuviera de ser una cajera en un restaurante con mucho trabajo, me hubiera sido imposible hacer cambio y hablar con los clientes a la vez. Incluso ahora tengo dificultades con las multitareas y necesito trabajar en una sola cosa cada vez. Por ejemplo, no puedo hacer el desayuno, hablar por teléfono y poner la lavadora, todo al mismo tiempo.

Padres y profesores, e incluso las personas con ASD, necesitan buscar constantemente la puerta trasera que les abra mayores oportunidades y opciones de trabajo. A veces, estas oportunidades pueden estar justo delante tuyo, pero no las ves. Mi primera entrada en una gran planta de carne fue cuando conocí a la mujer del agente de seguros de la planta.

Esa reunión se convirtió en la conexión que necesitaba para poner el pie en la puerta (trasera).

Los colegios comunitarios tienen toda clase de cursos fantásticos para distintas carreras. Muchos estudiantes han encontrado grandes profesores que les servían de mentores, tanto mientras estaban en escuelas públicas como después. Algunos padres de artistas de talento en el espectro, que no podían vivir de forma independiente, hacían cursos para emprendedores para que estos padres pudieran llevar un negocio, vendiendo las obras de sus hijos.

Existen oportunidades disponibles, con un poco de pensamiento creativa y ganas de trabajar fuera de las barreras normales de la educación y el trabajo.

Lecturas complementarias

Grandin, T., and Panek, R. 2013. *The Autistic Brain*. New York, NY: Houghton Mifflin Harcourt.

Mottron, L. 2011. Changing perspectives: the power of autism. *Nature*. 479:34-35.

Grandin, T., and K. Duffy. 2004. *Developing Talents*. Shawnee Mission, KS: Autism Asperger Publishing Company.

Simone, R. 2010. *Asperger's on the Job*. Arlington, TX: Future Horizons.

VanBergeijk, E. et al. 2008. Supporting more able students on the autism spectrum: College and beyond. *Journal of Autism and Developmental Disorders* 38: 1359-1370.

Wehman, P.H., et al. 2013. Competitive employment for youth with autism spectrum disorders: early results from a randomized clinical trial. *Journal of Autism and Developmental Disorders* 44: 487-500.

Wehman, P.H, et.al. 2014. Project SEARCH for youth with autism spectrum disorders: increasing competitive employment on transition from high school. In press. *J Positive Behavior Interventions*.

Mejorar la Gestión del Tiempo y las Habilidades de Organización

C uando estaba en la Universidad, no tenía problemas de gestión de tiempo que son normales en algunas personas en el espectro. Como estaba motivada para tener éxito en la Universidad, siempre iba a clase a la hora y presentaba los trabajos a tiempo. En esta columna discutiré las formas en las que pude tener éxito en la escuela y en la vida, gracias a una buena gestión del tiempo y habilidades para organizarme.

Llegar a tiempo

En mi vida, llegar a tiempo tuvo mucho énfasis desde muy pequeña. Cuando era niña, las comidas se servían a un horario establecido, y se esperaba que yo volviera de casa de algún amigo a tiempo para cenar. Cada domingo mi familia iba a la iglesia y yo tenía que ponerme mi vestido de domingo a tiempo. Cuando fui a la Universidad, llegar a tiempo a clase y levantarme por la mañana fue fácil.

Un adolescente debería empezar a aprender cómo llegar a tiempo y levantarse temprano *antes* de que vaya a la universidad. Se le podría enseñar esta habilidad haciendo que el adolescente tenga un trabajo, como pasear al perro del vecino a las 8:00 de la mañana. Esto le enseñaría la disciplina de llegar a tiempo a una clase que empiece a las

8:00. Ir a clases en un colegio comunitario local será mucho más fácil si aprende a llegar a tiempo antes de que esté matriculado.

Entregar una tarea a tiempo

Nunca esperé hasta el último día para estudiar para un examen o entregar un trabajo. Cada día me reservaba tiempo para estudiar y lo mantenía. Siempre tenía los trabajos hechos con bastante antelación a la fecha de entrega.

Terminaba mis trabajos pronto para asegurar que había hecho un trabajo de calidad. Al hacerlos pronto también evitaba perderme la fecha de entrega por problemas de último minuto, como ponerme enferma.

Programar el tiempo para trabajar y estudiar

Para mí, los mejores tipos de calendarios eran los que mostraban cada mes en una única hoja de papel. Me gustan estos tipos de calendarios porque puedo ver todo el mes. Los calendarios mensuales también están disponibles en formato electrónico. Para algunas personas una Blackberry o un Smartphone pueden ser útiles para organizarse.

En un calendario mensual escribía las horas de los exámenes y las fechas de entrega de los trabajos. Me guardaba mucho tiempo para recoger material de investigación que necesitaría para hacer el trabajo. Para redactar los trabajos me organizaba el tiempo en bloques de 2 a 4 horas, para que pudiera concentrarme realmente en la tarea. Podía tener mi trabajo hecho de una forma más eficaz organizando menos bloques grandes de tiempo, en comparación con muchos bloques pequeños. Sicmprc organizaba tiempo para estudiar para los exámenes, y a menudo ayudaba a estudiantes menos aptos como un método de estudio. Nunca tuve que pasar horas estudiando para los exámenes toda la noche.

Habilidades de organización

En la década de los 60, cuando yo iba a la Universidad, la mayoría de los estudiantes tenían una gran carpeta de hojas sueltas para guardar todos los apuntes de clase. Este tipo de carpeta resolvía muchos problemas de organización. Me compré una de esas carpetas y nunca perdí mis apuntes de clase. Para hacer el seguimiento de los apuntes, Tenía que llevarlos todos en un mismo lugar. Eso impedía que los perdiera en mi mesa desordenada.

Al principio de cada semestre, compraba una nueva carpeta para mis clases. Después de cuatro años en la Universidad, tenía ocho carpetas de apuntes de todos mis cursos. Volver a los cursos anteriores me era útil y fácil de hacer. Puede que fuera pasado de moda, pero usar una carpeta es la mejor forma de conservar los apuntes de clase a mano bien organizados. Es útil utilizar un separador de colores para cada clase. Puedes mantener un horario de clases en la parte frontal de la carpeta.

Actualmente hay menos estudiantes que usen este tipo de carpetas de hojas sueltas. Si se toman apuntes con un portátil, recomiendo tener un icono en el escritorio para apuntes de clases y luego una carpeta de archivos separada, para cada clase.

Una de las mejores formas de ayudar a un estudiante a tener éxito en la Universidad es trabajar las habilidades de organización y gestión del tiempo mientras todavía está en la escuela superior. Nunca es demasiado temprano para empezar a enseñar esas habilidades, y nunca es demasiado tarde para empezar. La gente en el espectro siempre puede continuar aprendiendo.

Usar una lista de comprobación como un piloto de una compañía aérea

Tengo dificultades para recordar una secuencia de tareas si me las dan de forma verbal. Necesito hacer una lista de las tareas que pueda conservar en un trozo de papel, como la lista de comprobación de un piloto. La lista también puede ponerse en un Smart Phone. Por ejemplo, la lista podría incluir los pasos a separar, limpiar y volver a montar una máquina de café o de helado en un restaurante.

Consejo Sobre Trabajo: Trucos para Encontrar y Conservar un Trabajo

Asearse

La primera vez que te reúnas con una persona que pueda darte trabajo, vístete correctamente. Debes llevar el pelo bien peinado y la ropa limpia. Cuando conseguí mi primer trabajo en una empresa de construcción de corrales de ganado, yo era una holgazana. Por suerte, mi jefe reconoció mis talentos y les dijo a sus secretarias que me ayudaran a asearme. No todo el mundo tendrá tanta suerte, asegúrate de tener unas buenas habilidades de limpieza personal.

Vende tu trabajo

Obtuve mi primer trabajo porque los técnicos de la empresa quedaron muy impresionados con mi capacidad para diseñar equipo de manejo de ganado. Mucha gente con autismo o Asperger no consiguen pasar una entrevista de trabajo con el departamento de personal. Necesitas buscar a los técnicos y mostrarles un portafolio de tu trabajo. En los años 70, cuando estaba empezando mi negocio de diseño de equipo de Ganado, siempre llevaba conmigo un portafolio con imágenes y dibujos.

Hoy es fácil tener tu portafolio siempre disponible en un smartphone o en una table. Yo tenía que llevar una carpeta grande, pero hoy podría tener dibujos y fotos de proyectos efectuados en un teléfono móvil. Tener el portafolio siempre contigo te da la posibilidad de tenerlo disponible cuando encuentres a la persona adecuada que pueda abrirte una puerta a un trabajo.

Empecé mi negocio de diseño por mi cuenta haciendo un proyecto cada vez. Tenía otros proyectos de diseño aparte porque mis diseños funcionaron y la gente vio mi talento. El hecho de empezar construyendo mi negocio despacio, para mi funcionó.

La gente respeta el talento. Necesitas estar especializado en un campo en el que falte trabajo, como programadores informáticos, diseño o contabilidad. Las profesiones técnicas ofrecen más oportunidades de trabajo y, en conjunto, son más adecuadas para la forma de pensar de las personas con autismo/AS. Muéstrale a un posible jefe un portafolio de programas informáticos, diseños de ingeniería o una muestra de proyectos de contabilidad complejos. Ayudará. O trabaja de forma independiente. A muchos negocios locales les gustaría contratar a un informático que viniera a su negocio cada mes para hacer el mantenimiento de sus ordenadores, para que funcionasen bien. Mucha gente que tiene un negocio desde casa estaría encantada con este tipo de ayuda también, ya que como normalmente están demasiado ocupados llevando su negocio, no tienen tiempo para hacer este tipo de trabajo. Este sería la clase de negocio independiente perfecto para una persona con ASD que tenga grandes conocimientos técnicos

Confianza

Necesitas ser puntual y presentarte en el trabajo con puntualidad. Eso también incluye ser puntual a reuniones programadas durante las horas de oficina. Los gerentes valoran a los empleados de confianza.

Dificultades visuales en el trabajo

Algunas personas con autismo o Asperger tiene dificultad para tolerar las luces fluorescentes. Pueden ver los parpadeos de sesenta ciclos de las luces y eso hace que el entorno de la oficina les parezca una discoteca. Una forma simple de prevenirlo es poner una lámpara incandescente de 100-150 vatios sobre tu escritorio. Eso reducirá en gran medida los parpadeos.

Si no es posible, inténtalo con una lámpara LED. El uso de un monitor plano de ordenador o de un ordenador portátil a veces es más agradable a los ojos de un monitor tipo televisor. Algunas personas encuentran más fácil leer si imprimen el texto sobre papel de color canela, gris, azul pálido o pastel que ayude a reducir el contraste.

Problemas de sensibilidad sensorial en el trabajo

El ruido y confusión de una empresa o una oficina a veces es un problema para gente con problemas de sensibilidad sensorial. Quizá desees pedir que pongan tu mesa en una parte más tranquila de la oficina. Unos auriculares o tapones para los oídos pueden ayudar, pero no debes llevarlos siempre. Los tapones para los oídos, si se usan todo el día, pueden causar más sensibilidad, así pues, *debes* quitártelos cuando llegas a casa.

Diplomacia

Aprendí algunas lecciones duras acerca de ser diplomática cuando tuve mis primeras interacciones con gente del trabajo. Algunos ingenieros de más edad diseñaron un proyecto que tenía algunos fallos que para mí eran obvios. Sin saber nada mejor, escribe una carta a su jefe, citando con grandes detalles los errores de su diseño y llamándoles "estúpidos". No fue bien recibida. No puedes ir diciéndole a los demás que son estúpidos, incluso si realmente lo son. Limítate a hacer tu trabajo y no critiques nunca a tu jefe o a otros trabajadores.

Trabajo independiente

A menudo esta es una buena manera de trabajar porque Evita muchos problemas sociales. Cuando diseño equipamiento, puedo ir a la planta, hacer el Proyecto y marchar antes de verme involucrada en políticas complejas de del puesto de trabajo. Internet hace que trabajar de forma independiente sea mucho más fácil. Si puedes encontrar un jefe que reconozca tu fortaleza y tus limitaciones sociales, esto hará que la vida en el trabajo sea mucho más fácil.

Ser demasiado bueno

Varias personas con autismo o Asperger me han dicho que tuvieron problemas con los compañeros de trabajo en una empresa porque eran "demasiado Buenos" al montar "widgets." El problema de los celos en el trabajo es algo difícil de entender, pero existe en el puesto de trabajo. Al jefe le gusta el trabajador duro, pero los demás empleados puede que le odien. Si los compañeros de trabajo se ponen celosos de tu trabajo, vi que es útil encontrar algo que puedan haber construido que tu puedas halagarles de forma genuina. Les ayuda a sentirse apreciados y ellos, a la vez, han hecho un buen trabajo.

Evita el Principio de Peter

El Principio de Peter dice que la gente tiene tendencia a elevarse a su nivel de incompetencia. Han existido algunos casos tristes en los que un buen dibujante, o técnico de laboratorio o periodista con autismo o AS ha sido promocionado a un puesto de gestión y luego despedidos debido a que las situaciones sociales se volvieron demasiado complejas. La persona con autismo o Asperger es especialmente vulnerable a ser promocionado a un trabajo que no pueden gestionar por los problemas sociales. Lo más educado sería decirle a tu jefe que puedes usar mejor tus habilidades en el puesto que tienes actualmente.

Se amable y ten buenas maneras

La gente que es amable y simpática se lo pasará mejor en el trabajo. Asegúrate de que siempre dices por favor y gracias. Las buenas maneras en la mesa son *indispensables*. Saluda a tus compañeros de trabajo al menos una vez al día, e intenta

Unirte a alguna pequeña charla con la gente que trabajes más unido. Aunque no es necesario que trabes amistad con ninguna persona de trabajo, es necesario tener una cierta interacción social y quieres formar parte del grupo.

Políticas del lugar de trabajo

Una de las lecciones más duras que tuve que aprender cuando entré en un lugar de trabajo fue que algunas personas de la empresa tenían agendas personales aparte de hacer su mejor trabajo. Para algunos, era subir un peldaño en la escala corporativa y conseguir una posición más elevada. Para otros, era hacer el menor trabajo posible sin ser despedido. Otra norma que aprendí fue evitar discutir temas controvertidos en el trabajo. Sexo, religión y afiliación política son temas que no deberían discutirse en el trabajo. Puedes alejar a las personas fácilmente o darles motivos para que no les gustes cuando sobrepasas estas barreras. Puede que oigas a otros trabajadores hablar sobre esos temas. Déjales. Ten presente que las "normas sociales escondidas" al hacerlo son masivas y las personas en el espectro a menudo se pierden la mayoría de ellas. Temas seguros son mascotas, deportes, electrónica, el tiempo, aficiones y series y películas populares de TV, que evitarán estas zonas sensibles. Las políticas del lugar de trabajo no son fáciles de entender; sólo date cuenta de que existen. Intenta mantenerte al margen, a menos que ponga en peligro tu puesto de trabajo directamente o afecte a tu capacidad para efectuar tu trabajo.

Los Adolescentes con ASD Deben Aprender Habilidades Sociales y de Trabajo para Mantener su Trabajo

He estado viendo demasiados adolescentes y adultos jóvenes en la veintena, que nunca han aprendido las habilidades sociales relacionadas con el trabajo y la disciplina de tener que hacer el trabajo que se les pide. Esto interfiere mucho en su capacidad para obtener y conservar un trabajo. Una persona no solo debe aprender las habilidades comerciales sino también cómo trabajar con los demás. Muchas personas saben cómo conseguir un trabajo y luego no lo saben conservar porque nunca aprendieron la disciplina de trabajo en equipo y trabajo duro. Incluso la gente que trabaja de forma independiente debe saber cómo trabajar con otras personas, o no tendrán trabajo durante mucho tiempo. Demasiadas personas que tienen síntomas mucho más suaves que los míos terminan cobrando pagos por discapacidad de la seguridad social.

Uno puede preguntarse si todas las personas más mayores no diagnosticadas de trastorno moderado del espectro autista (ASD, Síndrome de Asperger o el nuevo diagnóstico de ASM-5 son trastornos de comunicación social. Veo siempre a estas personas en mi trabajo en la industria de la ganadería. Son los viejos hippies que llevan una tienda de mantenimiento en una planta de comida, el chico que lleva el departamento informático, o una persona que es realmente un buen soldador. Estas personas más mayores no diagnosticadas en el final moderado del espectro han conservado sus trabajos porque aprendieron las habilidades de trabajo y las habilidades sociales.

Para algunas de estas personas más mayores, una ruta de papel era lo mejor que les había pasado. Un itinerario en papel enseñaba la disciplina de trabajo y la recompensa de ganar dinero. Actualmente los itinerarios en papel han desaparecido pero un niño de doce años podía pasear perros para 2 o 3 vecinos, arreglar ordenadores, comprar para la gente mayor, trabajar en el negocio familiar o ser guía de un museo. Los padres necesitan establecer oportunidades para aprender a trabajar, bien a través de vecinos o amigos. Es importante que el trabajo implique trabajar para otra gente, fuera de casa. El trabajo voluntario también es eficaz, pero necesita hacerse según un patrón regular. Algunos ejemplos que podrían establecerse fácilmente en el vecindario serían poner las sillas cada fin de semana en la iglesia local, trabajar en un mercado de un granjero, o hacer bocadillos para distintos eventos de la comunidad.

¡Nunca es demasiado pronto!

Coser. A los 13 años, trabajaba dos tardes a la semana para una costurera independiente que cosía en su casa. Mi madre me encontró este trabajo. Yo cosía dobladillos de vestidos y desarmaba prendas. Lo principal que aprendí de este trabajo fue que obtuve una remuneración porque había hecho el trabajo correctamente.

Trabajar con animales. A la edad de 15 años, limpiaba los establos de caballos cada día en el internado y cuidaba de los caballos de la escuela. Obtuve ese trabajo porque tomé la iniciativa de empezar a hacerlo. Otros estaban más contentos dejando que yo lo hiciera. A menudo me preguntaban, "¿Qué te motivaba?" Me motivaba el sentido de cumplir y el reconocimiento que recibía trabajando en el establo de caballos haciendo un trabajo voluntario. De forma gradual el trabajo cambió a gestionar el establo. Durante el verano, mi madre se ocupó de arreglarlo para que yo pudiera desarrollar más habilidades de trabajo en el rancho de mi tía.

Carpintería y diseño de signos. En el internado, cuando tenía 16 o 17, me animaron cuando expresé mi interés por hacer trabajos de carpintería en nuestro remolcador de esquiar. Instalé una barandilla de madera machihembrada con un ribete blanco. Otros proyectos que terminé fueron poner un tejado y hacer unos signos para eventos como el carnaval de invierno. A partir de esta experiencia, aprendí como hacer productos que a otras personas les gustaría. Tenía que hacer un signo que era apropiado para nuestro carnaval de invierno de la escuela. Esto era un trabajo voluntario y yo disfrutaba el reconocimiento para hacer algo que otra gente apreciaba.

Internados en la escuela superior. Terminé dos internados de verano arreglados por mi madre y el personal del Franklin Pierce College. Durante un verano trabajé con niños con ASD. Al siguiente trabajé en un laboratorio de investigación y tenía que alquilar una casa y compartirla con otra persona. Mi compañera de habitación y yo a menudo cocinábamos juntas t comíamos lo mismo para cenar. A ella le gustaba el hígado y yo lo comía, aunque no me gustaba. Otra noche, comíamos algo que me gustaba a mí. Eso era una extensión de turnarse y lo había aprendido jugando a juegos de mesa cuando era pequeña.

Escribir una revista y trabajos de diseño. Durante mi infancia, tenía mucha práctica hablando con adultos. Cuando tenía ocho años, mi madre me vistió con mi mejor vestido de domingo y me hizo dar la mano y presentarme en una cena de invitados. También serví canapés durante la hora del coctel. Yo era la que los recibía y servía los bocadillos cada vez que mi madre tenía amigos a cenar. Cuando fui a la Universidad del Estado de Arizona para hacer mi máster, ya tenía espíritu emprendedor. Tenía el aplomo para caminar hacia la gente y mostrarles mi trabajo. La película de HBO, *Temple Grandin*, me muestra caminando hacia el editor de la revista *Arizona Farmer Rancher* y coger su tarjeta. Realmente lo hice. Así es como conseguí mi primer artículo en la revista. Esto es una alternativa al proceso de solicitud de trabajo, que para mí funcionó.

Mi negocio de diseño empezó de la misma forma. Fue un proyecto pequeño cada vez. Cuando la gente vio mis dibujos, quedaron impresionados. Eran montones de duro trabajo; no fue fácil. Pero lo que realmente me ayudó fue que aprendí cómo trabajar y cómo llevarme bien con los demás en mis anteriores trabajos.

¡Nunca es demasiado tarde!

Quiero poner énfasis en que nunca es demasiado tarde para ayudar a tu hijo a aprender estas habilidades vitales. Recientemente, conocí a una madre cuyo hijo no estaba diagnosticado, y la familia le llamaba "Sammy que es diferente." Su madre le hacía levantar cada mañana y salir a la puerta a trabajar. Tenía que empujarle. Se preguntaba si le había empujado demasiado fuerte si hubiera sido Sammy Asperger. Hoy, en su treintena, tiene una carrera que le encanta.

Profesores y padres necesitan "estirar" a las personas en el extremo más moderado del espectro. Para desarrollar mis capacidades y habilidades sociales, me tenían que empujar fuera de mi zona de confort. Una palabra de precaución: las actividades que me estiraban y me ayudaban a desarrollarme nunca fueron una sorpresa. Recuerda que las sorpresas pueden causar pánico y miedo en personas en el espectro. Asegúrate de preparar a la persona para las experiencias que le ayudarán a tener éxito en un trabajo a largo plazo.

Desarrollar una habilidad para que sirva para tener un empleo llevará mucho trabajo y más entrenamiento para las personas con autismo. No obstante, una vez lo han conseguido, serán unos trabajadores excelentes. Pero debe evitarse promocionales desde una posición en la que pueden funcionar bien a una posición de gestión en la que no puedan funcionar.

Personas Felices en el Espectro Autista Tienen Trabajos o Aficiones Satisfactorias

He conocido varias personas de éxito en el espectro que son programadores informáticos. Una programadora informática con Asperger me dijo que estaba contenta ahora que estaba con "su gente". En otra reunión, conocí a un padre y a un hijo. El padre le había enseñado al hijo programación informática. Empezó enseñándole cuando estaba en cuarto grado y ahora trabaja en una empresa de ordenadores. Para mucha gente con autismo/AS, la forma en que trabaja su mente está bien adecuada para esta profesión. Padres y profesores deberían capitalizar esta capacidad y fomentar su desarrollo.

Hace varios años, visité unos programas sobre el autismo en Japón. Conocí a un gran número de personas altamente funcionales en el espectro autista. Cada uno de ellos tenía un buen trabajo. Un hombre traducía documentos técnicos y jurídicos. Otra persona era un terapeuta ocupacional y había varios programadores informáticos. Un hombre que era de alguna forma algo menos funcional trabajaba como panadero. Lo que observé es que la aptitud en Japón es desarrollar habilidades. Estas personas con autismo /AS se ven beneficiadas por la actitud, y así sería el resto de sus vidas.

Mientras que desarrollar una habilidad inherente en una posición puede funcionar, es necesario que la gente con autismo/ trabaje duro para hacerlo. No obstante, una vez ya lo han logrado, deben tener cuidado de no ser promocionados desde un puesto técnico que pueden controlar bien a una posición de gestión que no pueden controlar. He oído varias historias sobre personas de éxito que fueron promocionadas fuera de los trabajos en los que eran Buenos. Esas personas tenían trabajos de dibujantes, técnicos de laboratorio, redactor de deporte y programadores informáticos. Una vez que les habían pedido que interactuaran socialmente como parte de su posición de gestión, su ejecución se resintió.

Las aficiones en las que la gente comparte intereses también es una Buena forma de construir la autoestima. Leí sobre una mujer que no era feliz en un trabajo sin salida. Su vida dio un giro cuando descubrió que había otras personas en el mundo que también estaban interesadas en su afición. En su tiempo libre, cría unas fantásticas gallinas. A través de internet, se comunica con otros criadores de gallinas. Como exploró su afición, ahora es mucho más feliz, aunque todavía trabaja en un trabajo sin salida. En mi opinión, al usar internet para comunicarse con otros aficionados, es mucho más constructiva que lidiar con otras personas en el espectro en la sala de reuniones. Eso no beneficia a nadie.

Padres y profesores necesitan dar prioridad a descubrir y luego desarrollar las muchas habilidades que poseen las personas con autismo o Asperger. Estas habilidades pueden convertirse en carreras y aficiones que les proporcionarán intereses compartidos con otra gente. Esto les dará mucha más felicidad a sus vidas en la gente en el espectro autista.

¿Dentro o Fuera? La Cultura del Autismo/Asperger

U n tema frecuente de discusión entre la comunidad del autismo/ Asperger es cuanta gente con autismo/Asperger debería adaptarse al mundo de los "neurotípicos". Mi punto de vista es que deberías ser tú mismo, pero también tendrás que hacer algunos cambios en tu comportamiento. Hace años, el Dr. Leo Kanner, la persona que primero describió el autismo, dijo que la gente que mejor se adapta al mundo, se daba cuenta de que tenían que hacer algunos cambios de comportamiento.

Para mí, esto también era cierto. En 1974, me contrataron en una empresa constructora de corrales de engorde. Mi jefe me dejó claro que tenía que mejorar mi aseo personal. Me vestía como una holgazana, y prestaba escasa atención a mis hábitos de higiene. Con la ayuda de algunas de sus secretarias, aprendí a vestirme mejor y trabajé a conciencia para tener una mejor higiene personal. En la película de HBO, mi jefe me tiró un frasco de desodorante sobre la mesa y me dijo, "Apestas." Me hizo más aceptable socialmente. Para mí, era un proceso lógico; iba tras la secuencia de un código de ordenador *si/entonces*. *Si* quería mi trabajo, *entonces* tenía que cambiar esos comportamientos. Así lo hice.

Incluso ahora, no me visto como lo hace todo el mundo. Me gusta llevar ropa vaquero; es el modo de ser yo misma. Vestir así es aceptable. Ser vaga, no lo es.

Creo que está bien ser excéntrico. Hay mucha gente geek excéntrica que tienen éxito en muchos campos. Silicon Valley está lleno de gente brillante que se muestra y actúa de forma diferente, como el geek Sheldon de la serie televisiva *The Big Bang Theory*. (si nunca has visto la serie, hazlo. Los cuatro protagonistas principales tienen retos sociales de varias clases, y esta serie puede usarse para discutir los problemas sociales y las soluciones para las personas en el espectro). Muchas personas con grandes excentricidades puede que estén en el extremo más moderado del espectro autista. Mientras seas Bueno en lo que haces, a menudo ser excéntrico es aceptado o los demás no lo tienen en cuenta. Este no es caso si el nivel de talento es mediocre o pobre. Una vez conocí a una señora con AS a quien le gustaba llevar vestidos de plástico, hechos de brillantes colores DayGlo. Su jefe realmente desaprobaba eso. Ella me dijo que llevar esos vestidos formaba parte de su personalidad. Aunque entendía su deseo de conservar su individualidad, le dije que sus vestidos podían estar bien en una fiesta, pero no eran adecuados en el entorno de una oficina. A menos que ella se comprometiera, su trabajo estaría en peligro. Le sugerí una versión menos coloreada de sus prendas, que serían mejor aceptadas socialmente en el trabajo, como llevar un vestido convencional y ponerse algunos accesorios DayGlo, como un cinturón, una pulsera o unos pendientes.

Técnicos frente a trajeados: El mundo empresarial

En el mundo empresarial, existe una fricción constante entre los técnicos, como los programadores informáticos e ingenieros, y los jefes. El personal técnico a menudos llama "trajeados" a los jefes (pero no se lo dicen a la cara). Muchos técnicos en grandes industrias tienen rasgos de autismo moderado o Asperger. Para ellos, las cosas técnicas son interesantes, y las sociales son aburridas. Algunos de los mejores momentos de mi vida los he pasado con otros ingenieros y técnicos discutiendo sobre cómo Construir fábricas de carne. Los técnicos son mi mundo social. Compartimos una personalidad y unos rasgos de comportamiento comunes que nos proporcionan la base común para discutir y ayudarnos a entendernos mejor entre nosotros. (También es muy divertido hablar sobre como la mayoría de "trajeados" serían incapaces de hacer una bolsa de papel).

Toda gran empresa del campo técnico tiene su departamento de inadaptados sociales que hacen que ésta funcione. Incluso un banco tiene gente puramente técnica que está a cargo de la contabilidad, fija los ATM y hace funcionar los ordenadores. No existe una línea divisoria en blanco y negro entre los informáticos raritos o geeks o gente con Asperger o con autismo altamente funcional. Y siempre existirá fricción entre los técnicos y los trajeados. Los trajeados son gente altamente social que escalan hasta lo más alto y se convierten en gerentes. No obstante, no tendrían nada que vender ni negocio que gestionar si perdieran a todos sus técnicos.

Padres, profesores u otras personas que también se involucren con personas con autismo/AS necesitan dares cuenta de que tú no puedes cambiar a un animal insociable en uno sociable. Puedes sentarte en enseñar a las personas con autismo/AS a adaptarse al mundo social a su alrededor, aunque conservando la esencia que quienes son, incluido su autismo/AS. Aprender habilidades de supervivencia social es importante, pero no puedo ser algo que no soy. Los métodos de enseñanza de habilidades sociales, como los de Carol Gray's Social Stories™, son esenciales para niños en edad escolar. Estas habilidades deberían enseñarse desde muy temprano. Pero los esfuerzos por ensanchar el

mundo social de adolescentes y adultos con autismo/AS debería seguir
una ruta distinta. En vez de centrarse en sus deficiencias, es mejor
centrarse en sus capacidades y encontrar formas creativas de capitalizar
sus fortalezas para introducirles mejor en situaciones sociales. Algunos
de los adolescentes brillantes, socialmente raros, necesitan salir de
la cámara de torturas de una escuela superior y apuntarlos a clases
técnicas en una escuela comunitaria. Esto les permitirá estar con sus
verdaderos compañeros intelectuales, en campos como programación
informática, electrónica, contabilidad, artes gráficas y otras ocupaciones.
Recientemente, vi el catálogo de una escuela comunitaria y todos los
cursos técnicos, fascinantes y distintos, que habrían sido fantásticos para
mi cuando estaba en la escuela superior.

Algunas personas con autismo/AS tienen patrones de pensamiento
muy rígidos, y ven un comportamiento en particular de forma todo o
nada.

Cuando se nos pregunta, o se espera de nosotros, que cambiemos
un comportamiento, creemos que significa que tenemos que suprimirlo.
La mayoría de las veces, no es el caso. Es más, como que necesitamos
modificar el comportamiento y entender los horarios y lugares de cuando
es aceptable, y cuando no. Por ejemplo, puedo seguir vistiendo como
una holgazana en mi propia casa, cuando no hay nadie alrededor (un
rasgo que he aprendido que también tienen muchos neurotípicos). Donde
hay que poner nuestros mejores esfuerzos es encontrar una forma de
compromiso para que podamos conservar nuestra propia identidad, pero
adecuarla a algunas de las normas no escritas de la sociedad (incluido el
lugar de trabajo).

Lecturas complementarias

Silberman, S. 2015. NeuroTribes: *The Legacy of Autism and the Future of Neurodiversity*, Avery Books Penguin Random House, New York, NY.

Los Portafolios Pueden Abrir Oportunidades de Trabajo y de Carrera

L as personas con trastorno del espectro autista (ASD) necesita encontrar formas creativas para descubrir oportunidades de educación y trabajo sin tener que pasar por la ruta tradicional de entrevistas o exámenes de entrada. Yo nunca vendí un solo trabajo de diseño en mi negocio de diseño de equipamientos para ganado haciendo entrevistas; vendía los trabajos enseñando un portafolios con mi trabajo a gerentes de plantas de envasado y engorde. Pronto aprendí durante mi carrera que, si mostraba los dibujos y fotos de mi trabajo a la persona adecuada, podía obtener un trabajo.

Cuando estaba empezando, todos pensaban que yo era una tonta rara, pero obtuve un respeto cuando mostré mis dibujos. Entré en la planta de carne de Swift & Company a principios de los años 70 porque conocí a una señora a quien le gusto la camisa que yo había bordado a mano. Resultó ser la mujer del agente de seguros de la empresa. ¡Llevaba mi portafolio y no me había dado cuenta! No puedes saber nunca dónde conocerás a la persona que te puede abrir las puertas.

Pon el portafolio en tu móvil

Con los smartphones de hoy, es realmente fácil para cualquiera con ASD, padres y profesores, llevar un portafolio. Este puede contener imágenes de arte, dibujos, programas informáticos, muestras de escritura creativa, matemáticas y otras cosas.

En muchas situaciones, existe una puerta trasera pero mucha gente no consigue verla. Un secreto es conectar en la red con la persona adecuada. Esa persona podría ser un ingeniero jubilado, una señora de un coro, o el hombre de la cola en la caja de salida del supermercado. Es por eso que debes llevar siempre contigo el portafolios. Yo he tenido gente joven en el espectro incontables veces, diciéndome que han estado rechazados en la "puerta delantera". He hablado con muchas personas de talento, pero la mayoría con consiguieron tener su portafolio consigo, o estaba desordenado con trabajos malos mezclados con los buenos.

La tecnología es una puerta trasera

El secreto es mostrar tu propio trabajo o el de tu hijo a la persona adecuada. Las redes sociales actuales como Facebook o LinkedIn hacen que sea más fácil encontrar la persona que puede abriros la puerta trasera y rodear las entrevistas y el proceso de admisión de la puerta delantera. Wikipedia tiene una lista de sitios web sociales. Usa las palabras clave *social networking* websites para encontrar los sitios adecuados.

Acceder a la educación superior

Kristine Barnett, una madre de un joven con autismo, vio que su hijo no iba a ir a ninguna parte en una clase de educación especial. Estaba aburrido y mostraba comportamientos desafiantes. Empezó a llevarle a un observatorio local donde podía mirar por el telescopio y escuchar relatos fascinantes. Le compró libros avanzados de astronomía, y aprendió algebra en la escuela elemental. Kristine reconoció la necesidad de mantener a Jake en una clase normal de la escuela elemental para que pudiera aprender habilidades sociales. Para impedir que se aburriera, le permitió leer sus libros de matemáticas de nivel más avanzado, cuando los demás niños estaban haciendo aritmética. Cuando Jake tenía ocho años, Kristine llamó a un profesor de astronomía de la universidad local y le pidió si Jake podría asistir a una clase. Jake impresionó al profesor con su conocimiento, y otros profesores se interesaron por él. Jake avanzó rápidamente en las clases de física y matemáticas universitarias. La historia de Jake es un ejemplo excelente de ir por la puerta trasera.

Hacer que sea fácil para los otros ayudar

Cada semana recibió numerosas peticiones de personas en el espectro, padres y profesores que solicitan ayuda. El problema es que muchos de ellos hacen que llegar a ellos me sea difícil. Recibo cartas en las que la única información de contacto está en el sobre y no puedo leerlo. Recibo correos electrónicos que no tienen número de teléfono ni dirección postal. Debes incluir la información completa si quieres llegar a una persona atareada. Necesitas hacerlo fácil para que se pueda poner en contacto contigo. A menudo, las personas atareadas contestan la correspondencia los fines de semana, así que dales tu número de móvil. Debido a los virus, mucha gente no abrirá un correo electrónico de alguien que no conocen, así que primero necesitas establecer contacto por teléfono o correo normal.

Después de ver un buen portafolio de una persona, un gran profesor de matemáticas, física, arte o escritura creativa que crea en ese estudiante encontrará una manera de que entre en la universidad incluso aunque el estudiante haya suspendido otras asignaturas. Hay personas que han sido aceptadas en buenos programas universitarios porque mostraron su portafolio al profesor adecuado.

Recursos

Barnett, Kristine. 2013. *The Spark: A Mother's Story of Nurturing Genius*. New York: Random House.

Ir a la Universidad: Trucos para Gente con Autismo y Asperger

Ir a una Universidad puede ser una experiencia enervante para gente con autismo y Asperger. Normalmente la gran ayuda que prestan los padres y profesores durante la escuela secundaria y superior disminuye, y la persona, en el mejor de los casos, encuentra la transición difícil. En esta columna, compartiré algunos trucos que aprendí a partir de mi experiencia en la universidad.

Molestar

Cuando yo estaba en la escuela superior, que me molestasen era una tortura. Los adolescentes eran seres hipes óciales que yo no entendía. Creo que algunos estudiantes con autismo o Asperger que son capaces de tener un nivel de trabajo universitario, necesitan ser apartados de la escena difícil de la escuela superior. Déjales que hagan algunos cursos en la universidad local. A menudo los padres preguntan sobre las restricciones de edad en la universidad. Hace mucho tiempo aprendí que es mejor no preguntar. Sólo tienes que apuntar al estudiante.

Tutores y Mentores

Yo tuve un gran profesor de ciencia cuando estaba en la escuela superior. Cuando las molestias eran insoportables, hacía proyectos de ciencia en el laboratorio del Sr. Carlock. A menudo estaba allí para ayudarme cuando yo me apunté en la universidad. Tener el mismo mentor en la escuela superior y en la universidad fue una ayuda fantástica. He hablado con muchos estudiantes que fallaron en varias clases y dejaron la escuela porque no buscaron ayuda o tutores cuando empezaron a tener problemas con un tema. Busca ayuda al primer síntoma de problemas. Cuando yo tenía alguna dificultad con las clases de francés o matemáticas, encontré gente que me hicieron de tutores. Fue la diferencia entre fallar o tener éxito.

Habilidades desiguales

Mucha gente que está en la fase continua del autismo tiene habilidades desiguales. En algunas materias son Buenos y en otras no. Puede que necesiten tutores en algunas materias. También puede ser una buena idea cargarse de menos materias en un curso.

Vivir en el colegio mayor

La primera vez que me asignaron a una habitación en la universidad fue con otras dos compañeras. Fue un desastre. No podía dormir y no tenía paz ni silencio. Entonces me cambiaron a otra habitación con una compañera. Este arreglo fue mucho mejor. Varias de las compañeras y yo nos hicimos buenas amigas. Una persona con autismo o Asperger necesita un lugar tranquilo para vivir. Recomiendo visitar el campus antes de apuntarse para que la transición sea más fácil.

Clubs en el campus

Yo era active en varias organizaciones del campus, en las que podía usar mis habilidades y talentos. La gente aprecia el talento, y ser Bueno en algo ayuda a compensar el ser raro. Cuando el colegio mayor ponía un show de variedades musicales, yo hacía muchos de los decorados. También hice los signos y posters para el club de esquí y para el comité social.

Trucos en clase

Yo siempre me senté en la primera fila para poder oír mejor. A veces me es difícil oír los sonidos de las consonantes fuertes. Después de clase, siempre volvía a copiar todos mis apuntes para que me ayudasen a aprender la materia. Las luces fluorescentes no me molestaban, pero mucha gente con autismo o Asperger no las puede tolerar. La sala parecerá encenderse y apagarse como una discoteca, lo que hace que sea difícil aprender durante una conferencia. Algunos estudiantes han observado que, si se colocan una lámpara al lado de su silla, con una anticuada bombilla incandescente les ayuda a reducir el efecto del parpadeo. Llevar una gorra de baseball con una larga visera ayuda a que las luces fluorescentes del techo sean más tolerables. Grabar un audio de la conferencia para poder escucharla después en una sala sin distracciones

Las universidades más pequeñas y las clases de la misma, pueden ser una mejor elección para algunos estudiantes con ASD. Yo fui a una universidad pequeña con clases pequeñas. Eso era un gran beneficio, ya que me daba mejor acceso a mis profesores y quitaba los problemas sensoriales intensos de una gran clase con cientos de alumnos. Para algunos estudiantes, pasar los dos primeros años de clase en una universidad de la comunidad puede ayudar a impedir que se vean abrumados por las experiencias de la universidad o abandonen o flaqueen.

Comportamiento en clase

Hay ciertos comportamientos "previstos" de estudiantes, mientras están en una sala de clase. A menudo estas "normas no escritas" no se enseñan al estudiante antes de la universidad. Dos grandes cosas que no se pueden hacer en clase son monopolizar el tiempo del profesor e interrumpir la clase. Por ejemplo, yo tenía una norma, que podía hacer un máximo de dos preguntas por clase. Conozco muchos estudiantes en el espectro que monopolizarán el tiempo del profesor con una interminable retahíla de preguntas, o que interrumpirán a otros que están hablando en clase para protestar por lo que están diciendo. Estos dos comportamientos son inadecuados. Otros incluyen hacer demasiado ruido mientras otros están intentando concentrarse (como durante un examen), hablar por el móvil durante la clase, escuchar música en un iPod durante la clase, etc. Los estudiantes en el espectro no que conocen estas normas escondidas, pueden preguntar al profesor o a un compañero para que les ayude. No des por sentado que sabes estas normas de forma in.

Habilidades de aseo

Debes aprender a no ser un vago. Lo ideal es que aprender unas buenas habilidades higiénicas antes de que llegues a la universidad. Muchas actividades de higiene como afeitarse causan un malestar sensorial. La persona debería intentar probar con distintas afeitadoras hasta que encuentre una que pueda tolerar. A menudo es más cómodo usar desodorantes y cosméticos sin olor e hipoalergénicos.

Elección del colegio mayor

Un problema que he observado es que una persona con autismo pasa por la universidad y luego es incapaz de conseguir un trabajo. Es importante especializarse en un campo que hará que la persona consiga un trabajo. Algunas especialidades buenas son diseño industrial (este es mi campo), arquitectura, artes gráficas, ciencia informática, estadística, contabilidad, ciencia bibliotecaria y educación especial. Para la gente que va a una universidad de la comunidad, hacer cursos como diseño arquitectónico, programación informática o arte comercial. Se realmente bueno en tu habilidad. La gente respeta el talento.

Transición desde la universidad al trabajo

Las personas con ASD deberían empezar a trabajar a tiempo parcial en el campo que han elegido, antes de terminar la carrera. Una transición lenta desde la universidad al trabajo será más fácil. Mientras todavía estés en la universidad haz un trabajo de carrera importante cada verano, incluso si tiene que ser voluntario. I Durante mis años en la universidad trabajé en el rancho de mi tía, en un laboratorio de investigación, y en un programa de verano para niños con autismo. Veo demasiada gente con talento graduarse en la universidad que nunca han tenido un trabajo de ningún tipo. Era esta falta de experiencia laborar lo que hacía difícil para ellos encontrar un trabajo después de la universidad. No tenían experiencia en estar en un entorno laboral, teniendo que hacer tareas que otros les mandasen, trabajar con otras personas y los requisitos sociales de hacer eso, organizarse el tiempo y su carga de trabajo, etc.

Encontrar Mentores y Universidades Adecuados

C on los años muchas personas me han preguntado, "¿Cómo encontrarse mentores que te ayudasen?". Los mentores realmente jugaron un papel primordial para ayudarme a convertirme en la persona y en la profesional que soy ahora. Pueden ser unos catalizadores valiosos ayudando a niños en el espectro a aprender el estudio fundamental y las habilidades de investigación que les empujarán hacia una carrera futura.

A los mentores les atrae la capacidad. Muchas personas estarán interesadas en hacer de mentores de un niño si se les muestran ejemplos de lo que ese niño es capaz de hacer. Portafolios de trabajos artísticos, matemáticas o escritura pueden atraer a un potencial mentor. Un mentor puede encontrarse a veces en los lugares más insospechados. Puede ser un ingeniero jubilado junto al que cantes en el coro de la iglesia o un colega del trabajo.

Cuando yo era una estudiante inferior en una escuela superior, mi profesor de ciencias, el Sr. Carlock, me salvó haciendo que me interesase por la ciencia. Nuestra relación empezó de forma inesperada. El otro profesor le pidió al Sr. Carlock que hablase conmigo porque yo estaba dando una especie de "charla loca" acerca del significado de la vida. Él explicó que muchas de las ideas que los demás profesores pensaban que eran locas, eran similares a los pensamientos de reconocidos filósofos. Me dio libros escritos por David Hume y otros filósofos para abrirme el afán de aprender. Después de fijar mi interés de esta manera, su paso siguiente fue motivarme para cambiar mi mala ejecución en clase. Lo hizo diciéndome, "Si quieres averiguar porqué tu exprimidora se está relajando

Necesitarás estudiar para llegar a ser una científica." Entonces me llevó a una gran biblioteca para aprender cómo investigaban los científicos de verdad mediante artículos. Leí un artículo tras otro acerca de la percepción sensorial. Las habilidades de biblioteca que me ensenó se transfirieron fácilmente para encontrar información en internet. Este es un buen ejemplo de cómo usar mis fijaciones para motivar mi interés en el trabajo escolar.

Padres, profesores y amigos necesitan estar siempre buscando posibles mentores. Muchas personas jubiladas estarían encantadas de trabajar con un chico de una escuela superior. Algunas personas en el espectro autista han tenido éxito en carreras técnicas después de haber tenido mentores jubilados. No importa si las habilidades del mentor son antiguas. Cuando un mentor lo hace, consigue que un estudiante quiera aprender. Existe una disciplina para aprender una habilidad como el diseño gráfico o la programación informática. Una vez el mentor consigue que el estudiante lo capte, una persona en el espectro irá a una librería o en internet y comprará los manuales para aprender las técnicas modernas. He observado que la mayoría de los adolescentes en el espectro autista necesitan la disciplina de la enseñanza formal para empezar. Esto es especialmente cierto a la hora de aprender unos buenos hábitos de estudio, buscar información y otras habilidades relacionadas con el funcionamiento ejecutivo, como la gestión del tiempo, estrategias de grupos de proyectos, etc.

Encontrar la universidad adecuada

A menudo me pregunta acerca de universidades para chicos en el espectro. No hay una respuesta fácil y rápida para esta pregunta. Yo fui a una universidad pequeña, Franklin Pierce College, en New Hampshire. Mi madre habló con el director y ellos deseaban trabajar conmigo. Hay muchas universidades pequeñas de dos años o de cuatro años. Una universidad pequeña era ideal para mi primer y Segundo año porque evitaba el problema de perderme en clases enormes. El mejor enfoque es identificar un pequeño número de universidades que "son adecuadas" para las necesidades de la persona, y luego buscar unas personas determinadas en alguna institución que estén deseando ayudar.

Recientemente he estado dando muchas charlas en universidades pequeñas y grandes. Una escuela tenía un extenso departamento para ayudar a estudiantes con discapacidades y otra escuela pequeña ponía énfasis en el aprendizaje manual en ecología y agricultura sostenible. A menudo está disponible el tipo de entorno de aprendizaje que atrae a la forma de pensar de los autistas. No obstante, necesitas buscar profesores o consejeros específicos tanto en las universidades comunitarias como en las escuelas de cuatro años, para ayudar a tu hijo a entrar en ellas. Envíale a un profesor un portafolios del trabajo del estudiante. Una chica con Asperger entró en una escuela de alto rango después que enviase su poesía a un profesor de inglés. Necesitas buscar la "puerta trasera", un profesor a quien le guste el trabajo de un estudiante puede hacer que el chico sea admitido.

Para encontrar una universidad adecuada, empieza tu búsqueda en internet. Yo puse "universidades en Ohio", "universidades en Oregon" t "universidades en Alabama". Me quedé estupefacta por la cantidad de universidades en cada Estado. Cada universidad tenía una página web y subpáginas web para cada departamento, que normalmente ofrecen una lista de facultades. Cuando fui a la Universidad de Illinois, estaba interesada en el trabajo de un profesor en particular porque había estado leyendo sus artículos. El paso siguiente fue visitar la universidad y hablar con dos profesores acerca de mis intereses. Me admitieron en el programa de graduado, aunque mis puntuaciones en pruebas estándar eran pobres, porque estaban intrigados con mis ideas de investigación. Ser reconocida en la industria del Ganado por mi capacidad para diseñar sistemas que funcionaban, había sido un plus añadido. Piensa creativamente y encuentra la puerta trasera en la universidad que mejor se adapte a tu hijo. Un portafolio fuerte o una idea interesante para un proyecto de investigación puede ser la clave. Nunca es demasiado pronto para empezar. Ahora es el momento de pulsar el ratón del ordenador.

Cuando una persona con Asperger se gradúa y sale al mundo laboral, a menudo es más aconsejable no desvelarlo completamente.

Adaptaciones Razonables para Personas en el Espectro Autista

Recibí un correo electrónico de una mujer con autismo que está teniendo éxito en mitad de un programa de doctorado. Ella se inspiraba en mi historia y decidió superar su "mentalidad discapacitada" y no dejar que el autismo le impidiera su camino hacia el éxito. Cada vez estoy más preocupada por los jóvenes estudiantes que están usando un autismo altamente funcional o un Asperger como excusa para no ser capaces de hacer ciertas cosas. Mi madre insistía en las formas de comportamiento como las buenas maneras en la mesa, turnarme de forma paciente y no ser maleducada. Nunca es demasiado tarde para empezar a enseñar las habilidades sociales esenciales tanto si la persona tiene dos, doce o veinte años.

En mi opinión, algunas de las adaptaciones que piden los estudiantes en la universidad son ridículas y promueven una mentalidad discapacitada. Un estudiante esperaba que el departamento de asesoría de una universidad grande interviniera para frenar a un estudiante que estaba usando su teléfono móvil para enviar mensajes de texto en una clase enorme con más de 200 estudiantes. Para solucionar ese problema, solo tenía que cambiarse de asiento para alejarse del sonido de las teclas. Nadie le había enseñado cómo buscar primero una solución simple.

He estado recibiendo cada vez más quejas de profesores universitarios acerca de estudiantes que interrumpen en clase e intentan tener un diálogo con el profesor. Cuando yo estaba en la universidad tenía una norma y era que podía hacer un máximo de dos preguntas por clase. El Sr. Carlock, mi profesor de ciencias, me explicó que la razón de esta norma es proporcionar a los demás estudiantes una oportunidad para hacer preguntas. El principio es el mismo que el de turnarse durante un juego de cartas o en un tablero.

No obstante, hay alojamientos razonables en la universidad que son fundamentales para algunas personas con ASD. Un estudiante puede necesitar solo uno o más adaptaciones.

- Hacer exámenes en una clase sin luces fluorescentes. Yo tenía un estudiante disléxico que necesitaba espacio y no podía pensar en una sala con luces fluorescentes.
- Tiempo extra en las pruebas.
- Un lugar tranquilo donde estudiar; algunas personas pueden necesitar una sala privada.
- Tutoría en algunos temas.
- Un curso con menos carga lectiva y hacer un año más para terminar la carrera.

En mi universidad, cada vez más estudiantes quieren hacer sus exámenes en una sala privada en el Centro de Asesoramiento. Esto crea una gran molestia para el profesor porque el examen está separado de los demás. Como profesora, me disgusta realmente porque yo escribo todas las preguntas del examen en la pizarra. Lo hago así para impedir que los estudiantes consigan mis exámenes antiguos y los utilicen como guía de estudio. La adaptación razonable que proporciono para esos estudiantes es permitirles hacer los exámenes en nuestra sala de conferencias del departamento. Tiene ventanas y se pueden apagar las luces fluorescentes. Los estudiantes necesitan que se les enseñe a pedir una adaptación específica que les ayude con un problema específico, en vez de una solicitud general como quitar todos los cuestionarios y exámenes en el Centro de Asesoramiento.

También he hablado con varios profesionales que trabajan en el campo de contratar gente en el espectro. Ellos comparten mi preocupación. Un profesional me dijo que en una universidad, a los estudiantes con Asperger les daban menos trabajos para hacer en casa. A mi nunca me dieron menos trabajos. Una mejor alternativa sería una menor carga en el curso y hacer un curso más. Esto ha funcionado bien para muchos estudiantes con AS.

Cuando una persona con ASD se gradúa y entra en el mundo laboral, a menudo es mucho mejor no desvelarlo totalmente. Esto es especialmente importante para los chicos con Asperger realmente inteligentes y raros. Recibí un correo electrónico de un profesional de talento que había estado empleado durante años con éxito. Perdió su trabajo después de que le dijera al jefe que estaba diagnosticado de Asperger. Era discriminación y estaba totalmente equivocado. No necesitaba ninguna adaptación específica y desvelarlo abría la puerta a una flagrante discriminación. A menudo es mejor pedir una adaptación específica, como tener un cubículo de trabajo cerca de una ventana para evitar las luces fluorescentes. Otros ejemplos y soluciones incluyen:

- Dificultad para recordar largas cadenas de instrucciones verbales. Dile a tu jefe que prefieres que te mande las instrucciones por correo electrónico.

- Dificultad para la multitarea. Intenta evitar esta clase de trabajos si es posible o explícales, "No soy bueno en las multitareas." Muéstrale a tu jefe todas las cosas que haces realmente bien cuando no estar forzado a hacer múltiples tareas.
- Necesitas unos objetivos de trabajo claros. Aprende a hacer muchas preguntas. Esto lo aprendí en mi negocio de diseño. Para conseguir los objetivos de diseño específicos, preguntaba mucho a los clientes acerca de las tareas de cuidar el ganado, lo que tenían que hacer en el corral. No obstante, nunca le pregunté a un cliente cómo quería que le diseñara un proyecto. Este era mi trabajo.

Estoy preocupada porque algunas personas con ASD están teniendo "mentalidad discapacitada" y piensan que el ASD les vuelve incapaces de hacer y conseguir ciertas cosas. O piensan que su diagnóstico de ASD es una forma de librarse del trabajo duro que se requiere en la vida. Esta actitud ciertamente les frena de tener un éxito personal y profesional. Esencialmente, se sienten "menos que", lo que no es cierto. Son distintos de, pero no menos que los demás. Existen adaptaciones razonables para ayudar a personas a través de puntos difíciles. No es una excusa para no aplicarte a ti mismo en serio a las tareas que todos nos encontramos al crear una vida y un lugar para nosotros mismos en el mundo.

¡Sal y Experimenta la Vida!

Veo demasiados niños y adultos jóvenes en el espectro que no salen ni hacen cosas. Se han convertido en reclusos que no quieren salir de sus habitaciones. A mí no me dejaban hacerlo. Tenía horribles ataques de ansiedad, pero aun así tenía que participar en actividades tanto en la escuela como en casa. Cuando fue a un internado a la edad de 14 años, El Sr. Patey, el director de la escuela de Hampshire Country School, realmente tenía buenos instintos sobre cuando ceder y dejarme hacer mis cosas y cuando insistir en participar. Cuando me interesé por limpiar los establos de las caballerizas, me animó porque estaba aprendiendo habilidades de trabajo. Incluso me dieron unas botas impermeables para que no se me congelaran los pies en invierno.

El Sr. Patey dibujó una línea importante en la arena. No me dejaba convertirme en una reclusa en mi habitación. Tenía que asistir a todas las comidas y las clases. También insistió en que fuera puntual. Cada domingo tenía que vestirme adecuadamente para ir a misa y se me pedía que asistiera. Cuando estaba realmente angustiada y no quería ir al cine nocturno del campus, me daba el cargo de operador de cine. Tenía que participar en la comunidad escolar.

Adaptaciones buenas y malas

Adaptaciones como un entorno tranquilo para estudiar y rato extra en las pruebas, es algo realmente útil. Pero es importante evitar adaptaciones que refuercen una mentalidad de víctima. Un ejemplo de una mala adaptación: permitir a un estudiante que haga una tarea para hablar en público sobre internet. Cuando yo di mi primera charla en la universidad, entré en pánico y me fui. Después de eso, aprendí a usar una buena ayuda audiovisual que me diera claves y me impidiera quedarme sin saber qué decir. Cuando di mis primeras charlas sobre gestión de ganado, traje muchas fotos que ilustraban los principios de comportamiento. El crear unas diapositivas excelentes compensaba mis pobres habilidades para hablar en público.

A menudo me preguntan sobre escolarizar en casa. Para algunos niños, esta es una buena opción, pero debe haber montones de oportunidades para interaccionar socialmente con otros niños. A mí me molestaban y me hacían bullying y tenía de irme a una escuela superior grande y para gente normal. Para algunos adolescentes, terminar la escuela superior en línea sería lo adecuado. Si eliges esta opción, el adolescente debe tener oportunidades para interactuar con compañeros y adultos durante actividades, trabajo voluntario y experiencia laboral. Los adolescentes deben aprender habilidades de trabajo y cómo cooperar en un entorno laboral.

Probar cosas nuevas

Para que se desarrollen las personas en el espectro, necesitan que se les "empuje" para probar cosas nuevas. Cuando yo tenía 15 años, tenía miedo de ir al rancho de mi tía. ¡Realmente no quería ir! Mi madre me dejó elegir entre ir una semana o todo el verano. Cuando llegué al rancho, me gusto y elegí quedarme todo el verano. Nunca habría sabido lo mucho que me gustaría trabajar en un rancho si no me hubieran dado esta experiencia.

Desarrollar la independencia

Otro problema que observe en demasiados niños en el extremo más Elevado del espectro, es que están siendo sobreprotegidos y mimados. No están aprendiendo cómo hacer cosas de forma independiente como comprar, pedir comida en restaurantes y tener una buena higiene. Padres y profesores pueden animar les a ser independientes incorporándoles a la vida comunitaria. De entrada, el niño debería ir acompañado de un adulto durante la compra o yendo en autobús. Después de unas cuantas veces, la persona puede hacerlo por sí misma.

Sopesar lo que te gusta y lo que no te gusta

Hay personas con ASD que tienen Buenos trabajos y luego renunciante porque "no les gusta". He visto gente en el espectro, con jefes comprensivos, dejar su trabajo porque no querían trabajar. Una lección vital que hay que aprender es que a veces debes hacer cosas que no te gusten. A mí me gusta mi trabajo como profesora de ciencia animal, pero hay algunos trabajos que no son agradables. Un buen trabajo tiene más tareas que te gustan que tareas que odias. Una persona en el espectro, necesita aprender que si tiene un trabajo donde le tratan de forma decente, pero no le gusta, debería seguir en él el tiempo suficiente para obtener una buena recomendación para el trabajo siguiente.

Anima a tu hijo a probar cosas nuevas, ir a sitios nuevos y desarrollar nuevas habilidades. Proporciónale una variedad de experiencias de vida a medida que tu hijo crece. ¡Deja que tu hijo salga de su zona de confort y se lance a la aventura!

¿Mi Hijo Adolescente Puede Conducir un Coche?

Muchos padres me preguntan acerca de la capacidad de las personas con autismo para conducir un coche. Yo he conducido desde que tenía dieciocho años. Aprendí a conducir en sendas sucias del rancho de mi tía. Cada día, durante todo un verano, conduje su viejo camión pickup 6 kilómetros a la oficina de correos y volver. Lo que dio como resultado hasta unos 324 kilómetros. El camión tenía palanca de cambios manual y se calaría a menos que el embrague funcionase correctamente. Debido a la dificultad del embrague, durante las primeras semanas mi tía manejaba el embrague y yo me sentaba a su lado, aprendiendo a conducir. Después de haber aprendido a conducir, me costó varias semanas dominar el embrague. Mi tía Ann se aseguró de que había dominado completamente la dirección, el freno y el cambio de marchas antes de dejarme conducir el camión en una carretera asfaltada con tráfico.

La diferencia principal entre un adolescente típico y una persona con autismo es que se necesita más tiempo para dominar lasas habilidades que implican conducir un coche, y estas habilidades puede que necesiten aprenderse poco a poco. Por ejemplo, yo no conduje en una autopista hasta que me sentí completamente cómoda con menos tráfico. Los meses en que conduje en las carreteras seguras, sucias de la granja me dieron el tiempo extra que necesitaba para aprender de forma segura.

Los estudios han demostrado que los adultos con ASD lo hacen peor en un simulador de conducción. Para ayudar a mejorar estas pobres habilidades, el primer paso que yo recomiendo es practicar. Practicar haciendo funcionar el coche en un lugar grande y Seguro, como un estacionamiento desierto o en campo abierto.

Cuando se aprende una habilidad motora, como conducir, todos debemos pensar de forma consciente acerca de las partes implicadas, como manejar o cambiar de marchas. Durante esta fase de aprendizaje motor, el córtex frontal del cerebro está muy active. Cuando ya se ha aprendido una habilidad como conducir, la persona ya no tiene que pensar en las secuencias que conllevan. Conducir el coche se convierte en un pensamiento automático e inconsciente acerca de cómo hacerlo, y ya no es necesario. En este punto, el córtex frontal y las demás regiones corticales superiores ya no están activadas. La región subcortical se hace cargo cuando la habilidad ya está totalmente aprendida y se efectúa de forma inconsciente. Estudios de escáneres cerebrales llevadas a cabo por investigadores de la Universidad de Oxford han demostrado claramente cómo el cerebro cambia a niveles más inferiores cuando se ha aprendido totalmente una tarea motora y visual compleja.

Yo recomendaría que el proceso de conducir, cambiar de marcha y hacer funcionar un coche se aprendiera completamente hasta el estado de "motor automático" antes de permitir que tu hijo o hija conduzca en cualquier tipo de tráfico, o en una autopista. Esto ayuda a solventar los requisitos de multitarea que están implicados al conducir y deja libre el córtex frontal para concentrarse en el tráfico, en vez de conducir el coche en sí. Cuando la persona empieza primero a aprender a conducir, encuéntrale algunos lugares realmente seguros para practicar, como un parking vacío, campo abierto o carreteras pequeñas comarcales. Una familia hizo practicar al hijo en una vieja base militar cerrada.

Si un niño puede montar en Bicicleta de forma segura y obedecer de forma fiable las normas de tráfico, probablemente pueda conducir un coche. Cuando yo tenía diez años, montaba en Bicicleta por cualquier parte y siempre obedecía las normas.

Del mismo modo, para poder conducir un coche, una persona ya debe saber conducir una bicicleta, un carrito de golf, un triciclo, una silla eléctrica o un vehículo de juguete. Los padres interesados en enseñar a su hijo a conducir un coche pueden planificar con antelación mientras el chico todavía es joven, asegurándose de que domina algunas de las habilidades con los demás tipos de vehículos. No te sientas descorazonado por estudiantes que muestran pobres habilidades para conducir. Recuerda, los estudios de base deben hacerse ANTES de empezar la práctica de conducir. La ejecución mejorará después de muchas prácticas de conducir.

Otro tema crítico a considerar es el nivel de madurez de la persona. ¿El chico o chica tiene suficiente juicio maduro para conducir un coche? ¿Son cuidadosos a la hora de obedecer las normas que se les dan? ¿Cómo reaccionan bajo presión? Estos factores hay que valorarlos caso a caso para determinar si un adolescente está listo para hacer frente a conducir un coche. Yo recomiendo permitir que la persona en el espectro tenga tiempo extra para aprender el funcionamiento básico del coche y las habilidades individuales involucradas en la conducción. Después de que se haya aprendido cada habilidad conductora e integrado con las demás habilidades, pueden ir progresando lentamente hacia conducir por carreteras con más tráfico cada vez, más velocidad, más paradas frecuentes, o en zonas donde haya más posibilidad de que se produzcan diferentes situaciones (por ejemplo, conducir por el vecindario con muchos niños o altas concentraciones de establecimientos de negocio, con coches entrando y saliendo regularmente de los parkings). Finalmente, debe evitarse conducir de noche hasta que el adolescente se sienta muy cómodo con todos los aspectos de la conducción diurna.

Creo que en vez de sopesar "si mi hijo con ASD puede conducir un coche" la pregunta más adecuada sería, "¿está listo mi hijo para conducir un coche?". El acto de conducir un coche puede descomponerse en piezas pequeñas, manejables para aprender. Pueden enseñarse las habilidades motoras y, con suficiente práctica, pueden aprenderse. No obstante, conducir es un asunto serio, que implica algo más que sólo las habilidades aprendidas. Cada padre necesita decidir si su hijo o hija tiene un juicio suficientemente maduro y el buen juicio necesario para permitirles estar detrás del volante de un coche. A este respecto, la decisión de los padres no es distinta para una persona en el especto que para una persona normal.

Un nuevo estudio demuestra que las personas con ASD que aprenden a conducir tiene registros de seguridad similares a los de los conductores normales. Los programas educativos para conductor a menudo ponen a las personas con ASD en carreteras con tráfico de forma demasiado rápida. Recomiendo usar un depósito de gasolina y practicar conduciendo en un lugar totalmente seguro, como carreteras secundarias, parkings vacíos o campos abiertos. Esto les dará a estas personas tiempo para aprender a conducir el coche antes de estudiar la teoría de conducir.

Lecturas complementarias

Classen, S., Monahan, M., Hernandez, S. 2013. Indications of simulated driving skills in adolescents with autism spectrum disorder. *The Open Journal of Occupational Therapy* 1(4):2.

Curry, A. 2015. Driver licensing trajectories and motor vehicle crash rates among adolescents with autism spectrum disorders. American Public Health Association, online program 330458

Floyer, L.A. and Matthews, P.M. 2004. Changing brain networks for vasomotor control with increased movement automaticity. *Journal of Neuropsychology* 92:2405-2412.

Reimer, R., et al. 2013. Brief report: examining driving behavior in young adults with high functioning autism spectrum disorders: a pilot study using a driving simulation paradigm. *Journal of Autism and Developmental Disorders* 43:2211-2217.

Leyendo estos artículos, las personas con Asperger también aprenden que incluso las personas "normales" tienen problemas en el trabajo que les causan estrés y tienen que resolverlos.

El Pensamiento Innovador Llana el Camino de los SA para Tener Éxito en una Carrera

T horkil Sonne, el padre de un niño con Síndrome de Asperger (AS), ha fundado un negocio en Dinamarca llamado Specialisterne Corporation que emplea a personas con AS para probar nuevos programas informáticos. Su trabajo es depurar un nuevo software y sus clientes incluyen Cryptomathic, una empresa que verifica las firmas digitales y Case TDC, una de las mayores empresas telefónicas de Europa. Probar un nuevo software es un trabajo ideal para personas con AS porque las calidades de un buen probador son algunas de las fortalezas inherentes de una persona con AS. Los que sufren de Asperger tienen gran memorias, prestan atención a detalles, son persistentes, centrados y les encantan las estructuras.

Thorkil ha creado un entorno innovador que es una solución en la que ambos ganan, tanto los trabajadores como los clientes de la empresa.

Como todos los trabajadores de producción tiene algún grado de AS, el estrés en el trabajo se reduce muchísimo en Specialisterne Corporation.

Para evitar el estrés diario y la ansiedad, los horarios de trabajo se planifican con antelación. Todos los trabajos tienen objetivos bien definidos y se toman acuerdos con antelación. La fundación Specialisterne en Dinamarca contratará y forma candidatos con AS calificados. Usa robots programables Lego Mindstorms como herramienta de prueba. De esta forma, los candidatos al trabajo pueden demostrar sus habilidades programando los robots en vez de pasar por un proceso de entrevistas formales.

Hay dos cosas que Specialisterne no tolera: 1) ira cuando se estropea el equipo u otras personas son golpeadas, y 2) una persona que constantemente esté chismorreando y creando conflictos entre los compañeros de trabajo. Como recompense, las personas con AS tendrán un entorno de trabajo donde las distracciones sensoriales son mínimas y donde no tiene que tratar con jefes difíciles ni situaciones sociales complejas.

Actualmente Specialisterne tiene tres oficinas en Europa y emplea a más de 50 personas, tres cuartas partes de las cuales están en el espectro autista, para trabajar con los clientes de la empresa. Empresas importantes de software como SAP actualmente están buscando gente con autismo, porque tienen unas habilidades que son superiores a la hora de depurar el software.

AS-IT en Lincolnshire, Reino Unido, es otra organización que trabaja con personas con AS y con un autismo altamente funcional, en este caso los forman para puestos de tecnología de la información en grandes empresas. Debido a la estructura de "coaching" de AS-IT, ayuda a prevenir problemas con jefes que no entienden a los trabajadores con

AS. Cuando una empresa emplea a una persona formada por AS-IT, seguirá siendo capaz de estar en contacto con AS-IT para recibir ayuda en la transición entre trabajos. Como la empresa sabe que tendrá un trabajador con AS, ello, unido a una atención mayor sobre el autismo y el AS que proporciona AS-IT, ayuda a prevenir malentendidos cuando se desarrollan situaciones sociales que podrían en otras ocasiones podrían haber conducido a tener que despedir a una persona con AS.

Con los años he observado que las dos razones principales por las que un trabajador con Asperger de éxito a largo plazo, fue despedido era debido a 1) un jefe nuevo que no sentía empatía y 2) el trabajador con AS había sido ascendido a un trabajo que implicaba habilidades sociales complejas e interacción social. La persona puede tener un puesto destacado técnico como un delineante o ingeniero o programador y haber fallado al ser ascendido a un puesto de gestión. Los trabajadores necesitan ser informados de que ascender a gestión no es el mejor camino en su carrera para personas con AS y mucha gente normal que es técnica.

Estas dos empresas están utilizando un pensamiento innovador para diseñar entornos de trabajo en los cuales las personas con AS puedan destacar. Las personas con AS encuentran el apoyo que necesitan para tener éxito y la empresa encuentra mentes brillantes que pueden propulsar su negocio hacia adelante. Las soluciones en las que las dos partes ganan, como esta, son posibles cuando las personas neurotípicas empiezan a pensar de otra forma y valoran la contribución positiva que tienen que ofrecer las personas con AS.

Otro enfoque para tener personas con ASD trabajando es crear una empresa compuesta por personas con ASD, pero ellos no saben que tienen ASD. Visité una empresa de éxito en animación, que usaba este enfoque. Encontraron un nicho de negocio, en el que las grandes empresas de animación habían estado cultivando fuera en otros países. Ahora, en vez de enviar el trabajo de animación, como los títulos de una película y el sombreado de pantalla a India, los clientes estaban contratando a estas personas en los Estados Unidos.

Otra área bien abierta es los expertos. Actualmente, hay una gran escasez de mecánicos de automóviles, maquinistas, fontaneros y trabajadores del sector eléctrico, soldadores certificados para la industria del petróleo y muchos otros. Los expertos están en campos que atraerán a muchos pensadores visuales y matemáticos, y estos trabajos nunca serán subcontratados a otro país.

Recurso

Wang, S. 2014. How autism can help you land a job. *Wall Street* Business Section, March 27, 2014.

*Tal La Manera En Que Yo lo Veo, es probable que la genética
que produce el autismo es la misma que la que crea un
Einstein o un Mozart, es más un asunto de grado.*

La Unión Entre el Autismo, la Genética y el Genio

C omo sociedad todavía tenemos tendencia a ver las discapacidades de forma negativa. Podemos usar un lenguaje políticamente correcto y decir que esas personas están "rechazadas" o que son "capacitados de forma distinta", pero lo que prevalece es que generalmente nos centramos más en lo que no pueden hacer, y tendemos a pasar por alto los rasgos positivos que muchas de estas personas poseen. Tal es el caso con personas con autismo o Síndrome de Asperger. Si los factores genéticos que causan el autismo fuesen eliminados de la raza humana, pagaríamos un precio terrible. Tal La Manera En Que Yo lo Veo, es probable que la genética que produce el autismo sea la misma genética que crea un Einstein o un Mozart, es más un asunto de grado. Un poco de la expresión genética da lugar a pensadores brillantes, altamente creativos. Demasiada de esta genética, no obstante, da lugar a un autismo grave, a un niño que no habla y mucho más rechazado.

Si Albert Einstein hubiera nacido hoy, habría sido diagnosticado de autismo. No habló hasta que tuvo tres años, repetía obsesivamente ciertas frases hasta la edad de siete años, y pasó horas construyendo casas a partir de cartas de juego. Sus habilidades sociales eran raras la mayoría de su vida, y se le describía como un solitario:

Mi apasionado sentido de la justiciar y responsabilidad social siempre ha sido contrastada de forma extraña con mi falta pronunciada de necesidad de contacto directo con otras personas y comunidades humanas. Soy realmente una viajera solitaria y nunca he pertenecido a mi país, a mi casa, a mis amigos, o incluso a mi familia inmediata, con todo mi corazón...

Un huésped de otras brillantes figuras históricas como Isaac Newton, Thomas Jefferson, Socrates, Lewis Carroll, Glenn Gould y Andy Warhol, actualmente se especula que habían estado en el espectro autista.

Se han escrito varios libros sobre el perfil de famosos científicos, músicos y artistas que estaba en el espectro autista/Asperger. En la edición de 2007 del libro, *Genius Genes: How Asperger Talents Changed the World*, el profesor de Psiquiatría del Trinity College de Dublín, Michael Fitzgerald, llegó a la conclusión de que el ASD, la creatividad y el genio son debidos a genes similares, tras comparar las características de más de 1.600 personas que él diagnosticó con detalles conocidos biográficos de personalidades famosas. Veo que es lo mismo: un caso moderado de Síndrome de Asperger y ser un excéntrico son LA MISMA cosa, y las características positivas de estar en el espectro autista, pensar en detalle, enfoque inquebrantable, interés obsesivo en ciertas cosas, son las verdaderas cualidades que se dan en pensamientos geniales y en descubrimientos que cambian el mundo. Simon-Baron Cohen, un investigador de la Universidad de Cambridge, Reino Unido, encontró que, entre las familias con niños autistas, existía un número significativamente más Elevado de padres y/o parientes cercanos que trabajaban de ingenieros y otras profesiones técnicas. En mi familia, mi abuelo era un ingeniero formado en el MIT, que fue el inventor del piloto automático de los aviones.

En el mundo siempre han existido geeks, raros y excéntricos siempre han estado en el mundo; lo que ha cambiado es el mundo en sí mismo y nuestras expectativas de los demás dentro de él. Yo trabajo en un campo técnico y he trabajado con otras personas técnicas que de forma definitiva exhibían unas características bien marcadas del Síndrome de Asperger. La mayoría de esas personas ahora tienen cuarenta, cincuenta y sesenta años, y todos estaban sin diagnosticar. Fueron educados en la era en la que las normas sociales estaban más estrictamente definidas y se nos enseñaba cuidadosamente a los niños. Esta educación más rígida en realidad ayudó a esos niños a adquirir las habilidades sociales suficientes para ir por el mundo.

Muchos tenían éxito y conservaron buenos trabajos durante años. Conozco un ingeniero de una empresa cárnica con Asperger que continúa dirigiendo una empresa multimillonaria.

Me preocupa que ahora un diagnóstico de Asperger puede ir en detrimento de algunas personas y dejarlas de lado. Con mayor competitividad para disminuir los números de trabajos, las capacidades sociales de una persona ahora se observan tan de cerca como las habilidades técnicas o intelectuales. Las personas que tienen mayor éxito con Asperger moderado trabajan en lugares como Silicon Valley, donde los talentos superiores todavía triunfan sobre las habilidades sociales. A menudo estas personas tienen padres que también han destacado en campos altamente tecnológicos y, a medida que el niño creció, dieron más importancia a enseñarles a sus hijos programación informática y otras habilidades técnicas que preocuparse por si tenían novia o novio o querían ir a una escuela de danza.

He dado charlas en conferencias atraídas hacia un número de deferentes categorías de diagnósticos, como autismo, superdotados y dislexia. Aunque el diagnóstico no era preciso, cada grupo diagnosticado vive en su propio mundo. Cuando voy a las mesas de libros, hay muy pocos libros sobre el autismo y los superdotados. Los libros dirigidos a estas personas pueden ser distintas, pero yo veo a los mismos niños brillantes con Asperger en las reuniones de autismo y superdotados. El niño con Asperger en la reunión de los superdotados va bien en la escuela, pero el niño con Asperger en una reunión de autismo puede estar en un programa especializado mediocre, aburrido y teniendo problemas porque los adultos en su vida tienen menos expectativas sobre sus capacidades. Por desgracia, en algunos casos, la gente les cuelga tantas etiquetas a los estudiantes, que tienen que enseñarles estas bajas expectativas y no tienen ni curiosidad para ver si el niño es en realidad tiene más capacidad. Esto es más probable que ocurra cuando la etiqueta es Asperger en vez de superdotado pero retrasado en el desarrollo.

Padres y profesores deberían observar al niño, no la etiqueta del niño, y recordar que los mismos genes que producen su Asperger, le pueden haber dado la capacidad de convertirse en una mente verdaderamente genial de su generación. Seamos realistas con las expectativas, pero no pasemos por alto el potencial de genios que pueden estar escondidas tranquilamente en su interior, esperando solo una oportunidad para expresarse.

Referencias

Baron-Cohen, S. 2000. Is Asperger syndrome/high functioning autism necessarily a disability? *Developmental Psychopathology* 12: 480-500.

Baron-Cohen, S., et al. 2007. Mathematical talent is linked to autism. *Human Nature* 18:125-131.

Einstein, A. 1954. *The World As I See It. In Ideas and Opinions, Based on Mein Weltbild*. Carl Seelig, editor. New York: Bonzana Books, pp. 8-11.

Fitzgerald, M., and B. O'Brien. 2007. *Genius Genes: How Asperger Talents Changed the World*. Shawnee Mission, KS: Autism Asperger Publishing Company.

Grandin, T. 2006. *Thinking in Pictures* (Expanded Edition). New York: Vintage/Random House.

Ledgin, N. 2002. *Aspergers and Self-Esteem: Insight and Hope through Famous Role Models*. Arlington, TX: Future Horizons, Inc. (This book profiles famous scientists and musicians who were probably Asperger's.)

Lyons, V., and Fitzgerald, M. 2013. Critical evaluation of the concept of autistic creativity. Intech. http://dx.doi. org/5772/54465

Soullieves, I. 2011. Enhanced mental image mapping in autism. *Neuropsychologia* 49:848-857.

Stevenson, J.L., and Gernsbacher, M.A. 2013. Abstract spatial reasoning on autistic strength. PLOS One. DOI: 10 1371/ journal. pone.0059329 .

Mi Sentido de Identidad Propia

Una de mis principales preocupaciones actualmente es que demasiados niños y adolescentes en el espectro autista se identifican tanto con el autismo que obstaculiza su camino hacia el éxito. Cuando yo era una adolescente, tenía fijación por la ciencia, los caballos y lo proyectos que construía. Estas fijaciones fueron la base de mi identidad propia y me ayudaron a empujarme hacia una carrera de éxito. Hoy en día, veo personas inteligentes que están tan fija dadas en "su autismo" que toda su vida gira en torno a éste. Cuando yo era joven, hablaba constantemente de mis actividades favoritas en vez del autismo. Mis fijaciones me motivaron para crear proyectos como puertas, bridas para caballos, trabajos de carpintería y signos, que eran las cosas que los demás querían y apreciaban. Mientras creaba esos proyectos, también hacía actividades con otras personas. Padres y profesores necesitan trabajar tanto con niños como con adultos para que se involucren en actividades en las que puedan tener intereses compartidos con otros, como un coro, arte, mecánica de automóviles, kárate, trabajar con animales, club de robots o un club de teatro.

He dado varias charlas en grandes conferencias técnicas y de informática. Veo cantidad de adultos sin diagnosticar en el espectro autista que tienen carreras de éxito de alto nivel. Sólo hablan de lo último en ordenadores; la cháchara social les aburre. Luego, al día siguiente viajo a una conferencia sobre el autismo y me encuentro con adolescentes inteligentes que sólo quieren hablar del autismo. Prefiero hablar con ellos sobre intereses sobre arte, astronomía, historia u ordenadores. Está bien hablar del autismo, pero no debería ser el foco principal en la vida de una persona. Los grupos de ayuda al Asperger son algo excelente porque permite que las personas en el espectro se comuniquen con otros que tienen los mismos retos. Les reconforta descubrir que no son los únicos que son distintos.

No obstante, debería existir otra serie de actividades para que la vida de una persona no se centrara exclusivamente en el autismo. Los padres son la base para hacer que eso ocurra en la vida de su hijo.

Varios adultos en el espectro me han hablado de su autismo como centro de sus vidas. Estaban o bien sin trabajo o en un trabajo aburrido de menor nivel, como reponer estanterías. Animé a uno de ellos a empezar un servicio de tutoría y a otro a encontrar actividades relacionadas con la música. Necesitaban algunas actividades que no tuvieran nada que ver con el autismo. Por otra parte, he hablado con adultos más mayores en el espectro que tienen carreras de éxito y de alto nivel, pero en sus vidas personales, se sienten vacíos. Estas personas realmente se pueden beneficiar de un grupo de ayudar para el autismo/Asperger.

En esta etapa de mi vida adulta, siendo una profesora universitaria en la industria del ganado, esto es mi identidad primaria, y el autismo la secundaria. El autismo es una parte importante de mí y me gusta mi manera lógica de pensar de forma autista. Nunca querría curarme y ser "normal". Para tener una vida satisfactoria, hago muchas cosas que no tienen nada que ver con el autismo. La gente de mayor éxito en el espectro autista o tienen actividades o carreras que les gusta hacer. Los raros y los geeks en la conferencia de informática eran todos un poco excéntricos. Muchos vestían con camisetas como las que lleva Sheldon en la serie de televisión *The Big Bang Theory*. Ser excéntrico está bien. Yo soy un poco excéntrica con mi ropa de vaquera. En la película de

HBO basada en mi vida, hay una escena donde me arrojan una barra de desodorante sobre la mesa y mi jefe dice, "Úsala, apestas." Esto ocurrió de verdad. Está bien ser excéntrico, pero ser sucio no es aceptable.

Hay demasiados adolescentes y adultos que se muestran en público sin afeitar o con ropa desaliñada. Yo aliento a la gente en el espectro a ser únicos, pero deben ser aseados. Me encontré con un hombre que enseñaba astronomía en la universidad y tenía una larga cola de caballo y una divertida camiseta de astronomía. Le dije, "No dejes que nadie te diga que te cortes la cola de caballo. Se un geek orgulloso que pueda sobresalir en una carrera interesante."

Ahora que tengo 63 años, mirando atrás en mi vida, recuerdo cómo pasaba mucho tiempo durante mis veinte años intentando averiguar el verdadero significado de mi vida. Supongo que no es muy distinta de la de otros jóvenes adultos de esa edad, cuando tratamos de definirnos y encontrar nuestro camino. Hoy yo encuentro el significado en hacer cosas que impliquen cambios reales y positivos en el mundo. Cuando una madre me dice que, leyendo mi libro le ha ayudado a entender a su hijo, o cuando un ranchero me dice que los corrales que yo diseñé funcionan bien, eso le da sentido a mi vida.

Tony y Temple:
Cara a Cara

L a autobiografía Emergencia de Temple Grandin: Etiquetado autista y su libro posterior, *Thinking in Pictures*, juntos contienen más información e ideas sobre el autismo que las que he leído en cualquier libro de texto. Cuando escuché por primera vez una de sus presentaciones, inmediatamente me di cuenta de su personalidad directa. Toda la audiencia quedó cautivada con su conocimiento.

Me encantó que me pidieran entrevistar a Temple, ya que brindaba la oportunidad de buscar su consejo sobre tantos temas. Tiene una personalidad notablemente entrañable y durante la entrevista en San Francisco atrajo a una audiencia de más de 300 personas. Los aplausos al final fueron fuertes y prolongados.

Temple es mi héroe. Ella tiene mi voto para la persona que ha proporcionado el mayor avance en nuestra comprensión del autismo en este siglo.

— Dr. Tony Attwood
*Experto mundialmente reconocido
en autismo y síndrome de Asperger*

Ed. Nota: La siguiente entrevista fue grabada en vivo el 9 de diciembre de 1999 en una presentación que Temple estaba dando en San Francisco para Future Horizons. ¡A la audiencia le encantó! Proporcionó muchas revelaciones, y a veces humorísticas, vislumbres de la vida de Temple. Fue una rara oportunidad de ver a Temple romper en carcajadas. ¡A disfrutar!

TONY: Temple, te diagnosticaron con autismo cuando tenías quince años. ¿Cómo te lo presentaron tus padres y qué sentiste acerca de ti cuando recibiste esa información?

TEMPLE: Bueno, en realidad nunca lo presentaron correctamente. De alguna manera me enteré al respecto de mi tía. Debes recordar que soy niña de los años cincuenta y que era una época Freudiana, una época totalmente diferente. En realidad, me sentí aliviada al descubrir que algo andaba mal conmigo. Explicaba por qué no me llevaba bien con los otros niños en la escuela y no entendía algunas de las cosas que los adolescentes hacían, como cuando mi compañero de cuarto se desmayaba con los Beatles. Ella rodaba por el piso chillando frente al Show de Ed Sullivan. Creo que sí, Ringo es lindo, pero no me daría la vuelta con él. ...

TONY: Entonces, si tuvieras el trabajo de explicarle a un niño de catorce o quince años que tienes autismo o síndrome de Asperger, ¿cómo hablarías de eso hoy?

TEMPLE: Creo que podría darles tu libro y mi libro. ... Bueno, probablemente solo lo explicaria de una manera técnica: que es un desarrollo inmaduro en el cerebro que interfiere con llevarse bien socialmente. Básicamente soy un "técnico", ese es el tipo de persona que soy. Quiero arreglar las cosas con la mayoría de las cosas que hago, adopto el enfoque de ingeniería; Mis emociones son simples. Me satisface hacer un buen trabajo. Me satisface cuando un padre se acerca y me dice: "Leí tu libro y realmente ayudó a mi hijo en la escuela". Me satisface lo que hago.

TONY: Me parece recordar que cuando eras muy pequeña y muy autista, había ciertos comportamientos autistas que realmente disfrutabas. ¿Que eran?

TEMPLE: Una de las cosas que solía hacer era gotear arena a través de mis manos y mirar la arena, estudiando cada pequeña partícula como un científico mirándola con un microscopio. Cuando hice eso, pude desconectar el mundo entero. Sabes, creo que está bien que un niño autista haga un poco de eso, porque es tranquilizante. Pero si lo hacen todo el día, no se desarrollarán. La investigación de Lovaas mostró que los niños necesitan cuarenta horas a la semana conectadas con el mundo. No estoy de acuerdo con cuarenta horas a la semana de lo que llamo "análisis de comportamiento aplicado de núcleo duro", solo hecho en una mesa. Pero tenía cuarenta horas a la semana sintonizadas. Tenía una hora y media de comidas de la señorita de buenos modales, donde tenía que comportarme. Luego, la niñera jugaba juegos estructurados para niños conmigo y mi hermana, que involucraban muchos turnos. Tenía mi clase de terapia del habla todos los días ... estas cosas eran muy importantes para mi desarrollo.

TONY: Hace un momento usaste la palabra "calmante". Uno de los problemas que tienen algunas personas con autismo y con Asperger es controlar su temperamento. ¿Cómo controlas tu temperamento?

TEMPLE: Cuando era una niña pequeña, si tenía un berrinche en la escuela, mi madre solo decía: "No vas a ver ningún show de *Howdy Doody* esta noche". Estaba en una escuela normal: doce niños en una clase, un aula estructurada. Hubo mucha coordinación entre la escuela y el hogar. Sabía que no podía hacer de mamá contra los maestros, o viceversa. Solo sabía que si tenía un berrinche no habría televisión esa noche. Cuando llegué a la altura la escuela y los niños me estaban tomando el pelo, me metí en algunas peleas de puños bastante serias. Me echaron de la escuela por eso, no fue bueno. Y luego, cuando me fui al internado y me metí en algunas peleas, me quitaron los privilegios de montar a caballo. Bueno, quería montar a caballo y una vez que me quitaron los privilegios de montar a caballo una vez, dejé de pelear. Era así de sencillo.

TONY: Pero, ¿puedo preguntarte personalmente a quién peleaste y ganaste?

TEMPLE: Bueno ... por lo general gané muchas peleas ...

TONY: Entonces, ¿estabas peleando con los niños o las niñas?

TEMPLE: Ambos, la gente que se burló de mí.

TONY: ¿Entonces realmente tendrías que tumbar a los chicos?

TEMPLE: Oh, recuerdo una vez tumbe y golpeé a un niño justo en la cafetería ... y luego, cuando dejé de pelear, la forma en que lidié con eso después fue que simplemente lloraba, porque es mi forma de evitar pelear. También evito situaciones en las que la gente explota y se enoja. Solo me alejo de ellos.

TONY: Me gustaría hacerte una pregunta técnica. Si tuvieras $ 10 millones para investigación y fuera a crear una investigación en nuevas áreas, o apoyara la investigación existente, ¿dónde gastaría ese dinero?

TEMPLE: Una de las áreas en las que lo gastaría es descubrir qué causa todos los problemas sensoriales. Me doy cuenta de que no es el déficit central en el autismo, pero es algo que hace que sea extremadamente difícil para las personas con autismo funcionar. Otra cosa realmente mala, especialmente en el extremo de alto funcionamiento del espectro, es que a medida que las personas envejecen, se vuelven cada vez más ansiosas. Incluso si toman Prozac u otra cosa, están tan ansiosos que les resulta difícil funcionar. Desearía que hubiera alguna forma de controlar eso sin drogarlos hasta la muerte. Entonces entras en problemas como, ¿deberíamos prevenir el autismo? Me preocupa eso porque si nos deshacemos por completo de la genética que causa el autismo, nos libraríamos de muchas personas talentosas, como Einstein. Creo que la vida es un continuo de normal a anormal. Después de todo, las personas realmente sociales no son las personas que fabrican computadoras, las plantas de energía, los grandes edificios de hoteles como este. La gente social está demasiado ocupada socializando.

TONY: Entonces, no financiarás deshacerte del Síndrome de Asperger. ¿No lo ves como una tragedia?

TEMPLE: Bueno, sería bueno deshacerse de la causa de las personas con discapacidad severa, si hubiera una forma de preservar también parte de la genética. Pero el problema es que hay muchos genes diferentes que interactúan. Si obtienes un poco del rasgo, es bueno; obtienes demasiado del rasgo, es malo. Parece ser cómo funciona la genética. Una cosa que aprendí al trabajar con animales, cuando los criadores seleccionan un determinado rasgo, pueden obtener otras cosas malas que vienen con él. Por ejemplo, con los pollos, se seleccionan para un crecimiento rápido y mucha carne, pero luego tuvieron problemas con el esqueleto que no era lo suficientemente fuerte. Así que volvieron a criar un esqueleto fuerte en el pollo. Y tuvieron una gran sorpresa que no esperaban. Terminaron con gallos que las gallinas reproductoras estaban atacando y cortando. Cuando criaron las patas fuertes de nuevo, generó el comportamiento de cortejo normal del gallo. Ahora, ¿quién hubiera predicho este extraño problema? Así funciona la genética.

TONY: Temple, una característica que tienes es que haces reír a la gente. Creo que a veces puede que no lo intentes, pero tienes el gran don de hacer reír a la gente. ¿Qué te hace reír? ¿Cuál es tu sentido del humor?

TEMPLE: Bueno, para empezar, mi humor se basa visualmente. Cuando te estaba hablando de las gallinas, estaba viendo fotos de ellas. Una vez estaba en la sala de conferencias de nuestro departamento en la universidad. Habían enmarcado fotos de todos los antiguos jefes del departamento, en marcos pesados, gruesos de madera. Lo miré y dije: "¡Oh, caramba. Viejos enmarcados!" En otra reunión de la facultad los estaba mirando, y quería estallar en carcajadas, pensando en los viejos enmarcados. Eso es humor visual.

TONY: ¿Y tienes una historia sobre palomas?

TEMPLE: Oh sí, las cosas de las palomas. Wayne y yo nos pusimos a rodar de carcajadas por el suelo una noche sobre las palomas. El aeropuerto de Denver tiene muchas tuberías y no limpian las palomas muertas en el estacionamiento. Pensé en los lugares donde podía poner las palomas muertas ... como un adorno de campana para todas las camionetas de mantenimiento de la ciudad de Denver. Luego tienen este lugar que llaman la zona de caída de palomas. En el estacionamiento hay una viga de concreto donde todos anidan ... bueno, no quieres estacionar en la zona de caída de palomas. Cada vez que regreso al estacionamiento, tengo veo qué gran camionetas SUV lujosas de $ 30,000 estacionadas en la zona de lanzamiento de palomas.

TONY: Entonces, eso explica por qué a veces puedes echarte a reír y otras personas no tienen idea de lo que está pasando. ...

TEMPLE: Eso es correcto; es porque estoy mirando una imagen en mi mente de algo que es divertido ... puedo ver ese adorno de capó de paloma en un camión amarillo brillante de la ciudad de Denver, es muy divertido.

TONY: Sobre tu familia: tu madre fue una parte muy importante de tu vida. ¿Qué clase de persona es ella? ¿Qué hizo ella personalmente que te ayudó?

TEMPLE: Primero me mantuvo fuera de una institución. Tienes que recordar que esto fue hace cincuenta años; Todos los profesionales me recomendaron que me pusieran en una institución. Mi madre me llevó a un neurólogo realmente bueno y el neurólogo me recomendó la guardería de terapia del habla. Eso fue solo una suerte. La guardería estaba dirigida por dos maestras en la casa de ellas. Tenían seis niños y no todos eran autistas. Eran buenos maestras que sabían trabajar con niños. Contrataron a la niñera, cuando yo tenía tres años, y la niñera había tenido experiencia trabajando con niños autistas. Tengo la sensación de que la niñera podría haber sido tenido Asperger's, porque tenía un viejo asiento de auto en un jeep que tenía en su habitación, era su silla favorita.

TONY: ¿De qué otra manera te ayudó tu madre como persona?

TEMPLE: Bueno, ella trabajó mucho conmigo. Ella alentó mi interés en el arte; ella hizo algunas cosas de dibujo conmigo. Ella había trabajado como periodista, armando un programa de televisión sobre personas con discapacidad mental y luego otro programa de televisión sobre niños con trastornos emocionales. Por supuesto, en aquel entonces, hace más de cincuenta años, niños que eran diferentes fueron etiquetados como perturbados emocionalmente. Como periodista, ella había salido y visitado diferentes escuelas. Entonces, cuando me metí en problemas en el noveno grado por tirarle un libro a una niña, me echaron de la escuela y tuvimos que encontrar otra escuela, ella encontró un internado que era una de las escuelas que había visitado como periodista. Si ella no hubiera hecho eso por mí, no sé qué hubiera pasado. Una vez que ingresé al internado, fue cuando encontré personas como mi maestro de ciencias y mi tía Ann, en el rancho, que eran otros mentores importantes. Pero había mucha gente en el camino que me ayudó.

TONY: ¿Y tu padre? Describe a tu padre y abuelo.

TEMPLE: Mi abuelo por parte de mi madre inventó el piloto automático para aviones. Era muy tímido y callado; No era muy sociable. Del lado de la familia de mi padre tenemos problemas de temperamento. Mi padre no pensó que yo representaría mucho. No era muy social tampoco.

TONY: ¿Cómo te relajas? ¿Qué haces para calmarte al final del día?

TEMPLE: Antes de tomar la medicación solía mirar *Star Trek*, era muy trekkie. Una de las cosas que me gustó, especialmente sobre el antiguo *Star Trek* clásico, era que siempre tenía buenos principios morales. Hoy estoy muy preocupada por todas las cosas violentas. No es tanto cuántas armas son saliendo en el cine, es que el héroe no tiene buenos valores. Cuando yo era una niña pequeña, Superman y el Llanero Solitario nunca hicieron nada que estaba mal. Hoy tenemos héroes que hacen cosas como tirar a la mujer. en el agua o la mujer termina recibiendo un disparo; se supone que el héroe está protegiendo a la mujer, no dejando que le disparen. No tienes claro valores. Y esto me preocupa, porque mi moral está determinada por la lógica. ¿En qué se habría convertido mi lógica y mi moral si no hubiera estado mirando esos programas, con principios morales bien definidos?

TONY: Al pasar al próximo milenio, dentro de otros 100 años, ¿cómo crees que nuestra comprensión del autismo cambiará?

TEMPLE: Oh, no sé ... probablemente tendremos ingeniería genética total y tendrán un programa de Windows 3000 "Como crear a una persona". Ellos sabrán cómo leer el código de ADN para entonces. No sabemos cómo hacerlo bien ahora. Los científicos pueden manipular el ADN, sacarlo y colocarlo, pero ellos no pueden leer el código fuente de cuatro bases. Dentro de cien años ellos podrán hacer eso. Y no creo que haya autismo, al menos no las formas severas, porque podremos manipular totalmente ADN para entonces.

TONY: Hay varias personas de las que hemos aprendido ahora con autismo o síndrome de Asperger que han escrito sus autobiografías. ¿Quiénes son sus héroes en el campo del autismo / Asperger's que tienen la condición sí mismos?

TEMPLE: Realmente miro a las personas que han tenido éxito en sí mismas. Hay una señora llamada Sara Miller; ella programa industrial la manera en que lo veo computadoras para la automatización de fábricas. Hay una dama aquí esta noche, muy hermosa vestida, que tiene su propio negocio de joyería, y ella me dijo que tenía Asperger's. Alguien así es mi héroe ... alguien que está haciendo un éxito de sí mismo, que está saliendo y haciendo cosas.

TONY: ¿Qué hay de las personas famosas históricamente, quién crees que tenía autismo o síndrome de Asperger's?

TEMPLE: Creo que Einstein tenía muchos rasgos autistas. No habló hasta tres años: tengo un capítulo entero sobre Einstein en mi último libro. Yo creo que Thomas Jefferson tenía algunos rasgos de Asperger's.

Bill Gates tiene tremenda memoria. Recuerdo haber leído en un artículo que memorizó todo la Torah cuando era un niño. Es un continuo, simplemente no hay división en blanco y negro línea entre un técnico en computación y decir, una persona de Asperger's. Ellos solo todos se mezclan bien juntos. Entonces, si nos deshacemos de la genética que causa el autismo, puede haber un precio horrible a pagar. Hace años, un científico en Massachusetts dijo que si se deshiciera de todos los genes que causaban trastornos, tendría solo quedan burócratas secos! Para concluir, Tony abrió la entrevista a preguntas de la audiencia. Aquí está uno de las mejores.

MIEMBRO DE LA AUDIENCIA: ¿Cómo se dio cuenta de que tenía control sobre su vida?

TEMPLE: No era una buena estudiante en la secundaria; Engañé mucho alrededor. Siendo una pensadora visual, tuve que usar el simbolismo de una puerta, una verdadera puerta física por la que practique caminar, para simbolizar que estaba pasando al siguiente paso en mi vida. Cuando piensas visualmente y no tienes muchas cosas en el disco duro [mental] de experiencias anteriores, debes tener algo para usar como mapa visual. Mi profesor de ciencias me motivó con diferentes proyectos de ciencias. Allí me di cuenta de que si quería ir a la universidad y ser científico, tendría que estudiar. Bueno un día me hice pasar por esta puerta y dije: "Está bien, voy a tratar de estudiar durante la clase de francés ". Pero hubo un punto en el que me di cuenta de que tenía que hacer algo sobre mi propio comportamiento. Y yo había experimentado esto anteriormente pero no fue tan fácil, como cuando mi jefe me dijo que me hacía falta de higiene total. Hubo mentores que me obligaron hacer mejor, y no fue siempre agradable, pero me obligaron a darme cuenta de que tenía que cambiar mi comportamiento. Las personas en el espectro simplemente no pueden quedarse

sentadas quejándose sobre cosas. Tienen que intentar activamente cambiar las cosas. Los buenos mentores pueden ayudarlo a hacer eso.

El Dr. Tony Attwood es psicólogo clínico de Brisbane, Australia, con más de treinta años de experiencia con personas con autismo, Asperger's Síndrome y trastorno generalizado del desarrollo (PDD). Él tiene trabajó con varios miles de individuos, desde bebés hasta octogenarios, desde personas profundamente discapacitadas hasta profesores universitarios. Sus libros y se reconocen videos sobre el síndrome de Asperger y el autismo de alto funcionamiento como las mejores ofertas en el campo. Más de 300,000 copias de su libro. Síndrome de Asperger: una guía para padres y profesionales, han sido vendido, y ha sido traducido a veinte idiomas

Bibliografía

La mayoría de artículos que aparecen en este libro están seleccionados de una columna exclusiva escrita por Temple Grandin en una revista nacional ganadora de un premio sobre el ASD, *Autism Asperger's Digest*. Puedes encontrar información acerca de éste en *www.autismdigest.com*.

Capítulo 1: Diagnóstico y Intervención educativa temprana

Do Not Get Trapped by Labels. *May-June 2014*

Economical Quality Programs for Young Children with ASD. *September-October 2005*

Different Types of Thinking in Autism. *November-December 2005*

Higher Expectations Yield Results. *March-April 2007*

Teaching Turn Taking. *June-July 2014*

What School is Best for My Child with ASD? *April-May 2012*

Capítulo 2: Enseñanza y educación

Finding a Child's Area of Strength. *September-October 2009*

Teaching How to Generalize. *November-December 2000*

The Importance of Developing Talent. *January-February 2001*

Teaching People with Autism/Asperger's to be More Flexible. *July-August 2002*

Teaching Concepts to Children with Autism. *November-December 2003*

Bottom-Up Thinking and Learning Rules. *September-October 2010*

Laying the Foundation for Reading Comprehension. *January-February 2014*

Motivating Students. *September-October 2004*

Getting Kids Turned On to Reading. *November-December 2007*

Managing Video Game Use. *July-August 2012*

Service Dogs and Autism. *March-April 2011*

The Importance of Choices. *November-December 2013*

The Importance of Practical Problem-Solving Skills. *March-April 2008*

Learning to do Assignments Other People will Appreciate. *November-December 2008*

Learning Never Stops. *November-December 2009*

Service Dogs and Autism. *March-April 2011*

Capítulo 3: Problemas sensoriales

Visual Processing Problems in Autism. *July-August 2004*

Auditory Problems in Autism. *November-December 2004*

Incorporating Sensory Integration into your Autism Program. *March-April 2005*

The Effect of Sensory and Perceptual Difficulties on Learning Styles. *November-December 2006*

Environmental Enrichment Therapy for Autism. *November-December 2014*

Capítulo 4: Entender el autismo no verbal

A Social Teenager Trapped Inside. *September-October 2012*

You Asked Me! *January-February 2002*

Why Do Kids with Autism Stim? *September-October 2011*

Tito Lives in a World of Sensory Scrambling. *May-June 2005*

Understanding the Mind of a Nonverbal Person with Autism. *March-April 2009*

Solving Behavior Problems in Nonverbal Individuals with Autism. *May-June 2005*

Whole-Task Teaching for Individuals with Severe Autism. *September-October 2007*

Capítulo 5: Problemas de comportamiento

Disability versus Just Bad Behaviors. *May-June 2003*

Innovative Methods for Handling Hitting, Biting, and Kicking. *January-February 2009*

My Experience with Teasing and Bullying. *July-August 2001*

Rudeness is Inexcusable. *May-June 2006*

The Need to Be Perfect. *January-February 2010*

Autism and Religion: Teach Goodness. *May-June 2002*

Capítulo 6: Funcionamiento social

Insights into Autistic Social Problems. *November-December 2002*

Learning Social Rules. *January-February 2005*

Emotional Differences among Individuals with Autism or Asperger's. *September-October 2006*

Healthy Self-Esteem. *May-June 2007*

Four Cornerstones of Social Awareness. *July-August 2007*

Questions about Connecticut Shooter Adam Lanza, Asperger's Syndrome, and SPD. *Sensory Focus Magazine, Spring 2013*

Capítulo 7: Medicaciones y tratamientos biomédicos

Alternative versus Conventional Medications. *March-April 2004*

Hidden Medical Problems Can Cause Behavior Problems. *May-June 2009*

Evaluating Treatments. *May-June 2004*

Medication Usage: Risk versus Benefit Decisions. *July-August 2005*

My Treatment for Ringing in the Ears. *March-April 2010*

Capítulo 8. Cognición y Investigación cerebral

Brain Cortex Structure Similar in Brilliant Scientists and Autism. *January-February 2008*

A Look Inside the Visual-Thinking Brain. *January-February 2007*

The Role of Genetics and Environmental Factors in Causing Autism. *July-August 2009*

Capítulo 9: Problemas de adulto y trabajo

Improving Time Management and Organizational Skills. *January-February 2012*

Employment Advice: Tips for Getting and Holding a Job. *May-June 2001*

Teens with ASD Must Learn Both Social and Work Skills to Keep Jobs. *September-October 2013*

Happy People on the Autism Spectrum have Satisfying Jobs or Hobbies. *March-April 2002*

Inside or Outside? The Autism/Asperger's Culture. *November-December 2001*

Portfolios Can Open Job and College Opportunities. *May-June 2013*

Going to College: Tips for People with Autism & Asperger's. *March-April 2001*

Finding Mentors and Appropriate Colleges. *July-August 2010*

Reasonable Accommodation for Individuals on the Autism Spectrum. *May-June 2010*

Get Out and Experience Life! *July-August 2013*

Can My Adolescent Drive a Car? *March-April 2003*

Innovative Thinking Paves the Way for AS Career Success. *March-April 2006*

The Link Between Autism Genetics and Genius. *July-August 2008*

My Sense of Self-Identity. *November-December 2010*

Acerca de la Autora

Temple Grandin, PhD, no habló hasta que tuvo tres años y medio, comunicaba su frustración gritando, haciendo ruidos y zumbando. En 1950, se le diagnosticó autismo, y se les comunicó a sus padres que debería ingresar en un centro. Cuenta su historia de "alejarse del lado de la oscuridad" en su libro *Emergence: Labeled Autistic*, un libro que dejó asombrado al mundo porque, hasta su publicación, la mayoría de profesionales y padres asumían que un diagnóstico de autismo era virtualmente una sentencia de muerte para cualquier cosa a conseguir o ser productivo en la vida

La Dra. Grandin se ha convertido en una autora y conferenciante eminente sobre el tema del autismo porque:

> He leído lo suficiente como para saber que todavía
> existen muchos padres, y sí, profesionales también,
> que créen que "una vez eres autista, siempre serás
> autista". Este dictamen ha significado unas vidas tristes
> y lamentables para muchos niños diagnosticados de
> autismo, como yo lo fui en mi tierna infancia. Para estas
> personas, es incomprensible que las características
> del autismo puedan ser modificadas y controladas. No
> obstante, tengo la enorme certeza de que soy la prueba
> viviente de que sí pueden.
>
> —Temple Grandin en *Emergence: Labeled Autistic*

Aunque fue considerada "rara" durante sus años de estudiante, finalmente encontró un mentor que reconoció sus intereses y capacidades. Más adelante, la Dra. Grandin desarrolló sus talentos en una carrera de éxito como diseñadora de equipo de manejo de ganado, uno de los muy pocos en el mundo. Actualmente ha diseñado las instalaciones en las se encuentra la mitad del ganado de los Estados Unidos, y hace de consultora para empresas tales como Burger King, McDonald's y Swift.

Hoy en día, la Dra. Grandin es el adulto que más ha logrado y más conocido con autism en el mundo. Su fascinante vida, con todos los desafíos y éxitos, ha sido llevada a la pantalla. Ha estado invitada en la National Public Radio y en las principales cadennas de television, en programas tales como el especial de la BBC *"The Woman Who Thinks Like a Cow,"* en ABC *Primetime Live, The Today Show, Larry King Live, 48 Hours* y *20/20,* y se ha escrito sobre ella en muchas publicaciones nacionales, como *TIME* magazine, *People* magazine, *Forbes, U.S. News and World Report* y *The New York Times.*

Entre los numerosos reconocimientos de los medios, Bravo emitió un programa sobre su vida, y fue la protagonista del best seller, *Anthropologist from Mars.*

En la actualidad, la Dra. Grandin trabaja como profesora de Ciencia Animal en la Colorado State University. También ha dado conferencias por todo el mundo sobre el autismo y la gestión del ganado.

Este best seller de la Dra. Grandin sobre el autismo es *La Manera En Que Yo lo Veo: Una visión personal sobre el autismo y el Asperger.* También es autora de *Unwritten Rules of Social Relationships, Animals Make Us Human, Animals in Translation, Thinking in Pictures* y *Emergence: Labeled Autistic,* y ha registrado varios DVD.